高等职业教育质量工程系列教材·旅游大类

MOOC版

酒店客房服务与管理

JIUDIAN KEFANG
FUWU YU GUANLI

牛自成　李晓杨　王　军◎编著

南京大学出版社

扫码申请相关资源

图书在版编目(CIP)数据

酒店客房服务与管理 / 牛自成,李晓杨,王军编著.
— 南京 :南京大学出版社,2020.6
ISBN 978-7-305-23222-0

Ⅰ.①酒… Ⅱ.①牛… ②李… ③王… Ⅲ.①饭店—
客房—商业服务—高等职业教育—教材②饭店—客房—商
业管理—高等职业教育—教材 Ⅳ.①F719.2

中国版本图书馆 CIP 数据核字(2020)第 070317 号

出版发行　南京大学出版社
社　　址　南京市汉口路 22 号　　　　邮　编　210093
出 版 人　金鑫荣
书　　名　**酒店客房服务与管理**
编　　著　牛自成　李晓杨　王　军
责任编辑　刁晓静　　　　　　　　编辑热线　025-83592123
助理编辑　张亚男
照　　排　南京南琳图文制作有限公司
印　　刷　南京人文印务有限公司
开　　本　787×1092　1/16　印张 16.5　字数 381 千
版　　次　2020 年 6 月第 1 版　2020 年 6 月第 1 次印刷
ISBN 978-7-305-23222-0
定　　价　43.00 元

网址:http://www.njupco.com
官方微博:http://weibo.com/njupco
微信服务号:njuyuexue
销售咨询热线:(025)83594756

前　言

随着我国改革开放的不断深入和经济的快速发展,饭店业迅速发展,更多先进的科学技术在饭店中得到了广泛的应用。"绿色饭店""绿色客房"等客房服务与管理的新概念、新经验也在不断地形成和完善,这些变化给饭店服务从业人员提出了许多新的要求。

编者根据教育部最新颁布的《客房服务与管理教学基本要求》编著了本书,在结构安排上力求由浅入深、详略得当,着重提高受教育者的职业能力;在内容选择上讲究新颖、实用;在编写过程中把握好"必须"和"足够"这两个度;在叙述上尽量做到通俗易懂,透析基础知识。本书在创作思想、内容选择和体例上得到了评审专家的充分肯定。专家们认为:本书在内容选择和篇幅上符合教学指导的要求,在教学内容的安排上做了一些合理的调整和探索,比较适合职业院校学生的特点和教学实际。全书共九个模块,主要内容包括客房及职业认知;清洁器具、清洁剂的认知与使用;客房清洁与保养;客房对客服务;公共区域的清洁与保养;布草房业务;客房服务质量管理;客房物资管理;客房安全管理;客房员工管理。本书主要突出了对学生四个方面能力的培养,即动手能力、语言能力、应变创新能力和基层管理能力。

本书编写积极响应十九大报告中提出的职业教育要大力弘扬劳模精神和工匠精神,坚持以"就业为导向,能力培养为目标"的教学理念,获得 2019 年安徽省高校优秀青年人才重点支持计划项目(皖教高〔2019〕54 号文件,编号 gxyqZD2019133)资助。同现有的国家职业教育规划书本相比,本书以提高人才培养质量为目标,以深化办学模式、培养模式、课程教学模式和评价模式改革为重点,以推进工学结合、校企合作、顶岗实习为核心;适应经济发展方式转变、产业调整升级、企业岗位用人和技术进步的需求;促进校园文化和企业文化紧密结合,促进知识学习、技能实训和职业鉴定等功能的整合,推动教、学、做的统一,实现学生全面发展。

　　本书由牛自成、李晓杨、王军编著。具体分工为:牛自成编著模块一、模块二、模块九,李晓杨编著模块三、模块四、模块八,王军编著模块五、模块六、模块七。全书由牛自成负责大纲设计、统稿、审稿和定稿。由于编者水平有限,缺点与疏漏在所难免,恳求读者提出批评与建议,以便在修订书本时加以改正和补充(所有意见建议请发往16844068@qq.com)。

编　者

2020 年 3 月

目 录

模块一　客房及职业认知

项目一　客房认知

通过本项目学习,你要……

◆ 了解客房部的地位、作用及工作任务;
◆ 了解客房部的组织结构及各结构主要职能;
◆ 掌握客房设备的内容及客房设备与客房用品的选择原则;
◆ 了解客房产品的内容及特点。

知识概览

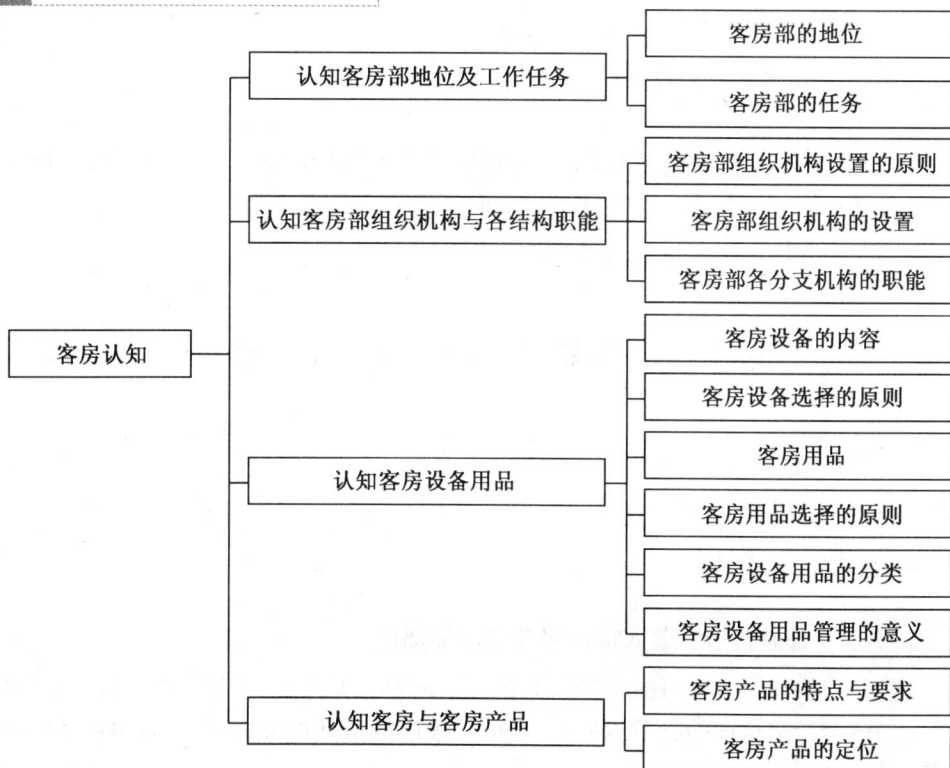

案例导入

信息传达提前谁之过

某日晚9:00,客房经理接到客房中心的电话,告知6F有紧急事情要他前去处理。当其以最快速度赶到6F时,看到603、605等几个房间的客人进进出出。楼层领班简单地向客房经理说了事情经过:客人一行原本今天预订了603、605等几间房,当他们一行进入房间时,603和605的标间却变成了大床间(预订的是两个单人床的标间)。客人和接待处对这事意见较大,要求立即向有关人员道歉,并立即安排服务员以最快速度将603和605改成标间。

经过调查,造成这一错误的经过是这样的:当天早上,前厅部下了内部通知,通知客房于第二日中午12:00前将603和605房间改成大床间,客房中心将事情告诉楼层当值主管,当值主管考虑第二天客情较旺,人手不够,于是在当天就将603和605房间改成了大床间,但改好后,并没通知到前厅。另外,总台于当日上午将客人一行将于当晚入住603和605通知了客房中心,中心服务员又没有及时将这一情况告知当值主管,致使主管过早将这两个房间改成大床间,导致这一失误的发生。

任务驱动

1. 客人标准间为什么会变成大床间?
2. 假如你是客房部经理,怎么样看待这起事件?

客房部,又称房务部、管家部,负责管理饭店有关客房事务。有些书中把客房部分为客务部和房务部两部分。客务部主要指前厅部分,房务部主要指客房楼层。

本书所讲客房部主要指客房楼层。

任务一　认知客房部地位及工作任务

客房部是饭店的一个重要部门,是为客人提供住店服务及公共区域清洁卫生的重要职能部门,是饭店运转的一个主要环节,在饭店的经营管理中起着举足轻重的作用。

一、客房部的地位

(一) 客房部是饭店为客人提供服务的职能部门

人们外出旅行,无论是住招待所、旅馆,还是饭店,从本质上说是住客房。所以,客房是人们旅游投宿活动的物质承担者,是旅馆饭店的最基本设施,没有客房就不能称作为"饭店"。

客房部作为饭店的一个职能部门,其大部分岗位及员工既直接面对客人,为客人提供服务;又负责为饭店内部其他部门提供清洁保养、布件洗熨等服务。因此,客房清洁卫生、装饰布置、服务员的服务态度与效率如何,直接关系到客人对饭店的总体评价和印象,客房商品质量及其外延部分是客人和公众评价饭店质量的重要依据。

(二)客房部是饭店取得营业收入的主要部门

饭店通过为客人提供住宿、饮食、邮电、娱乐以及交通、洗衣、购物等项服务而取得经济收入。其中,客房收入通常占饭店营业收入的一半以上,有的甚至大大超过。这一方面说明饭店其他各项经营收入有待挖掘,另一方面也反映了客房部在整个饭店经营中的重要地位。客房部作为饭店取得营业收入的主要生产部门,其生产的产品就是客房及客房服务。

通过客房部对客房的清扫整理及装饰布置等系列生产加工,提供可出租的客房;对于已经出租的客房,客房部为住客提供清扫整理等系列服务。因此,客房收入作为一家饭店重要的经济收入来源,提高饭店客房开房率已成为目前饭店经营活动的中心。

(三)客房部是影响整个饭店营运的关键部门

客房部作为一个生产部门,其生产的产品是客房和客房服务,由于生产客房产品时存在各种"原料"的损耗,因此,就某种意义上来说,客房部还是一个消耗部门,是影响整个饭店运行和管理的关键部门。客房部在运行和管理过程中,时时刻刻都在消耗"原料",包括人力、物力和能源等。从饭店的人、财、物方面看,客房员工在饭店员工中占的比例达30%左右;饭店所需的各种设备和物品,客房占了绝大部分;客房承担了客人在饭店所需的大部分服务工作。因此,客房是饭店的基本设施和重要组成部分,客房部是整个饭店的核心支柱,客房管理的成败将直接决定饭店经营的兴衰。

二、客房部的任务

尽管饭店的性质、类型、规模、档次、管理模式等多种多样,但各家饭店客房部的主要任务却大同小异。简单地说,就是根据其饭店的总体计划,编制本部门计划,组织接待服务及客人住宿服务,并不断降低服务成本,提高服务质量,充分发挥和调动员工积极性,以最少的劳动消耗和物质消耗,取得最大的经济效益。具体有以下几方面。

(一)保证饭店的清洁卫生

饭店的清洁卫生是饭店产品使用价值和服务质量优劣的重要标志,饭店清洁保养的水准,很大程度取决于客房部的工作。客房部的工作区域除客房外,还包括会议室、电梯、大厅以及其他一些公共场所等,所有地方的清洁卫生及保养工作均需要客房部负责管理。清洁保养是客房部的基本职能,是客房部大部分员工的主要工作,因此,客房员工只有具备清洁卫生的专业知识和技能,才能保证饭店的清洁卫生,为客人提供良好、舒适的入住环境。

(二)保证客房的产品质量

客房是客人休息的地方,也是客人在饭店停留时间最长的场所。根据客房产品的特点及客人对客房产品的共同需求,人们通常把客房产品的质量要素归结为安全、清洁卫生、舒适方便和特色四个方面。安全是客人对客房产品的第一要求;清洁卫生是所有住客对客房的基本要求;客房的硬件和软件是满足住客享用客房时获得舒适、方便之感的两个基本条件;饭店客房作为产品,应具有显著的特色,没有特色的产品就没有竞争力和生命力。

(三) 保证客房的服务需要

饭店是旅行者的旅途之"家",客房又是旅行者在"家"中逗留时间最长的地方。客房服务不是孤立地完成的,客房服务质量的高低,不仅取决于客房部自身,而且还受其他相关部门的影响。为此客房部必须加强与前厅、工程部、餐厅等各方面的联系,建立良好的信息渠道,从客房服务实际出发,做好与各方面的协调配合工作,不断提高服务质量,提供优质服务。

(四) 保证客房的正常运转

饭店的经济效益是通过创造良好环境、提高服务质量、满足客人需要、降低服务成本来实现的。客房服务费用及物品费用支出是否合理,直接影响饭店的经济效益。因此,客房部必须合理组织人、财、物,并充分调动人的主观能动性与积极性,从满足客人需要和服务工作实际出发,严格控制各种用品支出,做好设备、设施的维护保养工作,减少浪费和损失,以取得良好的营业效果。

任务二 认知客房部组织机构与各结构职能

客房部的正常运转依赖于合理的组织,这种组织因饭店业务范围的不同而有若干不同的形式,其业务分工和员工的岗位职责也各有不同。

一、客房部组织机构设置的原则

客房部组织机构是饭店客房管理系统的体现,科学、合理的组织结构是客房部提高管理效率的保证。

(一) 从实际出发

客房部组织机构设置应该从饭店的规模、档次、接待对象、劳动力成本、设施、设备、管理思想及服务项目等实际出发,以适合饭店经营的需要,而不要生搬硬套。

(二) 精简原则

一方面要防止机构臃肿和人浮于事的现象,特别注意要"因事设人",而不能"因人设事"或"因人设岗";另一方面还要注意"机构精简",但并不意味着机构过分简单化,以免出现职能空缺的现象。

(三) 介工明确,责、权、利制度化

应明确各岗位人员的职责和任务、上下级隶属关系及信息传递的渠道和途径,使

责、权、利制度化。

首先,各部门、各环节要根据客人住宿活动规律和实际需要设置,人员配备要精干,各部门、各班组、各环节的人员与关系一经确定,就不能随便变动,要形成制度,这样才有利于保证经营活动的连续性和稳定性。

其次,要明确规定每一层次人员的工作职责,同时赋予完成这一职责不可缺少的权限。

二、客房部组织机构的设置

根据客房部组织机构设置必须遵循从实际出发、精简、分工明确原则和客房部工作的特点,客房部的组织机构应是一个适合饭店经营需要、分工明确、层次分明、沟通性能良好的有机整体。由于饭店的规模、性质、特点、管理者的管理意图等不同,以及客房部在饭店中,业务范围、服务模式的不同,客房部的组织机构也有所不同。

一般而言,客房部下设客房楼层、饭店公共区域服务中心、客房服务中心、布件房和洗衣房等,它们之间既明确分工,又紧密联系,形成了一个有机的整体。客房部的组织机构如图1-1所示。

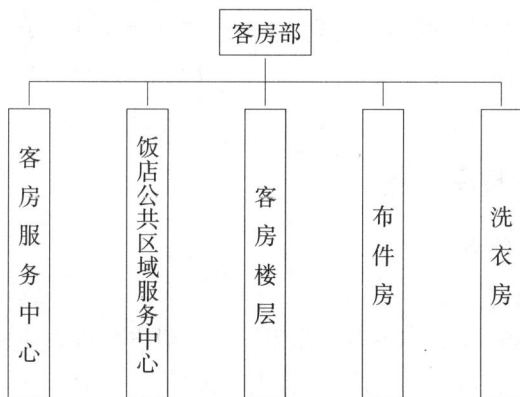

图 1-1 客房部组织机构

三、客房部各分支机构的职能

(一) 客房服务中心

客房服务中心既是客房部的信息中心,又是对客服务中心。客房服务中心负责处理客房部信息,统一调度对客服务工作,掌握和控制客房状况,向客人提供服务信息,传递内部工作信息,同时还负责员工的出勤考核、处理客人的遗留物品并负责失物招领事宜、发放客房用品、管理楼层钥匙以及与其他部门联络、协调等。

(二) 饭店公共区域服务中心

饭店公共区域服务中心负责饭店前后台公共场所以及各部门办公室、餐厅、公共洗手间、衣帽间、大堂、电梯厅、各通道、楼梯、花园和门窗等公共区域的清洁卫生工作。

（三）客房楼层

客房楼层由各种类型的客房组成，是客人休息的场所。每一层楼都设有供服务员使用的工作间。楼面人员负责全部客房及楼层走廊的清洁卫生，以及客房内用品的更换等。

（四）布件房

布件房主要负责饭店布件和员工制服的收发、送洗、缝补和保管工作。

（五）洗衣房

大多数饭店洗衣房归客房部管辖，主要负责洗涤客衣、饭店各部门所需的布件和全体员工的制服，也有的饭店洗衣房归工程部管辖，还有的饭店则不设洗衣房，洗涤业务由专业的洗衣店代理，由布件房负责送洗及接收。

任务三　认知客房与客房产品

随着酒店行业竞争的日益加剧、社会发展的日新月异、科学技术的高度发达、人们对酒店住宿设施个性化要求的不断提高，现代酒店客房产品的设计理念越来越新、内容越来越丰富、形式越来越多样。仅就客房而言，可谓精彩纷呈、花样繁多，不同的酒店客房各有与众不同的个性和特色。

一、客房产品的特点与要求

（一）客房产品的特点

1. 所有权相对稳定

客房作为一种特殊产品，和一般产品不同。一般产品进入流通领域成为商品，随着商品交换的实现，买者获得使用价值，卖者失去使用价值，所有权即发生转让。客房产品却不同，它不出卖所有权，只出租使用权，客人买到的是某一时间、某一阶段的使用权利。正是因为所有权是相对稳定的，所以价值补偿必须通过一个延续交换过程，在一个较长时期内通过分散、零星的出租来获得其已经消耗的价值，每一次交换只能获得价值补偿的一部分。因此，酒店客房产品的价值补偿能否实现和实现的程度怎样，关键在于客房出租率的高低。

2. 生产与消费同步

一般商品的生产过程和顾客的消费过程是分离的，顾客看到的和购买使用的就是最终产品。但客房产品的生产过程和消费过程几乎是同时、同步进行的。只有当客人来酒店消费、租用客房时，客房产品的生产才真正开始。这一特性就要求酒店应根据目标市场的大小设计接待能力，客房部则需加强员工培训，强化内部管理，增强员工的质量意识，规范生产流程，提升生产效率，保证客房产品供应。

3. 不可贮存

正因为客房产品与一般产品不同，客人买到的只是某一段时间的使用权，而不是所有权,所以客房产品的价值具有不可贮存性。它不像一般产品,如一件衣服、一台电视,今天卖不出去,第二天可以继续卖,价值通常不会缺失。以每晚房租480元房间为例,如果全天此房租不出去,那么480元的价值就无法实现,等到第二天再租出去,前一天的价值也就永远无法收回了。所以,酒店业行家把客房产品比喻为"易坏性最大的商品""只有24小时寿命的商品"。这就是为什么酒店业普遍以"宾客至上"为经营信条,以客人满意程度为质量标准的原因所在。

4. 季节性

众所周知,旅游业具有明显的季节性,酒店业也不例外,一年之中酒店经营有淡季和旺季之分。淡季时,客房部应做好员工培训和设施设备的维修保养,并推出一些有特色的促销活动,力争"淡季不淡";旺季时,不愁客源,客房部应做好人员调配,最大限度挖掘现有硬软件的接待能力,保证"旺季不乱",获取最大经济收益。

5. 质量不稳定性

由于客房产品的生产加工者即酒店从业人员本身的复杂性,容易造成产品质量的不稳定性;也由于客房产品具有生产与消费同步这一特点,产品质量不易控制;同时,客房产品的消费者(即住客)的情况千差万别,他们对产品质量的评价也很难稳定、很难统一。所以客房部应从内部管理出发,制定严格的程序规范与质量标准,从管理、培训、激励等方面着手,将客房产品质量的波动稳定在一个合理的范围之内。

6. 随机性

客房部的工作琐碎繁杂,从清洁整理房间、补充物品、设备用品保养与维修到客人的进店离店,都是一些事务性工作。客人在何时何地、何种情况下需要何种服务,事先都难以掌握,服务具有很强的随机性。客房部员工要善于揣摩客人的心理,用心工作,给客人提供满意加惊喜的服务。

7. 不可专利性

酒店唯一能够申请专利的只有酒店的商标与名称,酒店的设施、菜肴、装饰、布置、服务方式、氛围等是不可能申请专利的。这种产品的不可专利性带来的直接后果是各酒店之间会互相模仿和克隆在市场上销路好、受欢迎的新产品。客房产品是酒店的主要产品,因此,在客房产品设计上,必须贯彻"人无我有,人有我特,人特我优,人优我创"的竞争策略,才能在激烈的市场竞争中胜出。

(二) 客房产品的要求

客房是旅行者、旅游者在旅行或旅游目的地生活或工作的场所。从现代市场营销和客人对客房产品共同需求的角度看,客房产品的要求安全、清洁卫生、舒适方便和特色四个方面。

1. 安全

安全是客房产品最基本的要求。一家酒店无论其客房如何豪华、富丽堂皇,如果客人的安全都得不到保障,就不会有人入住了。因此,酒店必须从大处着眼、小处入手,高度重视并切实做好安全工作,包括客人的人身安全、财物安全、隐私安全。安全工作越来越受到酒店业的重视,如许多星级酒店在客房内配有可存放手提电脑的小型保险箱,在卫生间设有紧急呼救(SOS)按钮等。

2. 清洁卫生

清洁卫生是所有客人对客房产品的基本要求。客人在酒店客房停留时间最长,对客房清洁卫生要求最高。无论酒店及客房档次是高是低,都必须清洁卫生。客房部应制定详细的清洁卫生质量标准,并严格执行。

3. 舒适方便

每个客人都希望住得舒适方便,设计客房产品时,应充分考虑功能上的舒适、使用上的便利、感官上的愉悦。客房的硬件和软件都应达到相当的规格标准,使客人获得舒适方便之感。硬件上,家具设备要齐全、完好,并达到一定的档次。客用物品的品种要齐全,数量要充足,质量要过关,布置摆放要方便客人使用。在软件上,客房服务要配套,各项服务要优质高效,保证客人的各种合理要求都得到很好的满足。

4. 特色

在激烈的市场竞争中,没有特色的产品就没有竞争力,特色是客房产品的闪光点,是客房产品的生命力。客房产品的设计和装饰布置在保证实用功能的基础上,要具有一定的特色性,以满足客人求新求异的需求,从而增强产品的吸引力和竞争力。客房产品的特色性可以从多方面加以体现,如建筑造型、设计风格、房间布局、陈设布置、文化氛围,甚至员工的服饰打扮、服务方式等。

二、客房产品的定位

随着国际酒店集团在中国的不断推进和深入,我国旅游酒店市场竞争激烈,要在激烈的市场竞争中确立自己的优势,得到长足的发展,就必须明确市场定位,分析市场,找准目标。

(一) 产品定位的概念

"定位"一词是由两位广告经理艾尔·里斯(Al Ries)和杰克·特罗(Jack Trout)于1972年率先提出的,他们对"定位"的定义如下:定位是以产品为出发点,但定位的对象不是产品,而是针对潜在顾客的思想。也就是说,定位是为产品在潜在顾客的大脑中确定一个合适的位置。通常情况下,无论酒店是否意识到产品的定位问题,在顾客的心目中,一定商标的产品都会占据不同的位置。例如,"希尔顿酒店"在顾客认识中意味着"高效率的服务","假日酒店"则给人"廉价、卫生、舒适、整洁"的市场形象。

对客房产品而言,客房产品定位就是要突出客房产品的个性,塑造独特的市场形象,创造竞争的比较优势,选择相应的目标市场。

(二) 客房产品的定位

客房产品定位的主要根据是酒店星级和类型,按酒店星级分,有一星、二星、三星、四星、五星和白金五星。从酒店类型上分,有接待型酒店、旅游酒店、商务型酒店等。当然,同样的三星级酒店,有的以旅游团队作为目标市场,有的以会议为主要目标市场,还有的则以商务散客市场为目标,分属于不同目标市场的酒店相互间不能成为直接竞争者。同样以会议市场作为目标市场,五星级酒店与三星级酒店又因为会议市场划分标准的差异而使目标市场有所不同。这些,都需要酒店细分目标市场,准确定位。

客房产品的定位对酒店的经营有着十分重要的意义,美国 20 世纪 60 年代的经济型酒店[如汽车旅馆(Budget Motels)]成功的产品市场定位,对我国目前的酒店行业竞争具有十分现实的指导意义。这种旅馆为大众旅行提供了满足基本需求又可以省钱的选择。它没有会议室、宴会厅以及项目繁多的娱乐休闲设施,只提供卫生、舒适、价格低廉的客房,这对于过路、只求得到很好休息的客人来说是极具吸引力的。而我国许多中小型酒店在面临大酒店和酒店集团的竞争压力时,往往采取追加投资、对产品更新改造的方式,求上档次,求项目全,并以此作为竞争的本钱。这样做将对本已有限的资源造成更大的压力甚至浪费。

实际上,我国的国内旅游业正在兴起,国内旅游者将在今后一段时期内成为一个庞大市场,他们要求酒店提供与他们的经济能力相适应的产品,这种需求是一些四星级、五星级酒店所忽略的,而这正好是中小型酒店的市场空隙,在这样的市场中将大有可为。近年来我国经济型酒店得以蓬勃发展,正是迎合了这种市场的需求。

复习与思考

一、多项选择题

1. 客房部的工作区域除客房外,还包括( )。
   A. 会议室　　　　B. 电梯　　　　C. 大厅　　　　D. 餐厅卫生
2. 一般而言,客房部下设( )几个部门。
   A. 客房楼层　　　　　　　　B. 饭店公共区域服务中心
   C. 客房服务中心　　　　　　D. 布件房和洗衣房
3. 下面属于客房卫生设备的有( )。
   A. 洗脸盆　　　　B. 浴缸　　　　C. 马桶　　　　D. 电视机
4. 布件房主要负责饭店布件和员工制服( )工作。
   A. 收发　　　　B. 送洗　　　　C. 缝补　　　　D. 保管

二、简答题

1. 简述客房部在酒店的地位。
2. 客房部组织机构设置的原则主要有哪些?
3. 客房部产品的特点和要求分别是什么?
4. 客房部日常家具设备包括哪些?

三、案例分析题

无法入睡的饭店

搞美术设计的王先生出差入住 A 饭店,这一次住店经历对他来说简直就是一种非人的折磨。由于他习惯将设计工作安排在晚上进行,因此经常直至天明后才就寝。可是,天明后,走廊里电话铃声、服务员相互之间的叫嚷声(她们叫嚷的都是工作上的琐碎之事,比如"浴巾差几条""某某房退房了"等),此起彼落,不绝于耳,并夹杂着服务车被推动时轮子发出的"咯吱"声,使他根本无法就寝。在下午的时候,服务员就会去敲他的房间,并隔着房门大声询问是否需要打扫房间,要不就是打电话进来询问,让他很是头疼。

回忆起他上次出差入住的 B 饭店,感觉真是天壤之别。入住 B 饭店后的第一感受就是安静舒适,当他离开饭店后回来,房间已被收拾得干干净净。有时候刚离开饭店后不久中途回来取物品时,当他刚进房间,就感觉到房间是已收拾了一半后被迫停下来的状态。他后来才知道,当他的前脚刚踏进饭店的大堂,前台接待员便马上通知做房服务员:客人回来了!做房服务员便立刻停下手中的活儿,从房间内退出来。所以,他住了一个星期也没有和做房服务员在房间内打过照面。饭店走廊 24 小时总是静悄悄的,听不见服务员高声喧哗之声。他也见过做房服务员用的服务车,小巧玲珑,推行起来声音很小。即使他一天不出房间,服务员也不会用打电话或是敲门的方式询问是否需要打扫房间。

根据以上案例,回答以下问题:

1. 案例中的两个饭店在服务过程中的差异在哪里?哪一家饭店服务质量更高?好在哪里?

2. 为了提高饭店的服务质量,给客人提供一个舒适、安静、清洁的环境,客房服务应该从哪些方面入手?

四、实践与训练

1. 实训项目:参观几家不同星级和规模的酒店。

2. 实训目的:了解其酒店"绿色客房"的创建情况。

3. 实训内容:全体同学分批到三家以上不同星级和规模的酒店参观学习,由酒店客房部负责人介绍其酒店"绿色客房"的创建情况。

4. 实训准备:按规定着装,带好笔、笔记本。

5. 实训方法:视频展示、实地参观。

6. 学习评价。

小组名称				
考评地点				
考评内容	参观几家不同星级和规模的酒店			
项目	操作要求	配分	自我评价	实际得分
听课认真程度	认真听讲,做好笔记,跟上上课节奏	15 分		
观看视频认真程度	认真观看视频,并积极练习	10 分		
模拟练习效果	能根据各模块要求,正确实施对客服务	60 分		
参与实训认真程度	能正确了解小组角色,积极参与实训	15 分		
合 计				

项目二 职业认知

学习目标

通过本项目学习,你要……

◆ 了解客房部的地位、作用及工作任务;
◆ 了解客房部的组织结构及各结构主要职能;
◆ 掌握客房设备的内容及客房设备与客房用品的选择原则;
◆ 了解客房产品的内容及特点。

知识概览

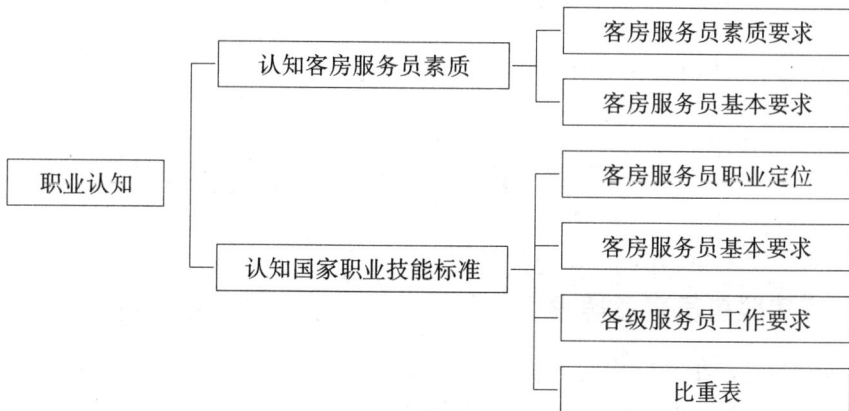

职业认知
- 认知客房服务员素质
  - 客房服务员素质要求
  - 客房服务员基本要求
- 认知国家职业技能标准
  - 客房服务员职业定位
  - 客房服务员基本要求
  - 各级服务员工作要求
  - 比重表

案例导入

世界上最善良的人

某饭店即将接待一位下肢瘫痪、坐着轮椅的外国残疾客人——杰克先生。某天早晨,饭店总台接到通知后,便立即安排专人到机场迎接。杰克先生到达饭店后,行李员直接把他送到早已安排妥当的客房里;总台接待处派人到房间办理入住手续……杰克先生到达该饭店所在城市才半个多小时,就已经切身体验到该饭店待客的热情。

入住后受到的一系列其他特殊待遇,更使他深受感动。杰克先生进房后,稍许整理了一下行李便躺到床上考虑自己的日程安排和一些可能会遇到的忧心事。不一会儿,负责他这个楼层的服务员小王走了进来。经过一番问候之后,小王诚恳地向杰克先生表示,饭店每个员工不仅会随时听候他的吩咐,还愿意满足他的一切特殊要求。

　　杰克先生坦诚地告诉小王,他在来之前确实有不少担忧,但从下飞机开始就受到饭店员工超乎意料的关怀和照顾,现在一切顾虑都打消了。接着他又吐露了自己的心事,原来他想去参观该城市的景点,却又不好意思提出,因为这将给饭店带来很多麻烦。"杰克先生,谢谢您对我们的信任,"小王接着说,"我们饭店虽没有陪客人游览的服务项目,但您的情况比较特殊,我将向领导汇报,我们将尽可能使您满意。"

　　半个小时后,客房部经理来到杰克先生的房间,表示饭店对他所有的工作和活动计划都将给予全力支持,另外还会委派小王和另一名服务员小李专门负责他在该城市的一切活动。

　　杰克先生听后,紧紧握住客房部经理的手,泪花在眼眶内闪烁。

　　杰克先生在该饭店住了4天。临别的那天上午,他请小王陪同去天主教堂,用最虔诚的态度感谢上帝让他遇到了"世界上最善良的人",他祈祷上帝赐福给所有善待他的人。

■ 任务驱动 ◀

1. 小王的做法是否合理?
2. 从案例中我们有什么启示?

任务一　认知客房服务员素质

一、客房服务员素质要求

　　客房服务员承担着客房服务工作,需要进行接待宾客及设施设备保养等各种服务。因此,客房服务员一般要求具备以下几种素质。

(一)身体素质

　　客房服务是一项劳动密集型工作,必须具有良好的身体素质。在客房清扫、对客服务过程中,要求服务员身体健康,没有重大传染性疾病,尤其是腰部没有疾病,因为清扫客房需要经常弯腰。

(二)职业道德

　　作为服务性行业,客房服务员要有良好的职业道德和思想品质。客房是宾客的私人空间,客房服务员在进入宾客的房间时,不得动用宾客的东西,不得干扰宾客的生活,要有不怕脏、不怕累的工作精神。

(三)礼节礼貌

　　客房服务员直接为宾客提供服务,直接面对广大宾客。因此,客房服务员一定要在仪容仪表、行为举止、语言修养等各方面体现礼仪的要求,让宾客对饭店印象加分。

(四) 服务意识

饭店服务是一项服务性的工作,服务意识是每一位饭店服务员应该具备的意识,对于客房服务员来说,直接面对客的机会比较多,作为服务员,应时刻想到要为宾客提供优质服务,时刻保持为宾客服务的状态,做到主动、热情、耐心、周到地为宾客提供服务。

(五) 服务技能

服务工作更需要具备的是娴熟服务技能,让自己的服务工作真正赢得宾客的满意。服务技能不仅包括操作技能,更包括一些细小的环节,比如客房的清洁是宾客入住饭店最基本的要求。而客房的卫生除了视觉标准外,更多的时候可能是看不到的。比如,用脏抹布擦拭家具,从视觉上可能看不出来,却会在家具表面留下许多细菌。因此,服务人员应有强烈的卫生意识,严格根据饭店的标准来清扫客房。

另外,当客房的设施设备出现故障时,作为客房服务员,应该使用掌握的最基本的设施设备保养知识,解决客人的烦恼。在日常清扫客房的过程中,也应对设施设备做基础保养,提高设施设备的寿命,为饭店节省开支。

同时,要求客房服务员具有一定的英语水平,更好地为来自不同地域的客人服务。

(六) 应变能力

由于许多不可抗的原因,客房服务又具有许多突发性。这就要求客房服务员具有较强的应变能力,在不同的情况下能够冷静地做出判断,迅速做出反应,处理好每一件突发事件。

二、客房服务员基本要求

(一) 客房服务质量的基本要求

1. 真诚

是否真诚,反映的是服务员的服务态度问题。要为客人提供最佳服务,首先要做到"真诚"二字,要实行感情服务,避免单纯的完成任务式的服务。

2. 高效

效率服务就是快速而准确的服务。每一位客人都不愿意等待。

3. 礼貌

客房服务中的礼貌礼节,是客房服务质量的重要组成部分,也是客人对客房服务人员的基本要求之一。

4. 微笑

微笑服务是客房员工为客人提供真诚服务的具体体现,是服务工作所要求的基本礼貌礼节,是优质服务的基本要求。

(二) 提高客房服务质量的途径

培养员工的服务意识,强化训练,掌握服务技能;增强员工的应变能力;为客人提供微笑服务;为客人提供个性化服务;称呼客人姓名;为日常服务确立时间标准;搞好与饭店其他部门的合作与协调；征求客人对服务质量的意见，作为提高服务质量的切入点；加强对员工在仪表仪容与礼貌礼节方面的培训。

任务二　认知国家职业技能标准

一、客房服务员职业定位

（一）职业名称

客房服务员。

（二）职业定义

在饭店、宾馆、旅游客船等场所清洁和整理客房，并提供宾客迎送、住宿等服务的人员。

（三）职业等级

本职业共设三个等级，分别为：初级（国家职业资格五级）、中级（国家职业资格四级）、高级（国家职业资格三级）。

（四）职业环境

室内，常温。

（五）职业能力特征

具有良好的语言表达能力；能获取、理解外界信息，进行分析、判断并快速做出反应；有一定的计算能力；有良好的动作协调性，能迅速、准确、灵活地完成各项服务操作。

（六）基本文化程度

初中以上。

（七）培训要求

1. 培训期限

全日制职业学校教育，根据其培养目标和教学计划确定。晋级培训期限：初级不少于 70 标准学时；中级不少于 80 标准学时；高级不少于 120 标准学时。

2. 培训教师

培训初级客房服务员的教师应具有本职业中级以上职业资格证书；培训中、高级客房服务员的教师应具有本职业高级职业资格证书或本专业中级以上专业技术职务任职资格，同时具有两年以上的培训教学经验。

3. 培训场地设备

教室、服务台，配备电脑和标准客房（或模拟标准客房）以及相关教具及设备。

(八) 鉴定要求

1. 适用对象

从事或准备从事本职业的人员。

2. 申报条件

(1) 初级(具备以下条件之一者):经本职业初级正规培训达规定标准学时数,并取得毕(结)业证书。在本职业连续见习工作两年以上。

(2) 中级(具备以下条件之一者):

取得本职业初级职业资格证书后,连续从事本职业工作两年以上,经本职业中级正规培训达规定标准学时数,并取得毕(结)业证书。

取得本职业初级职业资格证书后,连续从事本职业工作3年以上。

连续从事本职业工作5年以上。

取得经劳动保障行政部门审核认定的、以中级技能为培养目标的中等以上职业学校本职业(专业)毕业证书。

(3) 高级(具备以下条件之一者):取得本职业中级职业资格证书后,连续从事本职业工作两年以上,经本职业高级正规培训达规定标准学时数,并取得毕(结)业证书。

取得本职业中级职业资格证书后,连续从事本工作3年以上。

取得高级技工学校或经劳动保障行政部门审核的、以高级技能为培养目标的高级职业学校本职业专业毕业证书。

3. 鉴定方式

分为理论知识考试和技能操作考核。理论知识考试启用闭卷考试方式,技能操作考核采用现场实际操作方式,理论知识考试和技能操作考核均实行百分制,成绩达60分以上者为合格。

4. 考评人员与考生配比

知识考试考评人员与考生配比为1∶15,每个标准教室不少于两名考评人员;技能操作考核考评员与考生配比为1∶10,且不少于3名考评员。

5. 鉴定场所设备

(1) 场所:标准教室;标准客房或模拟标准客房;会议室。

(2) 设备:笔记本;吸尘器;清洁消毒器具;楼层服务台;会议室用具。

二、客房服务员基本要求

(一) 职业道德

1. 职业道德基本知识

职业道德是同人们的职业活动紧密联系的,符合职业特点所要求的道德准则、道德情操与道德品质的总和,是人们在从事职业活动的过程中形成的一种内在的、非强制性的约束机制。职业道德是社会道德的职业活动中的具体化,是从业人员在职业活动中的行为标准和要求,而且是本行业对社会所承担的道德责任和义务。

（1）职业道德特点。

职业道德与一般的道德有着密切的联系，同时也有着自己的特征。第一是行业性，要鲜明地表达职业义务、职业责任以及职业行为上的道德准则。第二是连续性，具有不断发展和时代延续的特征和一定的历史继承性。第三是实用性及规范性，即根据职业活动的具体要求，对人们在职业活动中的行为用条例、章程、守则、制度、公约等形式做出规定。第四是社会性和时代性，职业道德是一定的社会或阶级的道德原则和规范的"职业化"，不是离开阶级道德或社会道德而独立存在的。随着时代的变化，职业道德也在发展，在一定程度上体现着当时社会道德的普遍要求，具有时代性。

（2）职业道德的社会作用。

职业道德具有重要的社会作用，它能调节职业交往中从业人员内部以及从业人员与服务对象间的关系；从业人员良好的职业道德有助于维护和提高本行业的信誉；员工的责任心、良好的知识和能力素质及优质的服务是促进本行业发展的主要活力，并且对整个社会道德水平的提高发挥重要作用。

2. 职业守则

（1）热情友好，宾客至上。

（2）真诚公道，信誉第一。

（3）文明礼貌，优质服务。

（4）以客为尊，一视同仁。

（5）团结协作，顾全大局。

（6）遵纪守法，廉洁奉公。

（7）钻研业务，提高技能。

（二）基础知识

1. 计量知识

（1）法定计量单位及其换算知识。

（2）行业用计价单位的使用知识。

（3）清洁用化学剂：百分比配制；份数比配制。

2. 清洁设备知识

（1）机器清洁设备的使用知识。

① 吸尘器。

吸尘器全称为电动真空吸尘器。它是一个由电动机带动的吸风机，即利用马达推动扇叶，造成机身内部的低压（真空），通过管道将外界物品上附着的灰尘吸进机内集尘袋中，达到清洁的目的。

吸尘器应用范围很广，包括地板、家具、帘帐、垫套和地毯等。吸尘器不但可以吸进其他清洁工具不能清除掉的灰尘，如缝隙、凹凸不平处、墙角以及形状各异的各种摆设上的尘埃，而且不会使灰尘扩散和飞扬，清洁程度和效果都比较理想。吸尘器是饭店日常清扫中不可缺少的清洁工具。

a. 吸尘器的结构和原理。

吸尘器可分为主体和附件两部分。主体包括电机、风机和吸尘部分(由过滤器、储尘筒组成),附件包括软管、接头弯管、塑接管(接长管)、刷头和扁吸嘴等。

b. 吸尘器的种类。

根据结构和操作原理,吸尘器大致可以分为 3 类:直立式、吸力式和混合式。

c. 吸尘器的维护和保养。

◆ 在使用前,应首先阅读使用说明书,按说明书介绍的方法将吸尘器安装好。

◆ 每次使用前应检查集尘箱(筒)内是否清洁干净,电源及电线有无破损。

◆ 吸尘器附件要保持清洁,如有灰尘污垢应及时用湿布擦拭干净,然后在空气中自然干燥,切忌用含有苯、汽油的溶液擦洗。

◆ 有集尘指示器的吸尘器,不能在满点上工作。若发现指示游标接近满点,应立即停机清理灰尘。

◆ 如果吸尘器不是干湿两用,则不能用来吸液体、黏性物和金属粉末以及较大体积的物体。

◆ 每次使用完毕,应先切断电源,然后将集尘袋(箱)中的灰尘清除干净。集尘袋(箱)可定期用温水清洗,然后在阳光下自然干燥,最后将配件拆开并清理干净收好。

◆ 检查机体和附件上的螺钉是否有松动现象,如有松动应立即紧固。

◆ 随时将刷子上的毛发及绒线头清理干净。若发现刷头磨损偏大,应及时更换,否则会影响吸尘效果。

◆ 定期更换轴承润滑油。可根据吸尘器使用次数的多少,一年或半年更换一次。润滑油必须采用高速复合钙基脂或复合钠基脂。

◆ 吸尘器在使用过程中,若发现漏电或电机温度过高以及异常响声,应立即停机检查。

◆ 吸尘未到饱和状态而集尘指示器红灯发亮,有可能是纸屑或碎布等将管道堵塞,应停机检查。可将吸管安在排气口上,吹出堵塞物,以清除障碍。

◆ 吸尘器不用时,应放在干燥的地方。

◆ 不管是哪种吸尘器,使用前都应将地上的烟及针尖、图钉类尖利物拾去,否则会损伤集尘袋或吸头、吸管等。

② 洗地毯机。

洗地毯机工作效率高,省时省力,节水节电。机身及配件用塑料玻璃钢和不锈钢制成。洗地毯机一般采用真空抽吸法,脱水率在 70% 左右,地毯清洗后会很快干燥。洗地毯机可清洗纯羊毛、化纤、尼龙、植物纤维等地毯,也可清洗沙发、椅套等。

a. 洗地毯机的结构(以喷气抽吸式为例)。

洗地毯机主要部分由两个吸力泵、污水箱、强力喷射水泵、电机等构成,采用真空抽吸原理。真空抽吸、水泵喷射系统都配置过滤网纹,以保证电机的正常工作。洗地毯机在操作时强力喷射、震荡刷洗、真空抽吸 3 个动作同时进行。

b. 洗地毯机的种类。洗地毯机的种类很多,但常用的有:

◆ 喷汽抽吸式洗地毯机。

这种机器喷液、擦洗、吸水 3 个动作作同步进行,洗涤力特别强,去污效果也好,但操作起来较笨重,而且对地毯的破坏性较大,所以这种洗涤方法宜少用。

◆ 干泡洗地毯机。

干泡洗地毯机有滚刷式和转刷式两种。其工作原理是:当马达发动后,压缩机将用温水按比例配制的起泡式地毯香波调整打泡,然后喷射在地毯上。机器底部擦盘随即擦洗地毯,以使香波渗透到地毯根部,与地毯里的尘埃结成晶体。十几分钟后用吸尘器将结晶体吸去,或者用吸水机将地毯吸一遍,地毯便洗净干燥了。需要注意的是洗地毯前要将地毯彻底吸尘和去迹,才能达到效果。干泡洗地毯的方法比较简便,对不脏的地毯和纯羊毛地毯来说,清洗效果颇佳,而且对地毯损伤较小。

③ 吸水机。

吸水机外形有筒形和车厢形两种,机身由塑料或不锈钢材料制成,分为固定型和活动型两种。机身下有 4 个转轮,操作时省时省力。固定型吸水机吸水量为 9 耀 65 L,活动型为 27 耀 73 L。吸水机主要部件是真空泵、蓄水桶和吸水刷。

吸水机的功能是:用洗毯机洗刷后,地毯表面比较干净,但洗刷后的污水及残渣深藏在地毯根部,在地毯上容易形成脏污并使它失去弹性。如果用吸水机对洗刷后的地毯进行抽吸,任何顽固的残渣都能被彻底抽除,因为吸水机一般均装有两个真空泵,吸力特别强大。

吸水机的配件根据喉管直径的大小配备。例如,喉管直径为 40 mm 的配件有胶接管、高空吸嘴、扁平吸嘴、圆吸嘴、收窄嘴、软喉管(长 0.8 m 和 2.5 m 各一)、地毯吸嘴、吸水嘴、吸尘嘴、电镀接管、有轮吸尘嘴、推动型吸水扒和吸尘扒。

另外,还有吸尘吸水两用机,又称干湿两用吸尘器。此类机器既可用来吸尘,清理地板、家具和帘帐,又可以用来吸水。

吸水机使用完毕,要做好维护工作。拆卸时,动作要轻,将各种配件刷洗干净,晾干后装入配件箱内。

④ 洗地机。

洗地机又称擦地吸水机,它具有擦洗机和吸水机的功能。洗地机装有双马达,集喷、擦、吸于一身,可将擦洗地面的工作一步完成,适用于饭店的大厅、走廊、停车场等面积大的地方,是提高饭店清洁卫生水平不可缺少的工具之一。

洗地机使用前要先检查各个部件是否完好;当打开吸水机开关时,应注意污水箱是否保持密封,以防污水外溢;清洗工作完毕,要将吸水系统剩余清洁液抽至污水箱内,便于倾倒。每次使用后,应把各种配件清洗干净,晾干后妥善保存起来。

⑤ 高压喷水机。

这种机器往往有冷热水两种设计,给水压力可高达 20 耀 70 kg/cm²。一般用于垃圾房、外墙、停车场、游泳池等处的冲洗,也可加入清洁剂使用。附有加热器的喷水机水温可高达沸点,故更适合于清除油污的场合。

⑥ 打蜡机。

打蜡机有单刷、双刷及三刷机。以单刷机使用最广。单刷机的速度可分为慢速

(120 耀 175 转/分)、中速(175 耀 300 转/分)、高速(300 耀 500 转/分)和超高速(1 000 转/分),其中以慢速及中速较适合于洗擦地板用,高速则用于打蜡及喷磨工作。

多用途的打蜡机可满足部分饭店节省资金和储存空间的需求,但如果保养欠佳会造成机器的损坏。其主要配件有:尼龙刷——洗地板用(不同硬度的尼龙刷,可分别用来洗地、磨蜡、喷磨地板等);水箱——洗擦地板用;喷壶、喷嘴——喷蜡水用;集尘袋——吸尘用。

(2) 常用清洁剂(酸性清洁剂、中性清洁剂、碱性清洁剂、上光剂、溶剂)使用知识。

3. 客房知识

(1) 客房种类:单人间;大床间;双人间;三人间;套间;特殊客房。

(2) 床种类:基本类型;特殊类型。

(3) 功能空间的设备(睡眠空间设备、盥洗空间设备、起居空间设备)、书写和梳妆空间设备、贮存空间设备使用和维护知识。

4. 客房用品知识

(1) 房间用品。

(2) 卫生间用品。

5. 地面种类

(1) 硬质地面。

(2) 地毯。

(3) 胶地面(树脂地面)。

(4) 其他地面。

6. 墙面材料知识

(1) 花岗岩、大理石。

(2) 贴墙纸。

(3) 软墙面。

(4) 木质墙面。

(5) 涂料墙面。

7. 相关法律、法规知识

(1) 劳动法的相关知识。

(2) 消费者权益保护法的相关知识。

(3) 治安管理处罚条例的相关知识。

(4) 旅馆业治安管理办法的相关知识。

(5) 旅游安全管理暂行办法的相关知识。

(6) 旅游涉外人员守则的相关知识。

(7) 消防条例的相关知识。

(8) 有关旅馆安全的地方法规。

三、各级服务员工作要求

（一）初级

1. 迎客准备

（1）了解客情：要求能掌握客人的基本情况，能了解客人的基本需要。需要把握的相关知识包括我国兄弟民族的习惯、民俗，主要客源国的概况，旅游心理常识。

（2）检查客房：要能检查客房的清洁情况，能检查客房的电器与设备的运转情况，能检查客房用品的配备及摆放要求。需要把握的相关知识包括客房清洁程序及标准，电器与设备操作知识，客房用品配备及摆放标准。

2. 迎客服务

（1）迎候宾客：能做好个人仪表、仪容准备，能热情主动地接待宾客，能正确使用接待礼貌用语。需要把握的相关知识包括仪表、仪容常识，语言运用基本知识，英语基本接待用语，普通话基础。

（2）引领宾客：能简单地做自我介绍，能征询客人是否需要帮提行李。需要把握接待服务常识及相应的礼节礼貌知识。

（3）茶水服务：能根据宾客的爱好习惯，提供相应饮料，能掌握茶叶、咖啡的泡、沏方法。需要把握的相关知识包括饮料服务规范和常用饮料常识。

（4）介绍情况：能向宾客介绍饭店服务项目，能介绍客房设备的使用方法（会做示范）。需要把握的相关知识包括中、西餐风味特色，客房、娱乐等服务项目的内容，客房设备使用常识。

3. 对客服务

（1）清洁客房与卫生间。

① 需要掌握的技能：

能做好清洁客房的准备工作。

能检查客房设备是否完好。

能按标准整理床铺，并除尘。

能清洁卫生间并进行消毒。

能进行茶具消毒。

能按要求进行地毯吸尘。

能按标准补充客房用品。

能正确使用清洁设备。

② 需要把握的相关知识：

清洁工具、清洁剂的名称、作用和特性。

电器及清洁设备的使用保养常识。

家具保养常识。

"做床"标准及操作程序。

吸尘程序与地毯保养常识。

卫生间的清洁、消毒要点。

茶具消毒要点。

一次性用品管理常识。

用品摆放标准。

卫生防疫常识。

（2）晚间整理。

① 需要掌握的技能：

能按要求进行夜床服务和整理。

能按顺序清理垃圾。

能按标准进行卫生间的清洁。

能正确铺放防滑垫。

能按要求拉上窗帘。

② 需要把握的相关知识：

夜床的规格要求。

夜间服务程序。

卫生间小清洁标准。

（3）楼层安全。

① 需要掌握的技能：

能检查并发现客房内的各种不安全因素。

能按规定做好钥匙管理。

能做好访客的接待工作。

能做好客人的保密工作。

能正确地使用手动灭火器。

当火灾发生时，能及时报警，并协助疏散客人。

能按规定处理 DND（请勿打扰）。

能按规定处理宾客的失物。

② 需要把握的相关知识：

客房安全规定。

客房钥匙管理规章制度。

楼层消防常识。

访客接待须知。

失物处理规定。

（4）提供饮料。

① 需要掌握的技能：

能适时补充饮料。

能正确核对"饮料签单"。

能配合餐饮部门做好房客用餐工作。

能核对饮品有效期。

② 需要把握的相关知识：

饮料补充规定。

饮料结账方式。

房客用餐服务规程。

（5）借用物品服务。

① 需要掌握的技能：

能向客人介绍租借物品的使用方法。

能向客人介绍租借物品的管理规定。

② 需要把握的相关知识：

出借物品的名称、用途、性能。

出借程序。

赔偿规定。

4. 送客服务

（1）宾客行前准备。

① 需要掌握的技能：

能及时掌握离店客人的情况。

能明确并落实客人嘱咐的代办事项。

能正确进行"叫醒服务"。

能了解客人是否结账。

② 需要把握的相关知识：

宾客行前准备工作的内容。

代办事项须知。

（2）送别客人。

① 需要掌握的技能：

能协助行李员搬运行李。

能用合适的敬语向客人告别。

能礼貌地征询客人意见。

② 需要把握的相关知识：

服务告别用语。

（3）善后工作。

① 需要掌握的技能：

客人离店后能对房内物品及时进行检查与清理。

能正确处理设备及物品被损事项。

能按规定处理客人遗留物品。

能及时将查房情况通告相关部门。

② 需要把握的相关知识：

失物招领程序。

饭店对宾客损坏客房用品的赔偿规定。

(二) 中级

1. 迎客准备

(1) 了解客情。

① 需要掌握的技能：

能用计算机查询客房信息。

能按宾客的等级安排接待规格。

② 需要把握的相关知识。

饭店计算机管理系统一般操作方法。

(2) 检查客房。

① 需要掌握的技能：

能向客人正确介绍客房设备的各项性能。

能布置各种类型的客房。

② 需要把握的相关知识：

报修程序。

客房类型及布置要求。

2. 迎接服务

(1) 迎候宾客。

① 需要掌握的技能：

能用英语介绍客房服务的内容。

② 需要把握的相关知识：

饭店常用接待用语。

中外礼仪、习俗常识。

(2) 引领宾客。

① 需要掌握的技能：

能向客人介绍客房所有设备的使用方法。

能向客人介绍饭店各项服务以及特点。

② 需要把握的相关知识：

饭店各部门的服务设施与功能。

3. 对客服务

(1) 清洁客房与卫生间。

① 需要掌握的技能：

能发现初级客房服务员在工作中存在的问题，并给予指导。

能清洁贵宾房。

② 需要把握的相关知识：

贵宾房清洁要求。

（2）清洁楼层公共区域和进行计划卫生。

① 需要掌握的技能：

能实施"大清洁"计划。

能正确使用清洁剂。

能定期对清洁设备进行保养。

② 需要把握的相关知识：

清洁设备的维护保养常识。

各类清洁剂的成分、性能。

"大清洁"计划的范围、内容及程序。

（3）特殊情况处理。

① 需要掌握的技能：

能掌握住店生病客人及醉酒客人的基本情况，并给予适当的照顾、帮助。

② 需要把握的相关知识：

基本护理常识。

客人个人资料。

（4）代办客人洗衣及擦鞋服务。

① 需要掌握的技能：

能介绍洗衣服务项目、收费事项。

能正确核对《洗衣单》。

能根据客人需要提供擦鞋器。

② 需要把握的相关知识：

洗衣单填写要求。

皮革保养常识。

4. 会议服务

（1）需要掌握的技能：

能根据宾客要求，布置、安排不同类型的会议室，安排服务人员。

能准备所需文具、用品。

能提供饮品服务。

能使用视听设备。

（2）需要把握的相关知识：

会议室布置规范。

会议礼仪常识。

会议服务常识。

视听设备使用基础知识。

5. 客房用品管理

（1）楼层库房的管理。

① 需要掌握的技能：

能进行楼层库房物品的保管。

能正确掌握客房的储备量。

能正确使用登记表。

② 需要把握的相关知识：

一次性用品的名称与数量配备。

一次性用品的收发制度。

有关表格填写常识。

（2）控制客用。

① 需要掌握的技能：

按客房等级发放一次性用品。

按饭店规定，计算客房每日、每月、每季客用品的使用量。

能进行盘点。

② 需要把握的相关知识：

盘点知识。

（3）布草管理。

① 需要掌握的技能：

能掌握楼层布草间的基本储存量。

能进行布草的盘点工作。

能根据使用情况，适时提出更换处理旧布草的意见。

能正确填写（报损单）。

② 需要把握的相关知识：

布草质量的要素与规格。

楼层有草房管理基本要求。

楼层布草配备标准。

布草的收发制度。

（三）高级

1. 迎客准备

（1）需要掌握的技能。

能正确制订人员计划及物品准备计划。

能根据需要对各种用品的配置及摆放提出设计意见。

能协调客房服务员工作。

（2）需要把握的相关知识。

楼层（或公共区域）设备的使用、保养知识。

成本控制基础知识。

工作定额标准。

2. 迎接服务

（1）检查客房。

① 需要掌握的技能：

能控制并实施清洁、整理客房的程序与标准。

能正确实施检查客房清洁的程序与标准。

能设计各类客房的布置方案。

能制定客房清洁与检查的各种表格。

掌握客房清洁设备的性能与使用方法。

② 需要把握的相关知识：

饭店星级划分常识。

本饭店客房类型。

常见地面、墙面材料的性能与保养。

（2）接待贵宾。

① 需要掌握的技能：

能根据贵宾的等级制定接待方案。

能协调员工为贵宾服务。

能独立处理贵宾接待中存在的问题，并采取相应的解决方法。

② 需要把握的相关知识：

对客服务的模式。

贵宾等级与服务共性的要求。

贵宾接待标准。

贵宾礼仪规范。

3. 沟通与协调

（1）需要掌握的技能。

能正确协调与其他部门的关系。

能妥善处理客人的疑难问题。

（2）需要把握的相关知识。

各部门运转程序。

部门间协调原则。

4. 客房管理

（1）客房用品。

① 需要掌握的技能：

能根据客房用品运转情况确定储存量。

能及时提供客房用品申购要求。

能检查客房用品的质量，保证客房标准。

② 需要把握的相关知识：

客用品成本与计算方法。

对一般客用品的品质要求和对星级饭店的客用品品质要求。

动态控制能力。

（2）员工培训。

① 需要掌握的技能：

能根据客房用品运转情况确定储存量。

能承担专业技能培训。

② 需要把握的相关知识：

客房部员工业务培训知识。

四、比重表

不同级别客房服务员理论知识要求及技能操作要求如表1-1、表1-2所示。

表1-1 不同级别客房服务员理论知识要求

项　目		初　级	中　级	高　级
基本要求	职业道德	5	5	5
	基础知识	20	20	20
相关知识	迎客准备	15	15	5
	应接服务	20	15	—
	对客服务	25	15	15
	送客服务	15	—	—
	会议服务	—	15	—
	沟通与协调	—	—	20
	客房用品管理	—	15	20
	客房管理	—	—	15
合　计		100	100	100

表1-2 不同级别客房服务员技能操作要求

项　目		初　级	中　级	高　级
相关知识	迎客准备	20	15	15
	应接服务	25	15	—
	对客服务	30	25	20
	送客服务	25	—	—
	会议服务	—	20	—
	沟通与协调	—	—	15
	客房用品管理	—	25	20
	客房管理	—	—	30
合　计		100	100	100

可见，不同级别服务人员的技能要求侧重点是不一样的，对高级服务人员来说，更注重沟通协调、客房用品、客房管理方面的技能要求；对于初、中级客房服务人员，基本操作技能更为重要。

案例分析 ◀

久不露面的 208 客人

王先生下榻 A 饭店，入住 208 房。

第二天早上 9:00，服务员小尤还不见 208 房客人开门，不禁心生疑虑。记得昨天刚来时这位客人脸色苍白到现在还没起床，莫非……

想到这里，小尤不由得担心起来。又是半小时过去了，客人仍然未露面，小尤决定前去了解情况。

果然，客人身体不舒服，也许是由于旅途疲乏，多年未发的旧病突然袭来，四肢无力、食欲全无。小尤见状，立刻与医务室联系，饭店医生诊断后决定送医院进一步诊治。还好，医生说不需住院，配了些药片，还开了张中药处方。

小尤又犯难了。配来的中药怎么办？按饭店规定，客房里不准生火，这就把电炉煎药的可能性排除了。小尤到处找人想办法，最后想到了餐饮部。

尽管熬制中药不是一项难度很大的工作，但毕竟需要有容器、有人照看，还要有人负责一日两次送药、倒药渣、洗药罐等工作。小尤把王先生的病情向餐饮部经理说明后，餐饮部欣然把煎中药的事承揽下来，小尤大喜过望。

当天下午，餐饮部便特地派人买来药罐，并指定专人负责煎制。客房部小尤等人负责送药，每日上、下午各一次，前后共 7 天。在客房部和餐饮部的通力合作下，每次煎好的药都能准时送到病人手中。7 天后，病人痊愈了，他找到客房部经理，感激万分地说，他永远不会忘记饭店对他的精心照料，下一次来这个城市一定还入住该店。

【分析提示】

买药罐、熬中药、陪看病、问冷暖等都是比较典型的家庭生活。饭店有"第二个家"和"家外之家"的说法，如果客人在饭店期间真能感受到与在家里一样的关照，便会带来客人对饭店服务的高满意度。

有些饭店在攀星过程中偏重硬件而轻视软件。A 饭店则不然，他们是软件、硬件一起抓。在抓软件建设过程中，饭店领导十分重视发挥员工的主观能动性，激励员工在平凡的岗位上干出不平凡的成绩；同时又结合饭店实际情况，制定出一个鼓舞员工的《A 饭店发展战略初步规划》，使全体管理人员和服务人员看到饭店的未来，从而甘愿为建设饭店的明天而奋发努力。本例中客房部和餐饮部就是由于受到这样的精神激励而携手合作，细心照顾好王先生的。

另外，本例还从另一个侧面反映了 A 饭店在实施标准化服务过程中，如何机动地执行规范，使服务规范中书面的条条框框充满生机与活力。例如，饭店为保证安全，规定客房里不能生火，小尤便到餐饮部去想办法解决煎药问题，这就是服务规范的灵活运用。在饭店里,办法总比困难多,此例便是这一说法的最好佐证。

复习与思考

一、多项选择题

1. 客房服务员一般要求具备( )素质。

    A. 身体素质　　　　B. 职业道德　　　　C. 服务意识　　　　D. 服务技能

2. 客房服务员的技术等级可以分为( )。

    A. 初级　　　　　　B. 中级　　　　　　C. 高级　　　　　　D. 特级

3. 客房服务质量的基本要求有( )。

    A. 真诚　　　　　　B. 高效　　　　　　C. 礼貌　　　　　　D. 微笑

4. 客房墙面材料一般包括( )。

    A. 花岗岩、大理石　　　　　　　　B. 软墙面

    C. 木质墙面　　　　　　　　　　D. 涂料墙面

二、简答题

1. 对不同级别的客房部服务人员要求有何不同?

2. 客房部服务人员需要掌握哪些基础知识?

3. 你认为如何才能成为一名称职的客房服务员?

三、案例分析题

客人的五斤笋干

"您好,客房中心。"电话铃声响起后,客房中心服务员小王亲切的问候在电话这头响起。

"小姐,我是 1006 房间的客人,明天就要离开饭店了,我想带点这里的土特产回去,可我又不太熟悉,不知您能否帮我出个主意?"

这样的客人以前也遇到过,所以小王很热心地向客人介绍:"张先生,您好! 现在是冬天,我建议您带笋干回去尝尝,这是我们这里很著名的土特产品!"

"是吗? 那我就听您的。"客人迟疑了一会儿,又说:"可我对附近的商店不是很熟悉,你看能否可以帮我一个忙?"

"张先生,您的意思是让我替您买一些送到房间里面吗?"

"对,对,对,就是太麻烦您了!"

"没关系,您要多少?"

"五斤吧,真是太谢谢您了!"

"不客气,您明天几时离店?"

"我明天早上大约六点出门,您看有问题吗?"

客人给小王出了难题。这么早,现在又是深夜,餐厅都已经结束营业了,明天商店也没有这么早开门的,到哪里去买? 但回绝客人又会使客人很失望。办法总是会想出来的。想到这里,小王马上应承下来:"好的,张先生,请您放心,这件事我一定帮您

办好!"

"谢谢,谢谢,明天见!"

"好的,明天见!"

放下电话,小王心里就开始思索了,应该到哪里去买呢? 对了,农贸批发市场一定有!

下班回到寝室已经是凌晨一点多了,她把闹表定在了四点半。

第二天,天还没亮,小王冒着刺骨的寒风买到了五斤笋干,并让楼层服务员送到了张先生的房间。

根据以上案例,回答以下问题:

1. 你认为小王的做法是正确的吗?

2. 从这一案例,可以给我们带来什么启示?

四、实践与训练

1. 实训项目:体验酒店服务员接待水平。

2. 实训目的:通过参观酒店客房,了解酒店客房服务水平。

3. 实训内容:全体同学分批到三家以上不同星级和规模的酒店参观学习,体验各酒店客房服务员接待水平。

4. 实训准备:按规定着装,带好笔、笔记本;专业教师联系当地三家以上四星级酒店。

5. 实训方法:实地参观。

6. 学习评价。

小组名称				
考评地点				
考评内容	体验酒店服务员接待水平			
项目	操作要求	配分	自我评价	实际得分
听课认真程度	认真听讲,做好笔记,跟上上课节奏	15分		
观看视频认真程度	认真观看视频,并积极练习	10分		
模拟练习效果	能根据各模块要求,正确实施对客服务	60分		
参与实训认真程度	能正确了解小组角色,积极参与实训	15分		
总分合计				

模块二 清洁器具、清洁剂的认知与使用

项目一 清洁器具的认知与使用

学习目标

通过本项目学习,你要……
◆ 了解客房传统清洁器具与现代清洁器具的种类;
◆ 了解客房部主要清洁设备的构成;
◆ 掌握客房主要清洁器具及设备的使用方法和保养注意事项。

知识概览

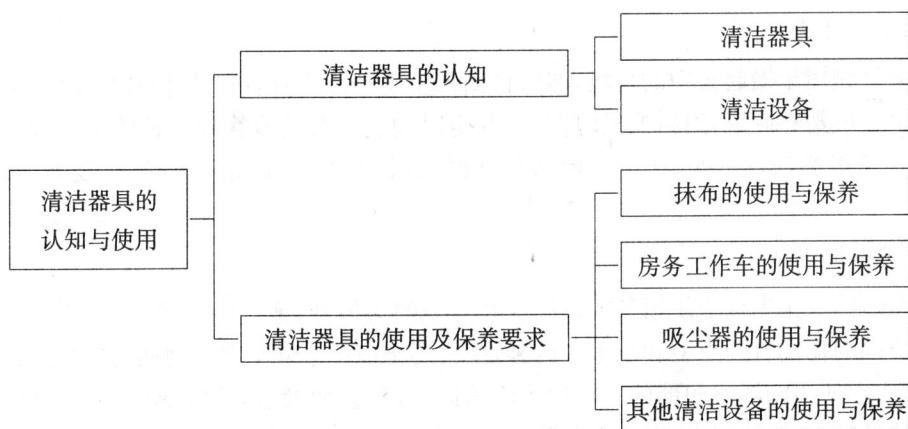

案例导入

一段时间以来,领班小张不断发现二楼客房的房门上出现不同程度的污渍,很是疑惑。小张决定一查究竟。很快,细心的小张就发现是服务员操作出了问题,他们为了省事,从来都不细心地对房门进行清洁。小张及时纠正了这种行为,为酒店挽回了应有的形象。

任务驱动 ◀

1. 客房的专项清洁保养的基本目标是什么？
2. 专项保养的原则和流程是什么？

任务一　清洁器具的认知

酒店建筑物不断地标新立异,内装修使用材料的多样化,无疑会给酒店的清洁工作带来新的问题。要适应变化,常常需要新的设备,如专门清洁玻璃幕墙的清洁吊车等。酒店清洁器具既是文明操作的标志,也是质量和效率的保证。客房部所使用的清洁器具种类很多,一般可分成下述两类。

一、清洁器具

随着工业的进步和大功率机器的出现,酒店以往许多古老的清洁方式已经有了很大的改变。但有些经过改良的古老工具在清洁过程中仍能发挥其独特的作用。

(一) 扫帚

扫帚的作用是扫走大颗粒的脏物,主要用于清扫酒店室外或后台区域的地面。

(二) 簸箕

簸箕是用于撮起集中的垃圾,然后再倒入垃圾容器的清洁工具,应和扫帚同用。簸箕用金属或塑料制成,用后要及时倒净,并定时刷洗。有的簸箕附有长的手把和盖子,以防止垃圾洒掉。例如,在清扫前台公共区域时,最好使用提合式簸箕,较为美观和方便。

(三) 拖把

在清洁工作中除了使用各式各样已经定型的机械外,拖把仍然被普遍地使用。酒店中所用的拖把有圆头型和扁平型两种,主要用于清洁干燥平滑的地面,其尺寸可大可小,取决于使用的场所和部门。拖把头应可以拆卸,以便换洗,最好能用机洗。使用过后要洗净晾干,挂放起来,以防霉和防滋生细菌。拖把在一有损坏迹象时就要更新。

拖把亦称水拖把,与之相配套的器具有挤水器(拧拖布器)、地拖桶和地拖车。

(1) 挤水器。其作用是拧干拖布,通常有滚轴式、下压式和边压式三种,其中以下压式较好。滚轴式容易损伤棉质拖布的纤维,所以较少使用。

(2) 地拖桶。一般由金属、不锈钢或塑料制成。地拖桶可分为两个部分:一部分用于存放清洁剂,另一部分存放冲洗拖布用水。

(3) 地拖车。由清洁桶、挤水器和车架组合而成,有单桶式和双桶式。通常挤水器可架在清洁桶沿上,清洁桶则安装在带有轮子的车上,也可将轮子直接安装于桶底。清洁桶内壁往往有定量刻度标志,以便配制清洁剂溶液时使用。

(四) 尘推(尘拖)

尘推又称尘拖、万向地推,主要用于光滑地面的清洁保养工作。尘推由尘推头、尘推架两个部分构成。尘推头有棉类和纸类两种。棉质尘推头价格稍贵,但可以洗涤且较耐用;纸类价格稍低,使用方便,但不耐用。

尘推架多为金属制成,长度可分为 45 cm、60 cm、90 cm 及 120 cm 四种;宽度有 7.5 cm、12.5 cm 两种。一个尘推架可以配备多个尘推头,尘推应根据所使用地面的情况选用相应的规格。

(五) 抹布

抹布是清洁家具设备及其他物品表面卫生的主要用具。根据清洁用途的不同,抹布应制成不同的尺寸,并选用不同质地和颜色的布料。例如,客房除尘和清洁卫生间的抹布应分开,清洁不同卫生洁具的抹布也应严格加以区别;擦拭玻璃、镜子不能用毛巾类的抹布,应用平纹布;擦拭电视机屏幕应选择柔软的干布(如绒布等),这样既可防止抹布的交叉使用,又便于操作和提高清洁质量。

(六) 玻璃清洁器

擦玻璃是服务员清洁卫生工作中比较费时费力的一项,使用玻璃清洁器则可提高工作效率,而且安全可靠、简便易行。玻璃清洁器主要由伸缩杆、T 形手柄、橡皮滚轴和其他配件构成。

(七) 油灰刀

用于去除黏固在地面上或其他地方的口香糖、胶等难以清洁的污垢。

二、清洁设备

酒店清洁保养虽然离不开人工劳作,但在科技日新月异发展的时代,要不断提高酒店清洁保养的水准,就非借助现代化的清洁设备不可。根据设备是否需要电机驱动,酒店常用的清洁设备可分为一般清洁设备和机器清洁设备两大类。

(一) 一般清洁设备

酒店清洁保养工作中最常用的、不需要电机驱动的一般清洁设备主要是指房务工作车。房务工作车是客房服务员清扫客房时用来运载物品的工具车,多为三层,其大小应以能够存放一名服务员一天所负责打扫的客房全部所需用品和有关工具为宜。房务工作车配有用来存放客房替换下来的待洗布草的布草袋,以及用来存放垃圾的袋子,顶部的许多小格可装客房日耗品。这样可省去工作中送取用品的时间,从而减轻劳动强度,提高工作效率。工作车通常安装两只定向轮、两只万向轮,便于转向移动。为防止房务工作车行进时碰伤墙纸、门面或留下痕迹,边框应有泡沫或包有橡胶条。另外,当房务工作车停在客房门口时,也可以成为"正在清扫房间"的标志。

（二）机器清洁设备

1. 吸尘设备

酒店的吸尘设备主要是指吸尘器，全称为电动真空吸尘器，它是酒店日常清扫中不可缺少的清洁工具。吸尘器不但可以吸除其他清洁工具难以清除的灰尘，如缝隙、凹凸不平处、墙角及形状各异的各种摆设上的尘埃，而且不会使灰尘扩散和飞扬，清洁程度和效果都比较理想。因此，其应用范围很广，如地板、家具、帘帐、垫套和地毯等处都可使用吸尘器进行除尘。酒店中常用的吸尘器有直立式、筒式、混合式、两用式和背式五种。

（1）直立式吸尘器。

直立式吸尘器是利用装在吸嘴内的电机推动旋转震动刷，将地毯的绒毛拨开，使深藏其中的尘土、污垢、砂粒等从绒毛中松脱出来，然后再把它吸走，吸尘效果较好。另外，用直立式吸尘器吸尘，使用者不用弯腰曲背，非常方便。但直立式吸尘器的吸嘴通常较为高阔，在清洁"矮脚"家具底下或楼梯部分，不如筒式吸尘器方便，噪声往往也比筒式吸尘器大。因此，直立式吸尘器不适合在客房区域使用，一般在非营业时间清洁大面积的地毯或餐厅等公共区域时，用直立式吸尘器效果最佳。

（2）筒式吸尘器。

筒式吸尘器是完全靠吸力去完成工作的。其款式有圆筒形、长筒形。由于没有电动旋转刷的辅助，清理地毯的效力不如直立式吸尘器显著，较适合于清理不太脏的地毯。由于筒式吸尘器具备强劲的吸力并有一些特别的配件，对清理地板、家具、帘帐、织物垫套等效果很好。同时因其备有"扁身"的吸管，有利于清理"矮脚"家具底下或其他浅窄的地方，比较适合在楼层客房内使用。

（3）混合式吸尘器。

混合式吸尘器在外形方面与筒式大致相同，多采用圆筒形的设计，这类吸尘器在构造上集合了筒式和直立式的优点，除了具有强劲的吸引力外，还备有电动震动清洁刷，可随时装上备用。因此，在清洁效能方面，可以同时发挥直立式吸尘器和筒式吸尘器的长处。

（4）吸水吸尘器。

吸水吸尘器又称干湿两用吸尘器，其外形与筒式吸尘器相似，机器内部既有储水桶，又有积尘袋，可根据需要灵活转换。但是它主要用于地板有水的情况，常常在地板有水的紧急情况下使用，可用来吸水或在潮湿的表面上使用。另外，当大面积的没铺地毯的地板需要去蜡层和清扫时，吸水吸尘器可去掉地板上的残水，使用效果较好。

（5）背式吸尘器。

背式吸尘器是为方便登高吸尘或楼梯吸尘。它通常体积小、重量轻。使用者把它背在背上，便可灵活地使用带有其他附件的手持棒，无须配置其他设备。背式吸尘器既可接电源，也可配蓄电池使用。

2. 洗地设备

酒店主要的洗地设备有以下几种：

（1）洗地毯机。洗地毯机机身结构及配件用塑料玻璃钢和不锈钢制成，一般采用泡沫清洗法和喷汽抽吸法。洗地毯机工作效率高、省时省力、节水节电，可清洗纯羊毛、化纤、混纺以及植物纤维等地毯。地毯机的种类很多，但常用的有喷汽抽吸式洗地毯机，这种洗地毯机在操作时将喷液、擦地、吸水三个动作同步进行，洗涤力特别强，去污效果也好。但操作起来较笨重，而且对地毯破坏性较大，所以不宜多用。干泡洗地毯机，主要有滚刷式和转刷式两种，干泡洗地毯的方法比较简便，对不脏的地毯和纯羊毛地毯清洗效果较佳，而且对地毯损伤较小，需要注意的是洗地毯前要将地毯彻底吸尘和去迹，才能达到良好的效果。

（2）吸水机。吸水机外型有筒形和车厢形两种。机身由塑料或不锈钢材料制成，分为固定型和活动型两种。机身下有四个转轮，操作时灵活方便。吸水机除吸水功能外，还可与洗地毯机配套使用，用洗地毯机洗刷地毯后，其表面较干净，但地毯根部仍藏有污水和残渣，如不清理干净，对日后使用的地毯容易造成脏污和失去弹性。吸水机一般装有两个真空泵，吸力特别强大，能彻底抽除地毯根部任何顽固的残渣，达到彻底清洁地毯的效果。

（3）吹风机。为缩短地毯及其他地面的干燥时间，可使用吹风机加快特定区域内的空气流通，达到使地面快速干燥的目的，以提高清洁效率。

（4）洗地机。洗地机又称擦地吸水机，具有擦洗机和吸水机的功能和长处。这种洗地机装有双电动机，可集喷、擦、吸于一身，将擦洗地面的工作一步完成，适用于酒店的大厅、走廊、停车场等大面积的地方，是提高酒店清洁卫生质量必不可少的工具之一。

（5）打蜡机。打蜡机有单刷、双刷及三刷机，流行最广的是单刷机。单刷机按速度分低速机（120～175 转/分）、中速机（175～300 转/分）、高速机（300～500 转/分）和超高速机（1 000 转/分）四种。其中前两种较适合于洗擦地板用，后两种多用于打蜡及喷磨工作。为节约资金及储存空间，有的酒店选用多用途的单盘式地板机，这种机器既可用来擦洗地板、去地板蜡层、清洗地毯，又可喷磨地板、抛光地板。但这种机器对保养维护要求较高。这种机器可调速配备不同的擦垫以适应不同的工作任务。通常洗地时，要求转速较低，底刷（刷盘）较硬；打蜡抛光时，要求转速高，底刷（刷盘）应细软。

（6）高压喷水机。这种机器往往有冷热水两种设计，给水压力可高达 2～7 兆帕斯卡。一般用于垃圾房、外墙、停车场、游泳池等处冲洗，也可加入清洁剂使用。附有加热器的喷水机水温可高达沸点，故更适用于清除有油污的场所。

任务二　清洁器具的使用及保养要求

一、抹布的使用与保养

（1）在使用时，要将抹布折叠起来，可多面使用，以提高工作效率，保证清洁质量。

（2）抹布最好由洗衣房负责洗涤、消毒，以确保抹布的清洁质量。若酒店不设洗衣房,所使用的抹布最好由专人进行集中洗涤。

（3）抹布的数量应多准备一些,因其使用、周转和淘汰率都很高,应保证员工都能使用上符合标准的各类抹布。

（4）抹布每次用完都要清洗干净并消毒,下班前晾在通风区域,以备下次重复使用。

二、房务工作车的使用与保养

（1）房务工作车的布置应按酒店的规定进行,不能在车上随便堆放杂物。

（2）推拉工作车时应注意万向轮在前,定向轮靠后,避免由硬拉而损坏工作车。

（3）房务工作车应装有缓冲器或其他弹性防护装置,推拉时应掌握行进方向,以免撞伤墙面或撞坏其他物件。

（4）房务工作车应经常擦拭,保持清洁。

（5）定期对房务工作车车轮加油,进行润滑和消声。也要定期让工程维修人员修检零部件。

三、吸尘器的使用与保养

吸尘器是客房的主要清洁设备之一。一台好的吸尘器,会给清扫工作带来方便和提高效率。

（一）吸尘器的使用方法

（1）首次使用前,应阅读使用说明书,按说明书所叙述的方法将吸尘器安装好备用。

（2）每次使用前必须检查电线有无破损,插头有无破裂或松动;以免引起触电事故。

（3）检查吸尘器能否正常运转。

（4）拉吸尘器时要一手拿吸尘器吸管,一手拉着吸尘器的抓手,这样可方便拉动,避免碰撞其他物体。

（5）吸尘时如发现地毯上有体积较大的和尖利物体（如纸团、针尖、图钉等）,应及时捡起,以免损坏内部机件和造成吸管堵塞。吸尘器堵塞时,不能继续使用,以免增加吸尘器的真空负荷。

（6）如果不是干湿两用吸尘器,不能用来吸液体、黏性物、金属粉末等。

（7）有集尘指示器的吸尘器,不能在满点上工作。若发现指示游标接近满点,应立即停机清理。

（8）吸尘器在使用过程中应随时将刷子上的毛发及绒线头清理干净,若发现刷头磨损偏大,应及时更换,否则影响吸尘效果。

（9）吸尘器若有漏电或电动机温度过高以及异常响声,应立即停机检查。

（二）吸尘器的保养方法

（1）吸尘器每天使用完毕后,应先切断电源,整理好电线,然后清理尘袋,抹净机身,将配件清理干净收好,并对吸过滤网。

(2)检查吸尘器轮子是否积聚杂物,如有应及时清理。

(3)定期更换轴承润滑油。

(4)检查机体和附件是否损坏,螺钉有无松动,若有损坏要及时报修,对松动的螺钉则应立即紧固。

四、其他清洁设备的使用与保养

(一)吸水机的使用与保养

吸水机在使用过程中,除应注意清洁设备的一般使用与保养事项外,还应特别注意以下两点:

(1)使用完毕后,要将各种配件洗刷干净,晾干后装入配件箱内保管。

(2)拆卸时动作要轻,做好吸水机的维护工作。

(二)洗地毯机、洗地机的使用与保养

洗地毯机、洗地机在使用过程中,应特别注意以下几点:

(1)使用前先检查各个部件是否完好。

(2)打开机器时,应注意水箱是否保持密封,以防污水、清洁液外流。

(3)清洗工作完毕,要将剩余清洁液抽至污水箱内,然后倾倒干净。

(4)使用完毕,应擦净机身,并把各种配件清洗干净,晾干后妥善保存。

表 2-1　清洁设备档案卡

项　目	购买日期	供应商	价　格

型号:_____
编号:_____　　　　电压:_____
电流:_____　　　　电频:_____
维修记录

日　期	价　格	修理方式	摘　要

知识拓展

重新认识行政管家

记得这是在十年前发生的事,S集团的亚太区总裁到集团的某酒店检查工作,下了飞机,一走进酒店大堂,问的第一句话便是:"是不是Paul不在此酒店了?酒店没有以前干净了。"陪同在旁的酒店总经理回答说:"是。"这个Paul是谁?为什么总裁看到酒店没有以前干净就断言Paul已经不在这个酒店?Paul是酒店的行政管家(Executive Housekeeper),也是集团内最优秀的行政管家,无论他在哪个酒店工作,那段时间那个酒店一定是集团内最干净的酒店。正因为此,集团总裁才会有如此断言。

行政管家这一职务,在国际酒店管理集团内是非常受重视的。其原因是该职务技术性强、管辖范围大。所以当一些酒店集团在外派的有限外籍管理人员的职务、名单内,行政管家这一职务是必不可少的。开业前整个酒店的卫生工作、所有客房的整理、布置、用品配备等都是由行政管家负责的。没有对各种清洁用品的专业知识,没有对大量物品和人员的组织安排、指挥、协调工作的能力,会极大地影响酒店的准时开业。开业后日常的对地毯、大理石、各种家具、用具的保养,对酒店内部及顾客布草、衣物的洗涤,直接关系到酒店的费用支出大小和物品的使用寿命。这些工作十分琐碎,工作量大,管理有难度。所以行政管家这一职务,在整个酒店的管理队伍中,显得十分重要,没有专业知识,没有很好的组织能力,是无法胜任的。

同样职务,在国内自己管的酒店内就没有得到如此重视,被认为是酒店内管清洁工作的,知识化、专业化的要求并不高。在不少的自管酒店,发现存在同样的问题:客房的崭新的地毯上,有明显的没洗净的污渍;很好的进口大理石,但没有光亮;洗涤过的布草,发脆、易碎;各餐厅和公共部位的沙发和椅子的布面肮脏、有污渍……这些现象说明了两个问题:一是这些酒店没有十分专业的行政管家,二是清洁工作分部门、区域管理的原因所致。

第一个问题是管理人员不同岗位知识化、专业化的问题,尤其是那些在老概念中不被重视的职务。这是国内酒店业与国际接轨十分重要的方面。

第二个是牵涉到酒店内的工作,是按专业分工还是按部门分工的问题。这也是国内和国际管理酒店的差异所在。有些国内管理的酒店,就清洁工作而言,是按照部门、地点来进行划分的。例如,客房区域的清洁工作,就由客房部来负责;各餐厅内的清洁卫生工作,就由各餐厅自己负责;娱乐设施区的清洁工作,就要求娱乐部的员工负责。以这种按部门、区域来划分同一内容工作的做法,专业化程度就十分欠缺了。而且各部门员工的思想内,都认为清洁工作不是他们的本分工作。再者,各部门也没有可能有做好各种清洁工作所齐备的设备、工具。这种种原因造成的结果,将不言而喻。国际酒店管理清洁卫生的思路,是按照专业化流水线来分工的。处理地毯污渍和处理布面污渍的,可能就只有一两个技术员工负责,至于这污渍发生在什么地点,是和人员没有关系的。

复习与思考

一、多项选择题

1. 吸水机主要分为（　　）几种。

　　A. 筒形　　　　　　B. 车厢形　　　　　C. 方形　　　　　　D. 圆柱型

2. 以下清洁用具中主要用于疏通便具的简易工具是（　　）。

　　A. 喷雾器　　　　　B. 揣子　　　　　　C. 枋角插头　　　　D. 下形手柄

3. 在地毯清洗中与洗地毯配合使用的清洁设备是（　　）。

　　A. 洗地机　　　　　B. 高压喷水机　　　C. 吸水器　　　　　D. 打蜡机

4. 高压喷水机一般用于（　　）。

　　A. 垃圾房　　　　　B. 外墙　　　　　　C. 停车场　　　　　D. 游泳池

二、简答题

1. 酒店常用的清洁器具可分为几类？各有哪些？

2. 应如何使用房务工作车？

3. 应如何使用和保养吸尘器？

三、案例分析题

一根头发丝

　　某天，一家大公司的高级职员李先生在行李员的引领下走进某三星级饭店的房间。在行李员离开后，李先生随即洗了个澡，便掀开床单准备休息，却突然发现床单上有一根长长的头发丝，继而又发现床单似乎有些皱。

　　于是，李先生打电话到大堂副理处投诉说："我房间里的床单皱皱巴巴的，而且上面还有一根头发丝，肯定没有换过，我要求饭店立即更换床单。另外，你们饭店给我提供的是一间'次品房'，所以我要求房价打折。"大堂副理迅速赶到房间，果然发现李先生的陈述属实，便说："李先生，真是对不起，我马上让服务员更换床单，并给您的房价打八折，您看可以吗？"李先生表示接受大堂副理的解决方案。

　　根据以上案例，回答以下问题：

1. 案例中大堂副理的做法是否合理？

2. 作为客房服务员，从案例中可以得出什么启示？

四、实践与训练

1. 实训项目：吸尘器的使用和保养。

2. 实训目的：了解吸尘器的使用和保养方法。

3. 实训内容：由一名同学扮演PA，使用和保养吸尘器，同学们在下面观察其操作方法以及相关细节是否规范等。

4. 实训准备：吸尘器。

5. 讲解示范、视频展示、分组练习、实体联系。

6. 学习评价。

姓名				
考评地点				
考评内容	吸尘器的使用和保养			
项目	操作要求	配分	自我评价	实际得分
听课认真程度	认真听讲,做好笔记,跟上上课节奏	15分		
观看视频认真程度	认真观看视频,并积极练习	10分		
模拟练习效果	能根据各模块要求,正确实施对客服务	60分		
参与实训认真程度	能正确了解小组角色,积极参与实训	15分		
总分合计				

项目二　清洁剂的认知与使用

学习目标

通过本项目学习,你要……

◆ 了解客房清洁剂的主要类型;
◆ 掌握客房常用清洁剂的使用方法及注意事项;
◆ 了解清洁剂的日常管理。

知识概览

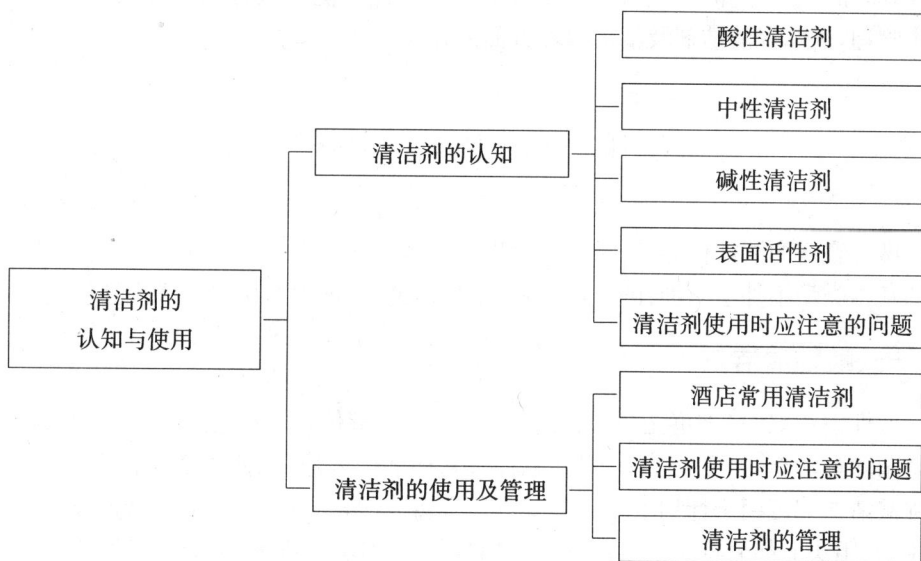

案例导入

酒店的清洁剂

　　污渍一直是困扰酒店的一大难题,造成污渍的原因很多,但酒店都是被动地清除污渍,而未考虑到怎样将污染源拒之门外。清除各种污渍所使用的药剂一般都非常昂贵,酒店为了节省开支,一般去购买价格低廉的清洁剂,而忽略了效果。清洁剂大多都是化学药品,有强烈的腐蚀性,客房部在提供给员工使用时,很少强调它的危害性。Q酒店购买了一种万能清洁剂,可以适用于浴缸、地面、墙面、洗脸盆,甚至马桶。员工在使用一段时间以后发现自己的手面都起了皮,严重者一碰到物品就疼痛,开始误认为是皮肤过敏,但当这些员工调换到其他岗位工作一段时间以后,手就恢复了正常。使用这种清洁剂后,酒店地毯才使用一年就变了样,原来洁白的地方变成了暗黄色,员工一遍遍清洗,药剂越加越多,地毯越来越脏。后来,酒店干脆只用洗涤灵,认为洗涤灵清洁浴缸、水杯效果最好,有时也用来清洗地毯和地面,因为洗涤灵最便宜,也好用。这样两三年以后,Q酒店整体卫生下降了,客人对卫生的投诉越来越多,直接影响了酒店的生意。

任务驱动

该酒店在清洁剂的使用方面存在哪些问题?

客房部的工作重点是管理好酒店所有的客房及其设施设备,使之处于常新状态,这样才能保证客房周而复始地使用。清洁客房及楼层公共区域是客房服务员主要的日常工作,而加强对客房的卫生管理工作又是为宾客提供优质服务的必要保证。做好客房卫生管理,需掌握清洁剂及清洁保养方面的知识。

任务一　清洁剂的认知

做好客房的清洁保养工作,必须借助安全高效的清洁剂和现代化清洁器具。清洁剂的基本类型不外乎四种:酸性清洁剂、中性清洁剂、碱性清洁剂和表面活性剂。

一、酸性清洁剂

酸性清洁剂的 pH 值在 1～6 之间。其通常为液体,也有少数为粉状。酸具有一定的杀菌除臭功能,主要用于卫生间的清洁;它还能中和尿碱、水泥等顽固斑垢,因此,一些强酸清洁剂可用于计划卫生。其缺点是有腐蚀性,且对使用者肌肤易造成损伤,所以在用量、用法上都需特别留意,一般可参照说明书使用。最好先做小面积试用,得到认可后才可推广使用。有些物体禁止使用酸性清洁剂,如地毯、石材、木器和金属器皿等。

二、中性清洁剂

化学上把 pH 值为 7 的清洁剂称为中性清洁剂,而在商业上则把 pH 值在 6～8 之间的清洁剂皆称为中性清洁剂。其配方温和,对物品腐蚀、损伤很少,有时还可起到保护被清洁物体的作用,因此在日常清洁卫生中被广泛运用。酒店广泛使用的多功能清洁剂即属此类。中性清洁剂有液体、粉状,也有膏状。中性清洁剂有一缺点,即无法或很难去除积聚严重的污垢。

三、碱性清洁剂

碱性清洁剂的 pH 值在 8～14 之间。碱性清洁剂对于清除油脂类污垢和酸性污垢有较好效果。但在使用前应稀释,用后应用清水漂清,否则时间长了会损坏被清洁物体的表面。碱性清洁剂既有液体、乳状,又有粉状、膏状。在碱性清洁剂中也可增加一些其他化合物,如漂白剂、泡沫稳定性剂、香精等。

四、表面活性剂

为增强除污效果,提高清洁功效,生产厂家往往在中性清洁剂中增加一些其他化合物,其中最常用、最大量的即为表面活性剂。表面活性剂是一种能有效减少溶剂表面张力,使污垢与被清洁物结合力降低的一种物质。它的含量多少和质量高低形成了各种去污效果不同的清洁剂。除表面活性剂外,清洁剂中还含有其他化合物,如漂白剂、泡沫稳定性剂、香精等。

任务二　清洁剂的使用及管理

一、酒店常用清洁剂

日前酒店常用的清洁剂大致有以下几种。

(一) 酸性清洁剂

(1) 盐酸(pH＝1)。盐酸主要用于清除基建时留下的污垢,如水泥、石灰等斑垢,效果明显。

(2) 硫酸钠(pH＝5)。硫酸钠能与尿碱起中和反应,可用于卫生间马桶的清洁,但不能常用且必须少量,以防腐蚀物体表面。

(3) 草酸(pH＝2)。草酸的用途与盐酸、硫酸钠相同,只是清洁效果更强于硫酸钠,使用时要特别注意。

客房部可少量配备以上三种酸性清洁剂,主要用于清除顽固尘垢或计划卫生,但需妥善管理和使用。使用前必须将清洁剂稀释,不可将浓缩液直接倒在瓷器表面,否则会损伤被清洁物和使用者的皮肤。

(4) 马桶清洁剂(1＜pH＜5)。马桶清洁剂呈酸性,但含合成抗酸剂,以增加安全系数,有特殊的洗涤除臭和杀菌功效,主要用于清洁卫生马桶、男用便器、洗脸盆等用具。使用时应先按说明书将其稀释,且注意必须倒在马桶和便池内的清水中,不能直接倒在被清洁物表面,刷洗后须用清水冲净。在具体安排时,住客房应使用弱酸性清洁剂,如多功能清洁剂,走客房使用较强酸性马桶清洁剂,这样既能保证清洁卫生质量,又可缓解强酸对用具表面的腐蚀。

(5) 清毒剂(5＜pH＜9)。清毒剂主要呈酸性,可作为卫生间的消毒剂,又可用于消毒杯具,但用后一定要用水漂净。"84"消毒液即为其中比较好的一种。

常用酸性清洁剂的品种及用途如表2-2所示。

表2-2 常用酸性清洁剂的品种及用途

品 种	用 途
醋酸、柠檬酸(pH3)	金属除锈,中和碱性剂,清除材质上的轻度污迹和黏着物,防止洗涤过程中的渗色、退色
盐酸稀释液(pH1)	清除卫生洁具上的石灰斑迹,清除瓷砖面上新积的水泥和石膏
硫酸钠(pH5)	清除轻度的水垢
草酸(pH2)	清除顽固的水垢
浓盐酸(pH1)	

(二)中性清洁剂

(1)多功能清洁剂(7<pH<8)。多功能清洁剂略呈碱性,含有表面活性剂。由于性质温和,对物体表面很少有损伤,可起到防止家具生霉的功效,因此宜用于日常卫生,但不能用于洗涤地毯,因为其对特殊污垢作用不大。

(2)洗地毯剂。这是一种专门用于洗涤地毯的中性清洁剂,因含泡沫稳定剂的量有区别,可分为高泡和低泡两种。高泡用于干洗地毯,低泡一般用于湿洗地毯。用低泡洗地毯时宜用温水稀释,去污效果更好。

皂基洗涤剂与合成洗涤剂的比较如表2-3所示。

表2-3 皂基洗涤剂与合成洗涤剂的比较

皂基洗涤剂(pH8.5)	合成洗涤剂(pH6~pH7)
硬水中产生皂垢	不受硬水影响
乳化油脂好	与肥皂相同
对非油脂污垢作用好	对除非油脂污垢力不强
悬浮力强	悬浮力相当强
冷水中不溶解	溶于任何温度的水中
在软水中自然产生泡沫	除非加入稳定剂,通常少泡沫
去渍力不强	与肥皂相同
在旧纺织品上不中和、黄化	与肥皂相同

(三)碱性清洁剂

(1)玻璃清洁剂(7<pH<10)。玻璃清洁剂一般是呈中性或碱性,有桶装和高压喷罐装两种。前者类似多功能清洁剂,主要功能是除污渍,使用时不可将清洁剂涂在抹布上直接擦拭,以免造成玻璃面发花,正确的使用方法是装在罐壶内对准脏迹喷一下,

然后用干布立刻擦拭即光亮如新。后者内含挥发性溶剂、芳香剂等,可去除油垢,用后留有芳香味,同时在玻璃表面留下透明保护膜,更方便以后的清洁工作,省时省力,效果好,但价格较高。

(2)家具蜡($8<pH<9$)。在日常客房清扫中,服务员只是用抹布对家具进行除尘,或用经稀释的多功能清洁剂去除家具表面的油污等,但长期使用多功能清洁剂会使家具表面失去光泽,因此还应定期使用家具蜡。家具蜡有乳液、喷雾型、膏状等几种,它具有清洁和上光双重功能,既可去除家具表面动物性和植物性油污,又可形成透明保护膜,防静电、防霉。使用方法是:倒适量家具蜡在干布或家具表面,擦拭一遍,这一遍是清洁家具;15分钟后再用同样方法擦拭一遍,这一遍是上光。通常两次擦拭之后效果较好。

(3)起蜡水($10<pH<14$)。用于需要再次打蜡的大理石和花岗岩等石质地面,起蜡水碱性强,可将陈蜡及污垢浮起而达到去蜡功效。使用时应注意需反复漂清地面后才能再次上蜡。

(四)上光剂

(1)擦铜水(省铜剂)。擦铜水多呈糊状,主要原理是氧化掉铜制品表面的铜锈而达到使铜制品清洁光亮的目的。应注意的是只用于纯铜制品,不能用于镀铜的制品,否则会将镀层氧化掉。

(2)金属上光剂。金属上光剂含轻微腐蚀剂、脂肪酸、溶剂和水,主要用于纯金属制品,如水龙头、卷纸架、浴帘杆、毛巾架、锁把手、扶手等,可起到除锈除污上光的功效。

(3)地面蜡。地面蜡有封蜡和面蜡之分。封蜡主要用于第一层底蜡,内含填充物,可堵塞地面表层的细孔,起光滑作用;面蜡主要是打磨上光,增加地面光洁度和反光强度,使地面更为美观。地面蜡有水基和油基两种,水基蜡一般用于大理石等石质地面,其主要成分是高分子聚合物,干燥后形成一层薄薄的保护膜;油基蜡主要成分是矿物石蜡,常用于木板地面,使用时两者不能弄错。蜡的形态有固体、膏状、液体三种,比较常用的是后两种。

(五)溶剂类

溶剂为挥发性液体,主要用于去除怕水的被清洁物体的污渍。

(1)地毯除渍剂。专门用于清除地毯上的特殊污渍,对怕水的羊毛地毯尤为合适。地毯除渍剂种类很多,如有清除果汁色斑的,有清除油脂类脏斑的,还有清除口香糖的。地毯上有脏斑应及时擦除,否则除渍效果不明显。

(2)牵尘剂(静电水)。用于浸泡尘推,增强其吸附灰尘的能力,对免水拖地面(如大理石、木板地面)进行日常清洁和维护,增强地面清洁保养的效果。

(3)杀虫剂。这里指喷罐装高效杀虫剂,如"必扑""雷达"等。使用杀虫剂非常方便,只需将杀虫剂均匀喷洒于虫类经过或藏匿之地,或直接射向目标,然后将房间密闭片刻,即可杀死蚊、蝇、蟑螂等爬虫和飞虫。喷洒时,切勿喷向食物,通常喷洒一次有一定的有效期,期满后再次喷射,即能彻底消灭各种虫类。但对老鼠则应购买专门的灭鼠药或请专业公司或配合社区的灭鼠活动进行灭鼠。

（4）酒精（无水乙醇）。这里指的是药用酒精,乙醇含量为75%,主要用于电话的消毒。

（5）空气清洁剂。空气清洁剂一般为高压罐装,含有杀菌的化学成分和香料,具有杀菌、去异味、使空气芳香的作用。其品种很多,产品质量的差距很大,辨别质量优劣的最简单的方法就是看留香时间的长短,留香时间长则质量较好。香型选择要考虑适合大众习惯。

二、清洁剂使用时应注意的问题

为了有效地使用清洁剂,充分发挥其效能,减少浪费,提高清洁保养工作的安全性,应对酒店常用清洁剂进行严格的管理与控制。在使用过程中,应注意以下几点:

（1）一般清洁剂皆为浓缩液,使用前必须严格按照使用说明进行稀释。若清洁剂溶液浓度高,既浪费清洁剂,又对被清洁物体有一定的损伤作用;浓度过低,则达不到清洁效果,不能符合酒店清洁保养的要求,影响酒店服务质量。

（2）不能使用粉状清洁剂。因粉状清洁剂多由非常细小的颗粒组成,对被清洁物表面尤其是卫生具表面有一定摩擦作用,会损伤物体的表层。同时粉状清洁剂在溶解过程中易于沉淀,往往难以达到最佳的清洁效果。

（3）应根据被清洁物体不同的化学性质、用途及清洁保养要求选择合适的清洁剂,达到酒店清洁保养的标准。

（4）清洁剂在首次使用前,应先在小范围内进行试用,效果良好的才可以在大范围内使用。

（5）应做好清洁剂的分配控制工作,减少不必要的浪费。

（6）高压罐装清洁剂、挥发溶剂清洁剂以及强酸、强碱清洁剂在使用中都应特别注意安全问题。前两者属易燃易爆物品,后两者对人体肌肤易造成伤害。在日常工作中,服务员应掌握正确的使用方法,配备并使用相应的防护工具,严禁在工作区域吸烟等。

（7）任何清洁剂一次使用过多都会对被清洁物体产生不同程度的副作用,甚至是损伤,因此,不能养成平日不清洁,万不得已时再用大量清洁剂清洗的坏习惯。这种方法既费时费力,效果也不好。同时不能指望好的清洁剂对任何陈年污垢都非常有效。

（8）各酒店选择清洁剂时应以实际有效成分含量及质量为标准,不能以颜色深浅、泡沫多寡来衡量,最好要求卖方做示范,并且应考虑到环保要求,在资金允许的情况下,尽量选择对环境污染较小的清洁剂,如无磷清洁剂等。

三、清洁剂的管理

（一）清洁剂的选购

清洁剂的选购关系到能否有安全高效的清洁剂可用、能否有效地控制清洁剂的费用等。因此,选购清洁剂时必须考虑以下几个方面的问题:

（1）同质比价，同价比质。

（2）需要哪些品种？它们将分别用于何种去污？

（3）需要多少数量？一次购进多少，可用多长时间？

（4）买哪些生产厂家或供应商的产品？其售后服务如何？

（5）有无存放处？谁来负责保管、分发和消耗统计？

（6）尽可能购买有利于环境保护的绿色产品，避免选购含氯、氟、烃的产品。

（二）清洁剂的储存

清洁剂要定点储存、专人保管。酒店或客房部要有专门存放清洁剂的地方，以便集中储存购进的各类清洁剂。清洁剂要专门分类，要有识别标志，特别是散装清洁剂，不能混淆、错发错用。保管人员要尽心尽力，要熟悉各类清洁剂的性能、用途，要能按照要求稀释和配制，要能告知使用者如何使用，还要了解清洁剂领发和控制制度，能有效地控制清洁剂的使用和消耗。

（三）清洁剂的分配与控制

合理分配各种清洁剂，既能满足清洁保养工作的实际需要，又能减少浪费、控制消耗、降低费用。这项工作通常由一名主管或领班负责，其主要职责如下：

（1）制订申购计划。在清洁剂的配发中，尤其加强浓缩液和罐装清洁剂的控制。浓缩液必须按要求和规定稀释后才能分发和使用。罐装清洁剂价格较高，要采取特别措施加以控制，要规定用量、以旧换新等，防止浪费和流失。

（2）按酒店规定配发和补充各部门或人员所需的清洁剂。

（3）定期盘点，并制作清洁剂的消耗统计表和分析报告。

（4）了解各部门或人员清洁剂的使用情况，并统计消耗量。

（5）根据各部门或人员清洁保养工作的任务及标准，制定各种清洁剂的配发标准。

（四）清洁剂的安全管理

清洁剂如果使用不当、管理不好，存在着安全问题，甚至会造成严重的事故。其中主要有下面几个方面的问题：一是可能会对使用者造成伤害；二是可能会对清洁保养的对象造成损坏；三是可能会造成火灾和爆炸事故。因此，对清洁剂的安全管理尤为重要。

（1）明确责任，加强检查。

（2）加强防护，使用时配备相应的防护用具，如手套等。

（3）必须使用强酸和强碱清洁剂时，要先做稀释处理并尽量装在专用的喷瓶内再进行领发。

（4）加强人员培训，使每个人都能了解有关规定和要求，掌握各种清洁剂的使用方法。

（5）制定专门的安全操作规程。

（五）清洁剂使用和管理中的误区

（1）与固定厂商签订长期合同，以期获得价格优惠。虽然与固定的生产厂家或供应商签订长期合约能够获得价格上的优惠,但可能会因此而影响产品的质量。如果产品的质量得不到保证,所造成的损失可能要比价格上的优惠大得多,其结果是得不偿失的。

(2)只注重清洁保养,忽视环境保护。清洁剂是化学制品,如果只注重清洁剂的清洁和保养效果,往往会忽视对环境的保护。因此,要严格选择和管理使用化学清洁剂,尽量选用环保制品;注意对污物泄散进行处理,避免污染环境。

(3)在清洁保养工作中,清洁剂的用量越多越好。任何清洁剂,如果一次性使用过多,未必能够达到所期望的效率和效果,甚至可能产生严重的副作用,如损坏清洁保养的对象,造成环境污染等。应该有这样的意识,即每天、定期去做好有计划的清洁工作,使用适当和适量的清洁剂。这样不仅省时、省力和节约成本,而且会增加被清洁物的寿命和价值。

复习与思考

一、多项选择题

1. 碱性清洁剂的 pH 值为(　　)。
    A. $7 < pH < 14$　　　　B. $1 < pH < 7$　　　　C. $pH = 7$　　　　D. $pH > 14$

2. 可以将氧化物还原,用于去锈和盐渍的清洁剂是(　　)。
    A. 酸性清洁剂　　　B. 碱性清洁剂　　　C. 中性清洁剂　　　D. 表面活性剂

3. 下列清洁剂中属于酸性清洁剂的是(　　)。
    A. 洗地毯剂　　　B. 家具蜡　　　C. 马桶清洁剂　　　D. 起蜡水

4. 上光剂一般包括(　　)。
    A. 擦铜水(省铜剂)　B. 金属上光剂　　　C. 地面蜡　　　D. 油漆

二、简答题

1. 简述常用清洁剂的种类。
2. 简述各类清洁剂的特点和使用注意事项。
3. 常用清洁剂如何管理?

三、案例分析题

浓缩的"力猛威"

某饭店即将开业,服务员正在进行最后的扫尾工作,清除基建留下的垃圾和尘垢。为此,饭店采购了几桶专用的强酸性清洁剂"力猛威",用以清除水泥、石灰等顽垢。

公共区域主管小陶将"力猛威"用玻璃杯分装后发给服务员,并叮嘱他们小心使用。小陶安排好服务员后,来到客房部办公室与王经理商量公共区域人员的排班事宜。忽然,客房服务员小吴匆匆忙忙地冲进办公室,对小陶说:"快,快,主管,你快去看看。"小陶对小吴说:"不要着急,慢慢说,怎么回事?"小吴说:"清洁剂有问题,你去看看就知道了。"小陶跟着小吴来到一间客房里,发现铝合金窗框明显变色发白,顿时明白了是怎么回事,他立刻命令小吴:"快用清水冲洗。"

原来"力猛威"是强酸性清洁剂,用来清除碱性的水泥、石灰等顽垢效果极好,但其腐蚀性也比较强,而且桶装的"力猛威"是浓缩剂,因此必须稀释后使用。而小吴误以为可以直接使用,致使在清除水泥的同时,铝合金窗框亦遭到腐蚀。当小陶回头找抹布时,却发现意大利进口的大理石茶几上放着装有清洁剂的杯子,连忙将杯子拿起,发现大理石茶几上已经留下了一个杯底的印痕。于是小陶立即吩咐小吴:"快,快去通知其他人,这种清洁剂要稀释后才能使用,千万不要将装有清洁剂的杯子放在大理石茶几上。"说完与小吴一起通知其他人。

根据以上案例,回答以下问题:

1. 案例中,小吴用完"力猛威"后,铝合金窗框为什么会有反应?

2. 为了防止此类事件的发生,酒店客房部应该怎么做?

四、实践与训练

1. 实训项目:清理浴室。

2. 实训目的:掌握正确使用各类清洁剂来清理浴室的程序。

3. 实训内容:按照清洁程序清洗浴室各类设备。

4. 实训准备:各类清洁剂、抹布及一个标准客房浴室。

5. 实训方法:讲解、示范、操作。

6. 学习评价。

姓名				
考评地点				
考评内容	清理浴室			
项目	操作要求	配分	自我评价	实际得分
听课认真程度	认真听讲,做好笔记,跟上上课节奏	15分		
观看视频认真程度	认真观看视频,并积极练习	10分		
模拟练习效果	能根据各模块要求,正确实施对客服务	60分		
参与实训认真程度	能正确了解小组角色,积极参与实训	15分		
总分合计				

模块三　客房清洁与保养

项目一　客房日常清扫整理

学习目标

通过本项目学习,你要⋯⋯
◆ 了解客房日常清扫前的准备工作;
◆ 掌握走客房、住客房及空房的打扫程序及注意事项;
◆ 了解夜床服务及房间小整理服务。

知识概览

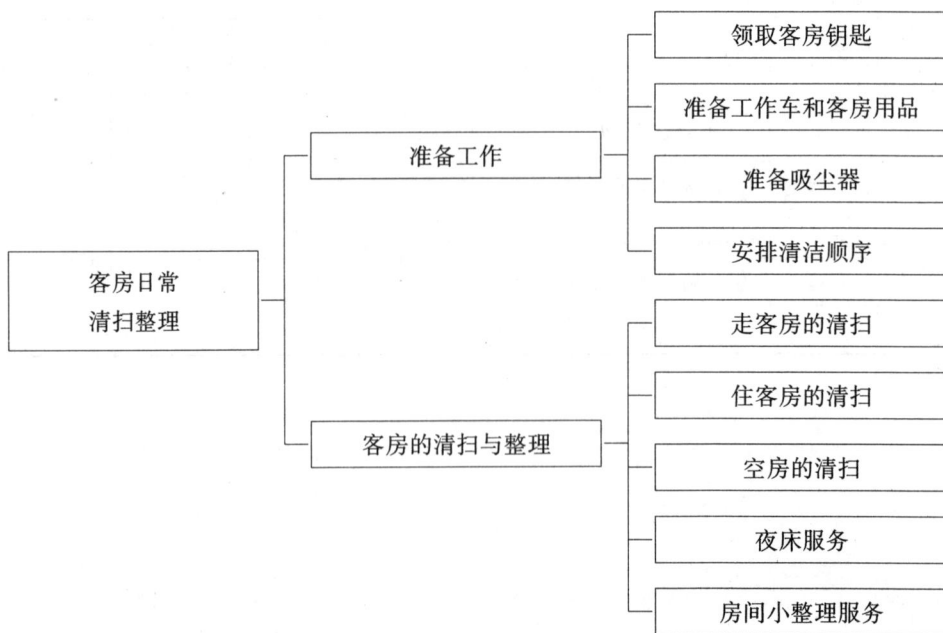

▐ 案例导入 ◀

可以先打扫810房间吗

住在810房的两位客人来自浙江温州,他们今天上午刚抵达杭州,经朋友介绍下榻到这家酒店。离午餐还有近两个小时,他们去苏堤、白堤转了转,下午便开始工作。

第二天上午用完早餐后回到房里,一位原定下午来与他们商谈一宗出口业务的杭州市某大公司副总经理来电,因故欲将会谈改到上午进行。由于这宗买卖关系到温州客人半个年度的经营计划,同这位副总经理洽谈是他们此次来杭的首要目标,所以尽管上午已有安排,他们还是一口答应。此时,距离那位副总到来还有半个小时,可房间还乱糟糟的,于是年纪较大的营业部经理让助手去找服务员,让她们尽快打扫。

经理的助手开门出去找楼层值台服务员时发觉,一辆服务车已停在801房外面,801房门敞开,显然服务员已经开始在那儿做客房清洁卫生。助手到801房,十分斯文地请两位服务员立即打扫810房,最后没有忘记说声"谢谢"。两位服务员听到他的要求面面相觑,似乎有什么难处。"是否我的要求会给你们带来什么困难?"助手还是彬彬有礼地询问。一位年纪稍大的服务员开口了,她说:"我们每天打扫房间都必须按规定的顺序进行。早上8点半开始打扫801房,然后是803、805等,先打扫单号,接着才是双号。打扫到810房估计在10点左右……""那么能不能临时改变一下顺序,先打扫810房呢?"助手十分耐心地问道。"那不行,我们的主管说一定要按规范中既定的顺序进行。"她们面露难色。显然服务员能理解客人的心情,也很愿意满足他的要求,但却不敢违反酒店的规定。

▐ 任务驱动 ◀

1. 上述案例中服务员的做法是否合理?
2. 从案例中可以看出,酒店管理上出现了什么问题?

任务一 准备工作

为了保证客房清洁的质量,提高清洁的效率,减少员工不必要的时间浪费,清洁工作开始之前做好各种物资的准备十分必要。

一、领取客房钥匙

由于酒店的管理体制不同,管理的方法各异,钥匙的形式不同。

有的是电子钥匙,有的是机械钥匙,清洁员领取钥匙的程序可能有所差别。但为了提高客房管理的水平和客人的安全,任何酒店都必须制定严格的钥匙分发、领取、交回钥匙的程序。

（一）客房钥匙的管理控制

一般客人入住的钥匙，统一由前厅部负责管理。楼层总钥匙、楼层库房钥匙、公众地方总钥匙，一般由客房中心统一保管。一般在客房部办公室设置一个钥匙箱，由办公室值班人员负责。

客房部领班以及服务员上班领取钥匙和下班交送钥匙时，必须亲自将钥匙交给值班员，值班员收到钥匙后，必须马上在钥匙控制表上签名，然后将钥匙保存好。

服务员在工作期间，必须保管好钥匙，不能随意将通用钥匙或备用钥匙乱扔，更不能随便开启房门让陌生人进入，应将钥匙随身携带。酒店其他人员如果需要进入客房工作，如果不是空房，则客房部服务员必须留在房间，待其他部门工作人员离开后负责关门上锁才能离开。

（二）楼层服务台领取通用钥匙

清洁员在上班前，在楼层服务台领取所需要清洁房间的钥匙，并登记，做完卫生后再交还服务台，并签收登记。

（三）楼层领取通用钥匙

领班到房务组领取两把能打开楼层所有房间的万能钥匙，一把自留，另一把教给客房清洁员，让其签字验收，下班时交回验收后签字，再下班。工作钥匙收发登记表如表3-1所示。

表3-1　工作钥匙收发登记表

钥匙名称（号码）	领取时间				领用人签名	作用人签名	归还时间				归还人签名	接收人签名
	月	日	时	分			月	日	时	分		

二、准备工作车和客房用品

（一）清洁工作车

将工作车里外擦洗干净，并检查是否损坏，如果损坏应及时通知工程部进行维修。

将垃圾袋和布草袋挂在车钩上，必须挂紧，确保各个垃圾袋有足够的支撑力去放置垃圾和换下来的客房棉织品。

(二)配备工作车上的物品

工作车一般有好几层。将床单、枕套等大件放在最下层；大毛巾、浴巾、面巾和脚巾等放在上层；茶杯、冷水杯、垫碟、烟灰缸、信纸、信封、笔、洗衣条、明信片、宾客意见表、便条纸、服务指南、卫生巾、香皂、沐浴露、洗发液、浴帽、香巾纸、火柴、擦鞋器和一次性拖鞋等放在固定位置，摆放整齐。

工作车上的物品配备数量根据住客情况而定，客房配备物品、更换物品要根据客人的需求和酒店的规定来执行，实行标准化管理。

工作车上备有清洁桶一个，内放清洁剂、消毒剂、尼龙刷和泡棉(快擦布)，擦洗用的脸盆布、澡盆布、便器布、墙面布、地面布、镜子布和口杯布(服务员要随身携带，不要放在桶内)等七块布要干净、卫生、经常消毒、专项专用，另备胶皮手套一副。

工作车上还应该备有擦布若干块，擦布要干净卫生，并经过严格消毒。工作车的准备步骤及操作要求如表3-2所示。

表3-2 工作车的准备步骤及操作要求

准备步骤	操作要求
1. 清洁工作车	用半湿的毛巾将工作车里外擦拭干净，并检查工作车有无损坏
2. 挂好布草袋和垃圾袋	将布草袋和垃圾袋分别挂在工作车的两侧
3. 放置干净布草	将干净的布草分别放入工作车的格中
4. 将客房用品摆放在工作车中	将客房用品摆放在工作车的顶架上
5. 准备清洁桶和清洁用具	将清洁桶放置在工作车的最底层外侧，内放清洁用具
6. 准备干净抹布	准备干净的抹布若干条，可以用不同颜色区分

三、准备吸尘器

在使用吸尘器以前，应该检查各部件是否完好，如发现部件破损，吸尘器工作时有漏风的地方，要及时修理。其次要检查本机和路线是否有漏电现象，防止危险发生。检查尘袋中的灰尘是否已经被倒干净，并定期撤换新的储尘袋，禁止用湿手操作，以免触电。

四、安排清洁顺序

在清洁工作开始之前，负责清洁的员工应该首先了解自己所分担客房清洁工作的状况，根据客人情况安排清洁顺序。

一般酒店的清洁顺序如下：
(1)挂有"请清理房间"牌子的客房。
(2)客人口头提出要打扫的客房。
(3)服务台指示需要打扫的客房。

（4）重要客人房间。

（5）走客房。

（6）普通住客房间。

（7）根据安排，定期打扫长住客人住房。

（8）挂有"请勿打扰"牌子的房间，在下午 2 点钟以后应该请示主管，根据情况登记。

所有准备工作完成后，将工作车、吸尘器推放在远离房间门走廊一侧。客房的常见状态如表 3 - 3 所示。

表 3 - 3 客房常见状态表

客房状态	英文全称	英文简称	含 义
走客房	Check Out	C/O	客人已经结账并离开房间
住客房	Occupied	OCC	客人正在住用的房间
空房	Vacant	V	昨日暂无人租用的房间
维修房	Out Of Order	OOO	房间设施设备发生故障，暂不能出租
外宿房	Sleep Out	S/O	客房已被租用，但客人昨夜未归
请勿打扰房	Do Not Disturb	DND	该房间的客人不愿意受到任何打扰
贵宾房	Very Important Person	VIP	该房间的客人是酒店的重要客人
长住房	Long Staying Guest	LSG	长期由客人包租的房间
请即打扫房	Make Up Room	MUR	客人要求立即打扫的房间
准备退房	Expected Departure	E/D	客人应在当天中午 12 点以前退房，但现在还未结账退房的房间
未清扫房	Vacant Dirty	VD	没有经过打扫的房间
已清扫房	Vacant Clean	VC	已经清扫完毕，可以重新出租的房间

任务二　客房的清扫与整理

一、走客房的清扫

对客人刚结账退房的房间进行清扫，称为走客房的清扫，其清扫程序可概括为九个字，即"九字决"，它们是：进、撤、铺、抹、洗、补、吸、检、登。

（一）进

（1）出车前检查布草车上的备品是否齐全，布草车应备 4 间房的布草和杯具，5 条抹布,1 只清洁篮和 1 块小垫毯,并系好布草袋和垃圾袋。

(2)将布草车停放在待清洁房间一侧的房门口,吸尘器放在布草车一侧。

(3)轻轻敲门 2 次,每次隔 3 秒钟,每次敲击 3 下,并按门铃 1 次,报称"House keeping"声音要准确。

(4)确认房间无人,缓缓把房门推开,并报称"Housekeeping",随手把"正在清洁房间"牌挂在房门把手上。

(5)在"房间清洁日报表"上填写所要清洁房间的进房时间。

进入客房的规范要求如表 3-4 所示。

表 3-4 进入客房的规范要求

步 骤	动作规范	要 求
1. 敲门	手指微弯曲,以中指第二关节部位轻敲门 2 次,每次 3 下,并报称"Housekeeping"(相隔 2~3 秒钟)	勿用拳头或手掌来拍打门,要体现文明服务;敲门太急促,会令客人感到服务员冒失;报称的声调要适度,报称时不要垂下头或东张西望
2. 按门铃	按铃,清晰地报称"Housekeeping",并等待客人反应	切忌急促地连续按门铃数下,应有节奏及适当的间隔;报称要求同上
3. 反应	如听到客人有回音,服务员应说:"我是客房服务员,请问我能现在进来为您清洁房间吗?并等客人开门;如房内无反应,服务员方可用钥匙开门,并再次报称"Housekeeping"	姿势要自然,即使遇上客人也不失大方;切忌用力拉门锁把手,以免造成损坏
4. 开锁	手持磁卡,对准匙孔平衡插至尽头,停留时间约 1 秒钟,然后拔出,门锁显示灯亮绿灯,方可向下转动门锁把手,推开门后应将磁卡放回衣袋	开门后,磁卡须马上放回衣袋,以免丢失;在操作过程中,身体与门要保持30 cm 的距离
5. 开门	把门轻轻推开至门自动静止	切勿用力过猛,以免发出不必要的噪声
6. 挂牌	打开房门后,把"正在清洁"牌从大的圆口处挂入门锁把手上,轻轻摆放平稳,然后巡视一遍房间,以确定房间是否有人或有什么特殊情况	挂牌要轻、稳,以免碰坏门或发生不必要的噪声
7. 填表	转身到房门外布草车旁,在卫生班报表上填写开始做房的时间	及时填写表格,确保原始记录的准确性

案例分析

某酒店服务员未经允许擅自进房

某酒店客房部服务员小王,推着工作车来到1208房间门口,她刚敲完门,未按规定等候,也不知房内是否有客人,拿起钥匙就开门,径直走入房间。不料房内一男宾客穿着内裤,正在床上休息,客人回避不及,又尴尬又着急,恼怒之下,拿起电话向客房部投诉。

这位客人很生气地说:"作为饭店的服务人员,进房间之前应先敲门并征得同意,这是最起码的礼貌标准。她虽然敲了门,但不经允许就这样突然闯进房间,实在令我难以忍受。"

【分析提示】

客房部对各项客房服务均有一定的工作程序和标准。客房清扫服务也有详细的工作规程,如进房前要先核对房态,然后敲门或按门铃,待客人应答或同意后方可进房间清扫。服务员不能只凭个人意愿而违反规程进行工作。即使事后客房部经理立即向客人赔礼道歉,并对这位服务员进行了处理,但是,此事已经对饭店产生了不良影响,降低了客房服务质量。

(二)撤

(1)服务员应带上清洁篮和小垫毯,小垫毯摆放在卫生间门口外的地板上,以保护卫生间门外的房间地毯。

(2)将清洁篮摆放卫生间靠门口一侧的云石台面上,并在面盆、浴缸、马桶等三缸上均匀地喷洒清洁剂,同时要把面盆和浴缸的活塞提起关上。

(3)将卫生间内客人使用过的并确认是酒店的各类毛巾收出,卷成一团与垃圾袋一起放在卫生间门口一侧的地板上,注意不要把客人有用的物品收出。

(4)将客人使用过的备品,如沐浴液、洗发液、香皂等空缺和纸盒收出(住房除VIP外,香皂以使用至酒店标志模糊时进行更换)。

(5)面巾纸以使用至1/4和卷纸使用至1/3为标准进行撤换。

(6)进房撤物品时,首先要把房间空调的风速调至最大,温度调至最冷的位置,以加速房间空气的循环流通。

(7)检查房间的衣柜、组合柜抽屉及边角位是否有客人的遗留物品,如发现有遗留物品应第一时间反映、上交。

(8)把房间的窗帘(百叶门)、窗纱全部拉开,采集充足的光线,以利于房间清洁工作的需要。

(9)撤床上物品,从B床做起(靠卫生间一侧的床称为A床,而另一张床则为B床),首先用双手把床垫(软硬垫一起)拉离床头板约50 cm,然后在撤床单、枕头时要逐个进行,收出使用过的浴衣时要检查口袋,以防客人的东西夹带布草一起收出(住房客人如有要求不更换床单或毛巾类,可不撤换,但要整理并做好记录)。

（10）如住房客人放了一些衣服和物品在床上,则先将物品移到椅子上。

（11）把收集的脏杯、垃圾袋及脏布草一起收出,按要求分放在布草车上。注意脏杯内的水和杂物要倒掉;所有垃圾杂物要倒到垃圾袋内,垃圾不能超出垃圾袋口;脏布草放到布草袋内且不能超出布草袋口。

（12）房间撤出的餐具或瓜果等物品必须整齐分放至楼层指定的回收位置,不得摆放在布草车上。另客人的遗留物随发现随上交,不得在布草车上停留摆放。

（13）把脏布草、脏杯和垃圾收出后的房间呈待清洁状态,A床的床上物品,如毛毯、枕芯放在B床上,而B床上的物品及凌乱的棉被则放在靠B床一侧的椅子上。

案例分析

隐形眼镜不翼而飞

王先生夫妻俩来广州旅游,住进一家五星级酒店。第二天一早他们去吃早餐,准备回来后去越秀公园转一转。可是当他们回到房间时,王夫人发现自己的隐形眼镜不见了。她说:"刚才去吃早餐前还看见了呢。"于是二人四处查找,哪儿都没有,王先生向酒店提出投诉。经核对,王先生夫妇二人去吃早餐从出门到回房,准确的时间是50分钟,而在这一段时间内,只有实习生小王进入房间打扫卫生。小王回忆起当时的情景,发现自己把杯子里的隐形眼镜和药水当作剩水给倒掉了,对此他后悔莫及。

【分析提示】

客房服务中,清洁整理房间和清理垃圾是每天例行的工作。但是服务员要明确一点,所有服务工作都有其严格的服务操作程序和规范,所有程序和规范都是在总结了多年服务经验和进行科学测算基础上制定出来的。这些服务程序和规范,是保证服务质量和消除各种隐患的法规,必须严格遵守。在客房清扫过程中,服务员对属于客人的一切东西,只能是稍加整理,不能随意挪动位置,更不能将客人的东西或客人用过的东西自作主张地进行处理,哪怕是空瓶、空纸盒。只要客人没有扔进垃圾袋中,就要谨慎对待,更不能随意扔掉或倒掉。上例中王夫人隐形眼镜的丢失就是由于服务工作中粗心大意,不按操作程序去做造成的严重后果。这种事情不仅会使酒店承受直接或间接的经济损失,更严重的是给客人的生活带来不便与痛苦,使酒店的声誉蒙受损害。这些深刻的教训是应该认真吸取的。"细微之处见功夫",服务员只有养成细心负责的工作作风,认真按服务程序与规范去操作,才能保持酒店较高的服务水准,避免此类不愉快的事情发生。

（三）铺

随着国内客日益增多,大多数酒店已由西式铺床改为中式铺床,即将毛毯、床罩由棉被取代。中式铺床的程序如下:

（1）在进行铺床前凌乱的棉被按要求折叠(折叠前必须确认棉被套无污渍,否则应立即更换），具体操作是先把棉被抖松，让被套与被芯分布均匀，然后进行外三折。

（2）三折完成后进行内三折，注意要平整。

（3）折叠好的棉被要平整，对齐。

（4）把折叠好的两张棉被平整地摆放在电视柜最低层的抽屉里，注意平整、对齐。

（5）铺床前首先要检查软垫是否对齐，并整理好保护垫，注意如发现污渍和破损要立即清洁或更换。

（6）从A床开始铺床，站在床头中间进行操作，用第一张床单（底单）前先选好床单的正面和中线，身体向前靠，一只手拿着床单的两条边线一端的顶点，而另一端用手散开且呈直线型抛到床尾，然后双手各执单头两条边线的点抬起并利用手腕力向外均匀地甩单，使床单向前扬起张开覆盖在床垫上，要求中线对中，不得偏离。

（7）床单甩开到位后，按照先内后外的要求把床头露出的部分床单塞进床的软硬垫内，同时将床头的两个床角包成直角形。

（8）完成后的底单床头包角要平整、紧贴。

（9）套被。套被的方法有很多，其中比较流行的方法是：先将被套反面朝外平放在床上，再把被子放在被套上。应注意上下对齐，然后从被套开口处将手伸进，抓住被套和被子其中的两角，顺势将被套连同被子一起翻转，使被套正面朝外并套好。

（10）放被子。要求一次到位，棉被居中，两边均垂下套好的棉被四角饱满，外形平整、挺括，棉芯不外露，带子系被套内，被套开口朝床尾，棉被靠床头部分与床垫齐平后，折叠起40 cm，注意两侧下垂部分应均匀。棉被中心线与床的中心线重叠，被套开口朝床尾。

（11）套枕套，用双手撑开枕套，上下撑动，将枕芯套进去，并把枕套多余部分向内折紧枕芯。

（12）套好的枕头要求外形平整挺括，四角饱满，枕芯不外露，两个枕头重叠摆放在床头中间位置，枕头开口处与床头柜方向相反。

（13）把复折的床罩覆盖后线条要对齐，两边要均匀。

（14）整理床头两侧的床罩，一只手以对称于床罩塞入枕头的部分将侧面的床罩理顺，而另一只手则同时把上方枕头轻轻托起成角。

（15）将床推回至靠床头板位置，完成后的床铺要求整齐、美观、平滑和饱满。

（16）将客人原先放在床上的物品整齐地摆放在原位，衣服要叠好。

（17）铺B床的操作方法与铺A床操作程序相同，整理后的两床要求正对床头板，床罩平整对中，床脚裙自然下垂。

知识拓展

中、西式铺床比较

近来，中式铺床悄然兴起，它以其简洁、方便、卫生而受到宾馆及客人的喜爱。中式、西式铺床法二者孰优孰劣，现比较如下。

1. 优点与缺点比较

西式铺床,用床单加毛毯在床垫上包边包角,再加盖床罩的一种铺床方式。

线条突出,造型规范,平整美观。然而,西式铺床也存在着不足:一是不方便,由于床单和毛毯包边包角后紧压在床垫下,睡觉时要费劲将床单拉出来,用脚使劲蹬,才能钻进去,给客人带来了不必要的麻烦;二是毛毯和床罩不能经常洗,容易沾染污垢和细菌。

中式铺床取消了床单和毛毯包边包角的方法,将套好棉芯的被套直接铺在床上,客人把被子一掀,就可以入睡,很方便。由于被套是一客一换洗,也很卫生。但中式铺床也有不足,主要是没有包边包角造型,床面不如西式铺床平整美观。

2. 成本比较

床上用品费用比较(按三星级酒店的配置标准):

中式铺床所需用品一套,含床单1条、被套1条、被芯1个、枕套2个和枕芯2个,合计331元。

西式铺床所需用品一套,含床单2条、被套1条、被芯1个、枕套2个、枕芯2个、毛毯1条和床罩1个,合计856元。

可以看出,中式比西式要节省将近1/3。

3. 人工费用比较

按行业定额标准,一个服务员做西式铺床应做13间房;中式铺床,则可达到15间,提高工效15%。如按300间客房计算,做西式铺床需要23人,做中式铺床只需要20人,节约用工3人。

(四) 抹

(1) 在九成干的抹布上喷家具清洁保养蜡,并把抹布轻揉几下以使蜡水均匀分布在抹布上,用于抹家具和物品,并带入一条干抹布,用于电视柜荧光屏和玻璃的清洁。

(2) 按自上而下、从左到右、环形清扫的原则,先抹门铃和门框,注意在操作过程中要暗记所要补充的物品。

(3) 分别使用清洁保养蜡和干抹布抹空调柜门,衣柜门百页板和玻璃镜,要彻底地逐一认真细抹。

(4) 抹衣柜内的格层板木条、挂衣杆以及衣架等。

(5) 抹衣柜内的杂物层架,包括保险箱柜、抽屉以及鞋顶等物的清洁。

(6) 抹电视柜,用干布抹电视荧光屏,顺便打开电视机检查遥控器的使用和电视机频道是否正常,并把电视机调至所要求的频道和音量后关上,同时检查电视机转盘摆动是否正常。

(7) 抹电视机柜抽屉以及电视柜饰板和脚线。

(8) 用干布抹梳妆镜玻璃,用清洁抹布抹梳妆镜框,从上至下清洁干净。

(9) 用湿布抹书桌石台面和用清洁保养蜡抹布抹书桌的木器部分和文具夹电话机的清洁,并检查文具夹及夹内物品的耗用情况。

（10）抹梳妆椅。

（11）抹酒水柜云石台面及层架。

（12）清洁小瓶装酒板并检查有否耗用。

（13）清洁冰箱,内外清洁,从内到外,并检查冰箱各类酒水是否齐全完整。

（14）清洁窗台木板和百页板条,注意逐一认真细抹。

（15）用干布清洁窗台下玻璃镜和用清洁保养蜡抹布抹窗台木板。

（16）抹落地灯并注意用干布抹灯泡,然后把灯开亮。

（17）用干布抹小圆几玻璃台面及层架。

（18）抹两张牛角椅,注意要把椅垫掀起清洁。

（19）抹地脚线。

（20）抹床头板、床头柜(从内到外)、床头灯和清洁电话,注意检查房间音响设备是否正常,以及打开房内电灯照明,检查是否正常。

（21）检查书报杂志有否划花和应急灯使用是否正常。

（22）抹房间挂画。

（23）抹卫生间门框及门板。

（24）使用万向清洁耙和两成湿的抹布清洁窗台玻璃。

（25）使用万向清洁耙和两成湿的抹布清洁房间通道的云石地板。

（五）洗

（1）清洁卫生间,先戴上面盆、浴缸专用手套(红色),把清洁剂均匀喷洒在"三缸"上。

（2）先洗面盆,要用清洁刷由里到外进行擦洗,同时擦洗云石台面及皂碟,然后用清水将面盆、云石台面及皂碟冲洗干净。

（3）洗浴缸,用清洁刷洗浴缸。云石墙壁、皂盒、浴缸底部及浴缸内外壁在擦洗时注意要到位和用力均匀。

（4）使用专用清洁刷擦洗浴缸防滑垫的面部和底部。

（5）用花洒头冲洗浴缸和墙壁瓷片,同时冲洗浴帘,注意浴帘的脚部要用手轻揉清洗,洗好后拧干并挂放在浴缸的内侧。

（6）用干布把防滑垫的水吸干,以防发霉。

（7）注意清洁卫生间的小植物和适当地灌水,保持清绿诱人的效果。

（8）用清洁抹布抹备用品漆盘、皂碟及云石台面。

（9）对客人放在卫生间的私人用品在原位做适当的清洁整理工作。

（10）用清洁抹布抹风筒以及存放风筒的抽屉。

（11）用干布由上至下抹玻璃镜,使之明亮照人。

（12）用干布抹放大镜玻璃面以及金属架。

（13）用干布把卫生间的小五金擦干净,确保其明亮发光。

（14）把卫生间电话挂机及云石墙壁抹干净。

（15）用抹布抹干浴帘的水渍。清洁后的面盆、浴缸活塞应提起关上。

（16）脱下清洁面盆、浴缸的专用手套（红色），然后戴上清洁马桶的专用手套（黑色）。

（17）使用专用长毛手刷和清洁剂由上而下清洗水箱、马桶面盖、座板和马桶外壁，然后用清水冲洗干净。

（18）使用有特别标志的长柄毛球和清洁剂清洗马桶外壁，注意马桶去水口的清洁，然后用清水冲洗干净。

（19）使用专用抹布依次抹马桶座板、面盖、水箱和马桶外壁，注意边角位及马桶外兜和脚部的清洁干净。然后将地板抹干净，注意边角位的清洁。最后脱去清洁马桶的专用手套。

（20）把清洁篮和小垫毯撤离卫生间。

清扫卫生间的程序如图3-1所示。

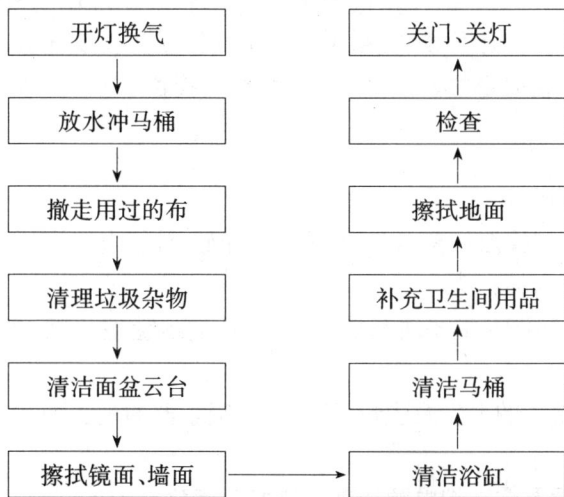

图3-1　清扫卫生间的程序

（六）补

（1）补充卫生间的毛巾及备品，并按规格标准摆放好。

（2）卫生间卷纸折叠成三角形形状和面巾纸折叠成梯形状态。

（3）补充房间物品并按规格标准摆放好。

（4）如住房客人耗用了房间的易耗品要及时做好更换和补充。

（5）更换和补充商务楼层房间客人用过的文具。

案例分析

少一个牙刷

7月11日晚21点左右，某酒店8209客人打电话到前台说："你们的服务是怎么搞的？矿泉水没给我送，牙刷少一个。"当班接待员说："很抱歉，先生，我们马上派服务员给您补上,您稍等。"客人很不高兴地说道:"你光道歉有什么用,马上给我送过来。"随即挂断电话。当班接待员立即打电话到台班说明情况。

【分析提示】

　　酒店的企业精神是以情服务,用心做事,给客人提供个性化、亲情化服务是建立在满足物质需求和精神需求的基础上的一种升华,如果说连客人最基本的必需品都满足不了,又何谈用心做事呢。再有就是当班服务员的责任,在为客人清理房间的时候这些东西都是应该备的,应该备却没有备,很简单的一点失误就造成了顾客的不满,酒店所做的努力就全白费了,这就是"100-1=0"的道理。另一方面,酒店常讲:细节细节还是细节,检查检查还是检查。员工工作的同时要注意细节问题,而管理者在检查工作的同时更要注重细节,管理的一半是检查,没有的检查的管理那就是畸形的管理,是管理的另一大缺陷。所以说无论我们做任何事情,不管对谁来说,都不能偷工减料,任意省略。换一个角度思考,假如自己是客人,在住酒店的时候要什么没什么,连最基本的东西都没有,那你会是什么样的感觉。在工作当中要加强换位思考的意识,时刻把客人的利益摆在第一位。

(七)吸

　　(1)房间地毯吸尘,先从窗台处云石地板开始,注意把尘机的耙头调整至毛刷凸出,以免磨花地板及损坏耙头。

　　(2)在房间地毯吸尘时,要注意统一方向,理顺地毯毛,不要忽视边角位及床底的吸尘。

　　(3)吸卫生间地板的毛发及尘粒,注意先把吸尘器的耙头调整至毛刷凸出,以免磨花地板及损坏耙头。

　　(4)完成吸尘后要注意把电源线理顺绕好并摆放整齐。

(八)检

　　(1)喷空气清新剂,注意朝出风口向上喷洒。

　　(2)把窗纱拉合,并把中间两扇木板门向两边拉开。

　　(3)如住房要根据客人的习惯把放在房内的鞋子整齐地成双摆放,并把报纸、杂志整理摆放好。

　　(4)把空调调至规定的位置上,并环视一周检查房间、卫生间的整理情况。

　　(5)关闭房间总开关,取走"正在清洁房间"挂牌并将卫生间的门半掩,然后将房间轻轻锁上。

(九)登

　　就是在客房清扫日报表(见表3-5)上登记进离房的时间、做房的内容、补充客用品的名称及数量。

表 3-5　客房清扫日报表

服务：　　　　　　楼层：

房号	房态	出入房时间	撤换布草数量									补充日耗品数量								维修要求	备注
			床单	被套	枕套	浴巾	澡巾	面巾	方巾	地巾	其他	洗发液	沐浴液	牙具	香皂	梳子	浴帽	购物袋	茶叶		
计划卫生																					

二、住客房的清扫

清扫住客房一般要求先清理房间,再清理卫生间,这是因为住客可能回来,甚至带来访客。所以,应先将房间整理好,使房间外观整洁,给客人以舒适感。

这时服务员再清理卫生间,也不会有互相干扰之嫌。具体程序如下:

(1) 进房;

(2) 撤床;

(3) 整理器皿;

(4) 收拾垃圾;

(5) 铺床;

(6) 抹尘;

(7) 补充房间用品;

(8) 清理卫生间;

(9) 吸尘;

(10) 检查;

(11) 关灯、关门;

（12）登记客房清洁整理情况。

在清扫住客房时应特别的注意事项有以下4个方面：

（1）住客在房间时：

① 礼貌问好，询问客人是否可以清扫房间。

② 操作要轻，程序要熟练，不能与客人长谈。

③ 若遇到有来访客人，应询问是否继续。

④ 清洁完毕，向客人致歉，并询问是否有其他吩咐，然后向客人行礼，退出房间，关房门。

（2）客人中途回房时：

① 应征求意见是否继续打扫清洁："先生，您好，请问可以打扫房间吗?"如未获允许应立即离开，待客人外出后再继续进行清扫。

② 若客人同意，应迅速地将房间清扫好，离开时对客人说："对不起，打扰您了，谢谢。"

（3）房间电话响时：

在清洁过程中，如电话铃响了，也不应该接听。

（4）损坏客人的东西、物品时：

不小心损坏了客人的东西、物品，应如实反映，向客人赔礼道歉。

三、空房的清扫

空房的清扫一般不用吸尘，只须抹拭家具，检查各类用品是否齐全即可。其程序如下：

（1）每天进房开窗、开空调进行通风换气。

（2）每天用干布除去家具、设备及物品上的浮灰。

（3）浴缸、面盆、马桶每天要放水一两分钟。

（4）连续空着的客房，隔几天要用吸尘器吸尘一次。

（5）检查房间有无异常情况，卫生间五巾是否因干燥而失去弹性和柔软度。

如果有不符合要求的情况，要在客人入住前换好。设施、设备如果有故障，应及时报修。不能修复时，应及时通知前厅部。

四、夜床服务

在三星或三星级以上的酒店都会向宾客提供这项服务，以保持酒店豪华的等级标准。夜床服务包括三项工作：房间的整理、开夜床、卫生间的整理。最佳时间是晚上6点至8点，其程序如下。

（一）进房

（1）敲门，清晰地报称"Housekeeping"，同时应按门铃数次，确保客人听到。

（2）见到客人应先问好，再征询意见，如说："晚上好，请问我可以进来整理房间吗(Good evening,may I come in and clean your room now)?"如果客人不需要，要在报表上记录。挂有DND(请勿打扰)牌的房间，不要骚扰客人，可从门下塞进一个"夜床服务卡"，待客人提出要求时再马上替客人整理。

（二）房间的整理

（1）拿报纸和热水瓶进房，报纸整齐摆放于文具夹旁边，把热水瓶和用过的茶杯、水杯撤出，并给予补充。

（2）带抹布将房间柜面的污渍、水渍抹干净，将家具、物品摆整齐（尽量放回原位），绝对不可触摸客人的物品，倒垃圾也要看清楚是否有贵重物品或较有价值的物品，若发现应征询当班主管的意见。

（三）做夜床

根据住客人数开床，标准房住一人时，一般情况下开靠卫生间的 A 床。大床房，睡两人时左右两边开，也可以同方向开。有的客人行李物品较多，会提出不做夜床，如果客人不需要做夜床，需在做夜床报告表上记录。

（1）将被子向后折成一个三角形，呈 30 度或 45 度。开床时要注意床铺平整和美观，枕头摆放整齐，发现床单有污点或破损时要及时更换。

（2）将拖鞋放在规定的地方。

（3）斜放一早餐牌在枕头上方，拉上窗帘，关上衣柜门。

（四）卫生间的整理

（1）将客人使用过的"三缸"用布抹干净，遇到较脏的应重新擦洗。

（2）将客人使用过的"四巾"、杯具更换，VIP 宾客用过的香皂要更换，补充物品，并按规格摆放整齐。

（3）清倒垃圾，抹干地板，放好地巾。

（4）关灯，卫生间门半掩。

最后，除夜灯、廊灯外，其余灯应全部关上。如是套房，客厅灯应开着，其卧室与标准房要求相同。

退出房间前，还应自我检查一遍，确认无不妥之处，将房门关上并锁好。若客人在房内或离开时，应向客人表示谢意，并祝客人晚安，然后退出房门，将门轻轻关上。

（五）夜床服务注意事项

（1）尽量选择客人外出时提供服务。

（2）如果客人在床上放了较多衣物或贵重物品，可暂时不予提供做夜床服务。

（3）是否应提供做夜床服务现在业界有不同看法。

案例分析

酒店做夜床的方式

某天下午三点多，莫小姐入住某酒店 1801 房间，因为公司业务的需要，她将在此逗留一周。莫小姐放下行李，休息了一会儿，近六点时到餐厅用餐。当她用餐完毕回到房间时，发现夜床已经做好，服务员为她开的是靠卫生间墙壁的一张床，床单和毛毯已经拉开一只角。莫小姐打开电视机,靠在开好的一张床上看电视,但觉得电视机的位置有些偏,不是很合适,于是又去将电视机的方向转至合适位置。第二天,莫小姐办完事情回到酒店已经是晚上七点左右,夜床已经做好。莫小姐惊奇地发现这次服务员为她开的是靠窗户的一张床,而且电视机也已经摆正。

【分析提示】

在客房清扫工作中包含着服务的内容,这种服务虽然不像面对面的服务那样直接,但也体现着酒店员工对客人的关注。在本例中,莫小姐虽然没有看到过为她提供服务的人员,但一定感到了酒店对她的友好和关注。客房服务员从客人转动的电视机中了解到客人的要求,想看电视而方向不对,并主动调整了第二天所开的夜床。所以,在酒店服务中,只要服务人员有心,即使是开夜床这样的常规工作也可以做得更加出色,让客人感到酒店对他们的看重,进而赢得客人的赞赏。例如,本例中的夜床服务,有些酒店为体现对客人的尊重,规定不知道客人喜欢睡哪张床时,可以开靠卫生间墙壁的床,但同时要求员工清扫客房时注意观察,记录客人睡过的是哪张床,第二天就开客人喜欢的床。

实际上,酒店中类似的服务很多,如尊重住店客人对空调温度、电视频道、物品摆放位置等的选择,不轻易做出调整,这些具体的做法虽然微不足道,但对客人而言正是这种细致温馨的服务让其感动,因为这些工作无疑为他们提供了方便,让他们更觉得舒适。

五、房间小整理服务

客房的小整理一般都是对住客房而言的。在很多档次较高的酒店里,住客房除了每天一次的全面清扫整理之外,还要进行小整理,就是在每次客人外出后,如果房内不够清洁整齐,服务员就进行简单的收拾整理,使之恢复清洁整齐的状态。如果住客每次外出归来都能发现其房间被重新整理过,必然感到很满意。这种做法对于充分体现酒店客房服务工作的水准有着一定的积极意义,但也有一定的负面影响,主要是增加了劳动成本和物品的消耗。因此,并非所有酒店都必须这么做。

通常,客房的小整理主要包括下列内容:

(1)整理床铺。一般是客人用过的床重新整理好,不更换床单、枕套等床上用品。如果住客是特别重要的贵宾,或者床上用品脏了,才做更换。

(2)除尘除迹。将房内家具设备上的灰尘,污渍清除干净。

(3)清除垃圾。将房间的垃圾杂物清除干净。

(4)更换茶杯和烟灰缸。将用过的茶杯和烟灰缸撤出,换上干净的。

(5)换水。如果水瓶里的水已不多,可换上装满开水的热水瓶,并检查冷饮水果是否需要补充或更换。

(6)整理卫生间。如果卫生间被用过,则进行简单的清洁整理,使之干净整洁。一般不更换毛巾。

(7)添补消耗品。如果房内的客用消耗品已被用完,或者所剩不多,可能不够当天使用,则予以添补。

(8)调节空调。调节空调开关,使客房内保持理想的温湿度。

复习与思考

一、不定项选择题

1. 所谓卫生间的"三缸"通常指的是"浴缸""洗脸盆"和（　　）。
   A. 马桶　　　　　　B. 烟灰缸　　　　　C. 皂缸　　　　　D. 茶缸

2. "OOO"指示房间状态是（　　）。
   A. 住客房　　　　　B. 走客房　　　　　C. 维修房　　　　D. 贵宾房

3. 夜床服务时，应将卫生间的地巾放在（　　）。
   A. 浴缸边沿上　　　B. 浴缸外侧地面　　C. 卫生间门外　　D. 卫生间门内

4. 客房内的小整理服务一般是为（　　）客人提供的。
   A. 长住　　　　　　B. 暂住　　　　　　C. 团队　　　　　D. VIP

5. 清扫住客房时，房内的电话铃响了，而客人不在房内你应该（　　）。
   A. 去接电话　　　　　　　　　　　B. 不去接听，继续工作
   C. 将电话掐断　　　　　　　　　　D. 接听电话，告诉其住客不在

二、简答题

1. 客房的房态有哪些表示方法？
2. 试述走客房的清扫程序。
3. 简述夜床的服务程序。
4. 房间小整理服务包括哪些环节？

三、案例分析题

床箱、床垫松动

某夜，客人打电话到前台进行投诉，说酒店的床让他一整晚都睡不着，稍一翻身就有响声……

店长接到投诉后，立即到房间进行调查，客人对此非常生气，认为酒店完全背离自己"天天睡好觉"的说法，并要求换房……

床箱床垫为什么会响呢？

与客人换房后，店长检查了床箱，发现床箱与床板之间错位了，客人稍一翻身，床板与床垫进行摩擦就引发了响声……

根据以上案例，回答以下问题：

客房服务人员与维修人员是否应按照流程对床箱床垫进行检查？

四、实践与训练

1. 实训项目：客房中式铺床实训。
2. 实训目的：通过本课程实训，初步掌握客房中式铺床技能。
3. 实训方法：多媒体和指导教师示范讲解，学生实训操作，然后教师再指导。学生之间先互评，教师后总结点评。
4. 所需实训设施的准备：客房一间、1.1 m×2 m中式床8张、床上用品8套。

5. 实训要求：能够按照客房中式铺床要求进行实训操作。

6. 实训要点提示：各小组进行自评，根据测评表进行打分。教师评价，指出各小组成员的优点与不足。

7. 学习评价标准。

客房中式铺床实训考核表

编号：　　　　　　姓名：　　　　　　日期：

序号	考核内容	考核要点	评分标准	配分	得分
1	准备工作	1. 铺床物件是否齐备； 2. 操作前准备动作是否规范	1. 铺床物件是否按规范摆放； 2. 准备动作是否符合操作要求	5	
2	仪容仪表	1. 职业要求考核； 2. 走姿、坐姿、站姿	1. 精神面貌佳，着装、发型等符合职业要求； 2. 注重礼节礼貌，微笑操作、服务； 3. 手势、走姿、站姿、蹲姿自然，大方，优雅	5	
3	床单	1. 开单； 2. 抛单； 3. 订单； 4. 包角	1. 开单一次成功（两次扣1分，三次及以上不得分）； 2. 抛单一次成功（两次及以上不得分）； 3. 打单定位一次成功（两次扣2分，三次及以上不得分）； 4. 床单中线居中，不偏离床中线（偏离床中线1厘米以内不扣分，1～2厘米扣1分，2～3厘米扣2分，3厘米以上不得分）； 5. 床单正反面准确（毛边向下，抛反不得分）； 6. 床单表面平整光滑（每条水波纹扣1分）； 7. 包角紧密垂直且平整，式样统一（90度）； 8. 四边被边紧密且平整（每条水波纹扣1分）	24	
4	被套	1. 抛单； 2. 正反； 3. 开口朝向	1. 一次抛开（两次扣2分，三次及以上不得分）、平整光滑； 2. 被套正反面准确（抛反不得分）； 3. 被套开口在床尾（方向错不得分）	6	
5	羽绒被	1. 被芯折叠是否规范； 2. 被子铺开是否一次性； 3. 被子与床头是否齐平； 4. 被芯四角是否饱满，被套表面是否光滑	1. 羽绒被放于床尾，羽绒被长宽方向与被套一致； 抓住羽绒被两角一次性套入被套内，抖开被芯，操作规范、利落（两次扣3分，三次及以上不得分）； 2. 抓住床尾两角抖开羽绒被并一次抛开定位（两次扣2分，三次及以上不得分）； 3. 被子与床头平齐（以羽绒被翻折处至床头距离45厘米为评判标准，相差1厘米之内不扣分，1～2厘米扣1分，2～3厘米扣2分，3厘米以上不得分）； 4. 被套中线居中，不偏离床中线（偏离床中线1厘米以内不扣分，1～2厘米扣1分，2～3厘米扣2分，3厘米以上不得分）		

序号	考核内容	考核要点	评分标准	配分	得分
			5. 羽绒被在被套内四角到位,饱满、平展; 6. 羽绒被在被套内两侧两头平整(一侧一头不平整扣1分); 7. 被套口平整且要收口,羽绒被不外露(未收口扣1分); 8. 被套表面平整光滑(每条水波纹扣1分); 9. 羽绒被在床头翻折45厘米(每相差2厘米扣1分,不足2厘米不扣分)	34	
6	枕头、枕套	1. 枕芯是否饱满; 2. 三线是否对齐	1. 四角到位,饱满挺括; 2. 枕头开口朝下并反向床头柜; 3. 枕头边与床头边平行; 4. 枕头中线与床中线对齐(偏离床中线1厘米以内不扣分,1~2厘米扣1分,2厘米以上不得分); 5. 枕套沿无折皱,表面平整,自然下垂	12	
7	整体效果	是否符合整体审美效果	1. 三线对齐; 2. 平整美观; 3. 操作过程规范,动作娴熟、敏捷、姿态优美,体现岗位气质	14	
合计	100				

实际得分:　　　　　　　　　　　　　教师签字:

项目二　客房计划卫生与保养

学习目标

通过本项目学习,你要……
◆ 了解客房计划卫生与保养安排的意义;
◆ 掌握客房计划卫生与保养的具体操作方法。

知识概览

客房计划卫生与保养
- 客房计划卫生与保养的安排
  - 客房计划卫生与保养安排的意义
  - 客房计划卫生与保养的分类
  - 常见的计划卫生与保养项目
  - 客房计划卫生的管理
- 客房计划卫生与保养的操作
  - 家具上蜡
  - 地板打蜡
  - 擦窗
  - 擦拭顶灯
  - 擦拭铜器
  - 吸尘

案例导入

住在 810 房的两位客人王先生和李先生来自浙江温州,他们今天上午刚抵达杭州,经朋友介绍下榻到这家酒店。早上 8 点半,他们接到客户电话说过来谈一笔生意。

挂上电话后,王先生说:"邢副总还有半小时便要到达,房里还是乱七八糟的,请服务员快来打扫吧"。

李先生开门出去找楼层值台服务员时发现,一辆服务车已停在801房外面,801房的门敞开着,显然服务员已经开始在那儿做客房清洁工作。

李先生来到801房,说明情况后请两位服务员立即打扫810房。

两位服务员听到他的要求后却说:"我们每天打扫房间都是按规定的顺序进行,早上8点半开始打扫801房,然后是803、805等,先打扫单号,接着才是双号,打扫到810房估计在10点左右。"

"那么能不能临时改变一下顺序,先打扫810房呢?"李先生问道。

"那不行,我们的主管说一定要按规范中规定的顺序进行。"服务员断然拒绝了李先生的要求。

▌ 任务驱动　◀

1. 客房清扫的基本程序和原则是什么?
2. 客房清洁保养的个性化服务注意事项?

任务一　客房计划卫生与保养的安排

客房计划卫生与保养安排是指在搞好客房日常清洁保养工作的基础上,拟订一个周期性清洁计划,采取定期循环的方式,对清洁卫生的死角或容易忽视的部位以及家具设备进行彻底的清扫和维护保养,以进一步保证客房的清洁保养质量,维持客房设施设备的良好状态。其内容及时间安排,要结合饭店自身的设施设备情况和淡旺季来确定。客房计划卫生弥补了日常清洁保养工作的不足,是饭店清洁保养工作的必要环节。

一、客房计划卫生与保养安排的意义

(一) 保证客房的清洁卫生质量

客房服务员每天的清洁整理工作,一般来说,工作量都比较大。例如,一个卫生班服务员的工作量,每天平均10～12间,到了旅游旺季,甚至更多。因此对客房的某部位,如通风口、排气扇、天花板、门窗玻璃、窗帘、床罩等,不可能每天进行清扫或彻底清扫。为了坚持清洁卫生质量标准,使客人不仅对客房那些易接触部位的卫生感到满意,而且对客房的每一处卫生都放心,同时又不致造成人力浪费或时间紧张,客房部必须定期对清洁卫生的死角或容易忽视的部位进行彻底的清扫整理,以保证客房的清洁卫生质量。

(二) 维持客房设施设备的良好状态

无论客房楼层还是公共区域,有些家具设备不需要每天都进行清扫整理,但又必须定期进行清洁保养,以维持客房设施家具的良好状态,保证客房的正常运转。

二、客房计划卫生与保养的分类

客房计划卫生与保养可以分为两类,即每日计划卫生与保养和季节性、年度性计划卫生与保养。

(一) 每日计划卫生与保养

每日计划卫生是指在完成日常清扫工作外,每天安排一个重点项目进行清洁或保养。这一重点项目可以是客房内的某一部位、区域或设备、设施。例如,安排每月的某一天翻转床垫,安排每周的某一天进行话筒消毒,也可以规定每天对某一部位或区域进行彻底的大扫除。

(二) 季节性、年度性计划卫生与保养

季节性、年度性计划卫生属于中、长期卫生计划,一般在营业淡季进行。这两类计划卫生不仅包括对床上用品等进行拆洗、更换,对卫生死角、卫生难点的彻底清扫,对家具、设备、电器等的清洁,还包括维修人员对一切设备、设施所进行的全面检查、维修和保养。客房部应和前厅部、工程部取得联系,以便对某一楼层实行封房,以便维修人员利用此时对设备进行定期的检查和维修保养。

三、常见的计划卫生与保养项目

(一) 定期擦拭顶(吊)灯

客房顶(吊)灯、楼道顶灯、会议室顶(吊)灯等,应每月彻底清洁一次;夏、秋季昆虫较多,最好一周彻底擦拭一次。

(1) 使用工具。准备梯子1个、螺丝刀1把、擦布2块(1块干布,1块湿布)。

(2) 操作注意事项。操作时首先要关闭电源,将灯罩摘下,再用湿布擦拭,然后用干布擦净。灯泡可摘下擦,如果摘不下可用干布轻轻擦净,切记不可用湿手拿湿布擦拭,以防触电。擦后将灯罩上好。

(3) 装好灯具后,要认真检查。如发现灯泡不亮,应立即登记下来,报告领班或通知有关部门及时修理。

(二) 定期擦拭窗户玻璃

擦拭窗户玻璃是计划卫生工作的一项重要内容。因为窗户玻璃易脏,要坚持定期擦拭。擦拭玻璃的方法是:

(1) 首先用扫帚把窗上的浮灰刷去,用湿布擦净,再擦玻璃。通常对于较干净的玻璃,先用一块湿布擦,再用干布擦净即可。

(2) 油渍较厚或较脏的玻璃,可将清洁粉剂撒在湿布上,在玻璃面上擦拭。然后用湿布将粉末擦净,再用干布擦光擦净。

(3) 对于较脏的玻璃,也可用兑好的去污剂擦,擦拭方法与用清洁粉剂擦相同。

(4) 擦布最好用质地柔软适中、吸水性好的细豆包布,擦拭时按先四角后中间或先中间后四角的顺序,直到擦净为止。

(5) 夏季雨后,要及时擦拭玻璃,以保持窗面洁净。

(三) 定期擦拭铜器

擦拭铜器通常也称擦"铜活"。客房"铜活"较多,如铜制门窗把手、房间号码牌等,要定期擦拭。春、冬季空气干燥,"铜活"不易变色,一个月擦一次即可。夏季空气潮湿,客人手上带汗,使用后铜器容易发乌变黑,要半月或一周擦拭一次。擦"铜活"时,首先用布(干布或湿布均可)把浮尘擦去,然后用干布蘸上少许擦铜油,用力擦拭后,再用干布蘸少许牙粉重擦,使之发亮。周围污迹要用布擦净,但要注意属于古铜或仿古铜的门窗把手等,不要用以上的方法擦拭,以免变色,只需用净布擦去灰尘及污渍即可。

(四) 定期对客房家具上蜡打光

为了保护木器家具表面的光洁度,除日常清理卫生时用软布进行擦拭外,还要定期(半年左右)对木器家具上蜡打光。

(1) 在上蜡前,首先将家具上的污迹和纤尘擦掉。

(2) 擦净后,用软质布料包上白蜡或与家具颜色相近的其他上光蜡,轻轻擦在家具表面上,上蜡时要均匀,使蜡层薄厚一致。

(3) 上蜡后,视季节情况,使蜡略干燥后,用细软的干净绒布反复擦,使之打出光泽。

(五) 定期刷洗卫生间地面

卫生间地面(磨石、马赛克、大理石)要定期(一周)彻底刷洗,也可在客人走后彻底刷洗。刷洗时首先兑好皂粉液或清洁剂并用板刷蘸取,对卫生间死角用力刷擦,然后用净水冲洗,最后再用干布擦干即可。

(六) 定期对木质地板上蜡磨光

高档客房的木质地板,一般都是上蜡地板。地板打蜡,既是一项计划卫生工作,又是一项保护地板的措施,它能起到防潮、防腐、延长地板使用期的作用。

对木质地板上蜡磨光的基本工序是:

(1) 把房间里的家具集中在一起,把地毯卷起,放在不影响走路或妨碍作业的地方。

(2) 砂磨地板。砂磨地板有两种方法:一种是人工砂磨;另一种是机械砂磨。人工砂磨就是将钢丝绒踩在脚下用力反复顺木纹蹬擦;机械砂磨是指把钢丝绒垫在机械下做盘旋式摩擦。

(3) 清扫砂磨完的房间。砂磨完一间或几间后,要及时进行清扫。

(4) 吸尘。清扫后的房间,要用吸尘器把地板缝中的污物全部吸净。

(5) 拖净。吸尘后,用洗净的拖把(墩布)将地板拖擦1~2遍。拖最后一遍时,一定要把拖把拧干,不得含有过多水分,以免把地板弄湿。

(6) 上蜡。待木地板自然吹干后,便可上蜡。上蜡时用布将地板蜡包起,按地板组成纹路,逐条逐块地均匀涂抹。

(7) 磨光。待地板蜡被地板吸收,略干燥后,用磨光机逐条逐段地进行打磨。

（8）恢复客房原状。磨光地板后，将客房地毯、家具等恢复原位，然后彻底擦拭，配好各种用品，以保证出租使用。

四、客房计划卫生的管理

（一）做好计划卫生的安排和检查记录

例如，卫生间计划卫生的安排可如下：

（1）将客房的周期性清洁卫生计划表贴在楼层工作间的告示栏内或门背后。楼层领班还可每天在服务员做房报告表上写上计划卫生的项目，以便督促服务员完成当天的计划卫生任务。

（2）服务员每完成一个项目或房间后即填上完成的日期和个人的签名。

（3）领班等根据此表予以检查，以保证质量。

（4）客房服务中根据各楼层计划卫生的完成情况绘制柱形图，显示各楼层状况，以引起各楼层和客房部管理人员的重视。

（二）准备并管理好清洁工具和清洁剂

做好客房计划卫生，要重视清洁工具及清洁剂的准备工作。如果没有抓好这两项工作，不仅会浪费清洁剂和降低工作效率，而且往往达不到预期的清洁保养效果，甚至带来额外的麻烦。例如，给木质地板上蜡，本应用油性蜡，却用成水性地面蜡，不仅不美观，而且给木质地板造成了损坏。因此，根据计划卫生的内容，选择合适的清洁工具和清洁剂是搞好计划卫生的重要一环。另外，计划卫生具有很强的周期性，一项清洁内容通常要一段时间以后再进行。因此，平时注意卫生器具和清洁用品的管理是很有必要的。如果保管不善，造成器具损坏、遗失等情况，将给计划卫生的实施造成不必要的麻烦和障碍，不仅影响工作效率和卫生质量，甚至还会给饭店造成损失。

（三）注重安全管理，强调规范操作

计划卫生工作中有许多方面牵涉到卫生死角和难点，有不少项目要求高空作业，如通风口、天花板等，具有一定的危险性。因此，饭店必须注重计划卫生的安全管理，要求操作的规范性，强调操作时要谨慎细心。例如，在清扫天花板、通风口等高处设备、设施、物品时，要架梯子或借助凳子；擦外层玻璃时，必须系好安全带，以避免发生事故。

（四）重视卫生监督，抓好检查工作

对于计划卫生的实施执行情况，饭店有关部门和领导要予以监督，有关各级人员要做好检查工作，如发现问题要及时返工。检查层次包括服务员的自身检查，领班的认真检查，质量检查小组的严格审查，甚至饭店高层领导的定期或不定期巡查。总之，重视卫生监督，抓好检查工作，是保证计划卫生符合标准的重要环节，是计划卫生管理的重要内容。

任务二　客房计划卫生与保养的操作

客房的计划卫生与保养不包括客房日常卫生项目，范围主要指客房内平时不容易清扫的地方，需要酒店对进行清扫的内容制订统一的计划方案。凡是有计划、定期清扫的客房项目，统称为酒店的计划卫生。

一、家具上蜡

一般家具都是使用的泡力水漆，再罩上几层蜡壳或其他上光树脂。为了保护家具并使其保持光洁度，除平常经常用软抹布进行揩擦以外，还需要定期（6个月左右）对客房内的家具上光打蜡。家具上光打蜡一般可以分为三道工序。

（一）除尘

在上蜡前，首先要将家具上的浮尘或各种污渍清除干净。

（二）上蜡

家具擦干净后，用细软布包上白蜡或与家具颜色相近的其他上光蜡，轻轻抹在家具表面上，上蜡时要用力均匀，蜡层厚薄要均匀。

（三）打光

上蜡后，稍过一段时间（根据季节、气候和蜡层厚度）用干净的细软绒布反复揩擦，使之发光。与地板打蜡一样，家具打蜡最好也选择在晴朗干燥的气候条件下进行，以保证打蜡的质量。

知识拓展

如何让木制家具长久如新

因为木制家具的材料是天然木材，也就具有植物的特性，所以木制家具摆放时不能靠近暖气，也不能放在十分潮湿的地方。如果家具要搬动，放置时一定要放平放稳，最好在家具落地的四个角，用专门的垫脚垫好，这样可以保持家具的结构稳定。木制的衣橱里或者桌子上别放置过多的物品，以减少家具的承重量。

保养木制家具，还要勤擦拭，不过抹布可千万不能用热水、碱水或者消毒水冲洗，那样会破坏家具表面的漆。最好用掸子掸去表面的浮土，或用潮湿的细布擦拭。木制家具要定期上蜡打光，这样能增强家具表面耐潮耐晒的性能。

家具用久了，难免会有刮痕，木制家具要是出现凹痕，可以先用湿布擦拭，过一阵看看是否因吸收水分而稍微膨胀，如果没有什么变化，就可以在家具上垫上湿布，用熨斗低温熨，使凹进去的地方膨胀起来，然后用细砂纸磨平即可。要是木制家具上有刮痕，可以涂上鱼肝油，过一天后再擦拭就行了。如果木制家具用久了面漆失去光泽，可以用半杯清水加 1/4 杯醋,或者是用酒精、花露水、茶水,蘸在细软的布上擦拭一两次,再擦一遍地板蜡,就可以使木制家具恢复光彩。用这种方法还可以祛除在漆面上被烫发白的痕迹。

二、地板打蜡

酒店的地板,尤其是木质地板,一般都需要打蜡。地板打蜡不仅是酒店一项经常的清洁工作,也是保护酒店地板,提高其使用寿命的措施。客房地板一般一个季度打蜡一次,由酒店客房部制订计划定期打蜡。一般需要五个步骤。

(一) 打蜡

选择干燥晴朗的天气。打蜡前,在需要打蜡的区域内,将家具集中堆放在指定地点,并把地毯卷起。然后,准备齐全打蜡的工具和用品,放在方便取用的地方。

(二) 砂擦

砂擦,一种是将钢丝绒放在脚下或蜡把下,做前后擦动;另一种是机械砂擦,即把钢丝绒放在摩擦机下,做圆周运动。具体有四种:

(1) 顺缝擦。地板都是由条状木板拼成的,拼缝中容易镶嵌污物。因此,必须顺缝擦。如果横向砂擦,就有可能将地板擦伤。

(2) 依次擦。砂擦地板时,不论是单人操作还是集体操作,都要从里到外、从左到右(或从右到左)依次进行。方块形地板,要一块一块地擦,既能防止遗漏、保证质量,又能提高工作效率。

(3) 分档擦。砂擦地板,要分清情况轻重有异。电梯口、门口和主要走道等地方要擦重一点,床和家具底下的地板,要擦轻一点;有污渍的地方要擦重一点,比较干净的地方要擦轻一点。这样分档砂擦,能使砂擦后的地板颜色深浅接近,光洁度基本一致。

(4) 均匀擦。无论是地板的中间部位,还是四周和踢脚板处,都必须用力均匀,来回平直,前后运动幅度适当,并要防止钢丝绒触进安装在踢脚板上的电源插座内,造成输电线路短路甚至危及人的生命。

(三) 除尘

地板擦砂后,还必须将灰尘扫除干净。① 四壁除尘。砂擦后的地板要用扫帚粗扫一遍,然后将画镜线、吸顶灯、门框、空调出风口和边框的浮尘擦干净,并擦干净踢脚板。② 地板除尘。四壁除尘后,要将地板仔细扫一遍,再用油拖或半湿的水拖把拖净,使地板洁净无尘。

(四) 上蜡

先用布把蜡包扎起来,扎成碗口般大小,然后用手工在砂擦干净的地板上揩蜡,揩蜡的方法可以分为以下三种:

(1) 看气候揩蜡。气候和季节的变化,对揩蜡有一定的影响。冬季打蜡需揩得厚一些,夏季揩得薄一些。要做到在不同季节和气候条件下揩得厚薄得当。

（2）分部位揩蜡。楼梯口、门口、走道等，凡是经过重砂擦的地方，蜡要揩得厚一些；家具底下、床底下以及铺有地毯处可以揩得薄一些。

（3）顺拼缝揩蜡。方块形地板，要一块一块地揩；人字形地板，要一行一行地揩。顺着地板拼缝揩蜡，可以揩得更均匀。

（五）打光

揩过蜡的地板，需要经过摩擦后才能发光发亮。打光的工具有两种，一种是人力拖擦的棕刷铁拖把；一种是棕刷电动磨光机。现在，很多酒店使用的是磨光机，铁拖把只是作为一种补充工具。不管使用的是哪种工具，都应该注意以下操作方法和要求：

（1）掌握时机：上蜡后，不能马上打光，也不能间隔时间过长，必须在蜡稍干后进行。如果过早、过湿，蜡就容易磨脱，打光机的棕刷也容易被黏住、结块；如果过迟、过干，蜡就会变硬结块，地板不容易打光。从上蜡到打光，究竟需要间隔多少时间为好，要根据气候和季节、蜡的质量和上蜡的厚度等多种因素进行考虑，最后决定。

（2）纵横交叉：打光机先从外到里横向磨，再擦着地板缝纵向磨，这就是纵横交叉的打光方法。这种方法能使地板受磨均匀，能使各种大小不等、形状不同、方向不一的凹凸面都能摩擦到，使地板的光亮达到最佳程度。

（3）边角补打：对于打光机不容易擦到的边边角角，要用铁拖把补打。打光结束后，要用软拖帚将地板清扫一遍，扫去蜡屑，再用油拖把拖一遍，使地板洁净光亮。然后将地毯、家具等恢复原样。

三、擦窗

擦窗是定期清洁工作中的重要内容。客房部员工需要经常擦洗各种类型的窗户。擦窗前先用刷帚将窗框架上的浮灰擦去，用湿布揩净，再擦玻璃。擦玻璃的方法有粉擦、水擦、干擦和油擦四种。

（一）粉擦

将清洁剂散在湿布上，在窗玻璃上揩擦。这种方法一般用于擦比较脏的或有重污渍的部位，在擦玻璃的第一道工序中使用。

（二）水擦

用不同质的水把揩布打湿后，在窗面上揩擦，对于有油腻的窗玻璃，用去污剂揩擦；对于一般窗玻璃，用清洁剂或清水揩擦，抹布的湿度要适宜，防止因抹布滴水影响壁画等其他酒店设施。

（三）干布擦

粉擦或水擦后的玻璃窗，最后要用干布擦净，干布要用质地软硬适中、光滑无毛、容易吸水的布，擦时根据先中间后四角或先四角后中间的顺序反复揩擦，直到玻璃窗面揩净为止。

（四）油擦

铜质的窗把手,需要将揩布醮上铜油揩擦,再用软干布加少量去污粉揩擦,这样能使铜把手发光发亮。但对于古铜把手,就不能这样揩擦,只需要擦去表面的灰尘就可以了。

擦窗时,应该特别注意安全。一定要选身体较好的员工进行这项工作。患有心脏病、高血压、眩晕症的员工,切忌高空擦窗,擦窗时一定要系好安全带,思想集中。由于擦窗是一项需要专业技术的工作,在酒店中最好组织一支擦窗专业队伍,配备专门的机械和工具,定期对酒店窗户进行打扫。

四、擦拭顶灯

客房顶灯、会议室顶灯和楼道顶灯等,除了平时定期擦拭其外表外,还应该一个月摘下灯具彻底清洗一次。

（一）准备

由于顶灯在高处,首先要准备梯子一个、螺丝刀一个、揩布两块(一块潮湿,一块干燥)。

（二）操作

擦顶灯罩或吊灯时,首先必须切断电源,然后摘灯,擦拭时先用潮湿布擦,然后用干布擦净,并轻轻用干布擦拭灯泡;严禁用湿布、湿手擦拭,防止危险事故发生。操作完毕,把灯具按原样装好。

（三）检查

装饰好灯具后,要开灯验收,如果发现灯泡或灯管不亮,马上登记下来,报告领班或通知工程部进行维修。

五、擦拭铜器

擦拭铜质设备,如铜质窗把手、铜质房间门牌号、铜质门把手时,首先用湿布擦去灰尘,然后用少许铜油揩擦,用干布沾少许牙粉重擦,使其发光发亮。对于古铜把手,只需要擦去铜面上的灰尘就可以了。

六、吸尘

由于酒店客房内部很多家具不能彻底清扫,所以要定期除尘。

（一）床软垫

掀起或搬开床的软垫进行吸尘。

（二）厚窗帘

在吸尘时如果发现窗帘很脏,可以将其摘下,送往洗涤组。

（三）软座椅以及沙发的靠垫

在吸尘时，将沙发的坐垫掀起彻底清扫。如果沙发有沙发套，应该将塞在沙发缝内的沙发套拉出吸尘（1星期1次）。

（四）床和家具下面的地毯

由于日常清扫难以触及，一般在客人离店退房后进行，但如果客人居住时间较长，应该一星期吸尘一次。

（五）客房内四周墙面

在清扫时，根据不同的墙面，采用不同的方法清扫，一般以掸为主。对于一些污渍处，应该根据不同的墙面使用不同的清洁剂进行处理。

复习与思考

一、多项选择题

1. 擦窗前先用刷帚将窗框架上的浮灰擦去，用湿布揩净，再擦玻璃。擦玻璃的方法有（　　）。

    A. 粉擦　　　　　　B. 水擦　　　　　　C. 干擦　　　　　　D. 油擦

2. 家具上光打蜡一般可以分为（　　）三道工序。

    A. 除尘　　　　　　B. 上蜡　　　　　　C. 打光　　　　　　D. 抛光

3. 掸蜡的方法可以分为（　　）三种。

    A. 看气候掸蜡　　　B. 分部位掸蜡　　　C. 看天气掸蜡　　　D. 顺拼缝掸蜡

4. 砂擦，一种是将钢丝绒放在脚下或蜡把下，做前后擦动；另一种是机械砂擦，即把钢丝绒放在摩擦机下，做圆周运动。具体有（　　）。

    A. 顺缝擦　　　　　B. 依次擦　　　　　C. 分档擦　　　　　D. 均匀擦

二、简答题

1. 简述客房计划卫生与保养的分类。
2. 客房计划卫生管理主要包括哪些？
3. 吸尘主要包括哪些环节？

三、案例分析题

会议厅内散发出的怪味

某公司一行三人前往一家四星级酒店，考察该酒店的会议场所，用来准备即将到来的公司年会。

一行人在酒店营销部经理的陪同下前往会议厅参观。会议厅的面积、设施设备、价格等因素都符合本次年会的要求，营销部经理也非常有信心完成本次合作。不过一行人在会议厅呆了一会儿后，总觉得有不对劲的地方。原来会议厅内不时散发着阵阵怪味，让人难受。追其根源发现，怪味是从地毯上发出的。

随后一行人委婉地向营销部经理表达了谢意，称会认真思考。自此之后，该公司再也没有联系过这家酒店,而是将年会定在另外一家酒店举行。

【分析提示】

清洁与保养是客房服务中的重要环节之一,干净、舒适的环境不仅是一个酒店的良好脸面,也是给客户留下好印象的一个关键。地毯的清洁和外观的历久弥新依赖于日常保养,正确的方法不仅可以延长地毯的有效寿命,也可给予客户更加舒适的体验。

根据以上案例,回答以下问题:

1. 该公司为什么改变年会地点?

2. 为了防止此类事件的发生,酒店客房部应该怎么做?

四、实践与训练

1. 实训项目:客房清扫、保洁。

2. 实训目的:在客房清扫过程中,能够使用各类清洁器具和科学的清洁方法清洁客房,并掌握使用房务工作车和简式吸尘器对地面吸尘。

3. 实训方法:多媒体和指导教师示范讲解,学生实训操作,然后教师再指导。学生之间先互评,教师后总结点评。

4. 所需实训设施的准备:客房一间、房务工作车、简式吸尘器、百洁布、拖把、多功能清洁剂、客房运作员工作表单。

5. 实训要求:能够按照客房清洁要求对客房地面、木制家具、房门及卫生洁具进行保洁。

6. 实训要点提示:各小组进行自评,根据测评表进行打分。教师评价,指出各小组成员的优点与不足。

7. 学习评价标准。

走客房清洁实训考核表

编号: 　　　　　　姓名: 　　　　　　　日期:

序号	考核内容	考核要点	评分标准	配分	得分
1	准备工作	1. 工作车停放的位置; 2. 吸尘器放置的位置	1. 工作车未停放在被清扫的客房门口,扣1分; 2. 吸尘器没有一并放在门口的一侧,扣1分; 3. 其他扣3分	5	
2	进房	1. 按进房程序进房; 2. 开门清扫作业直至清扫完毕; 3. 及时填写报表	1. 未按进房程序进房,扣2分; 2. 未将房门完全打开清扫,扣1分; 3. 未及时填写进房报表,扣1分; 4. 其他扣1分	5	
3	开窗换气观察	1. 开窗,关空调; 2. 检查房间设备有无异常; 3. 观察有无客人遗留物品; 4. 有问题及时向上级报告	1. 未开窗,扣1分; 2. 未关空调,扣1分; 3. 未检查空调是否正常,扣1分; 4. 未检查窗帘是否完好,扣1分; 5. 没有观察房间,扣1分; 6. 有问题未及时报告主管,扣1分; 7. 其他扣4分	10	

序号	考核内容	考核要点	评分标准	配分	得分
4	清理烟灰缸和垃圾	1. 清理烟灰缸； 2. 清理纸篓(垃圾桶)； 3. 清理房间垃圾或器皿； 4. 清理卫生间垃圾	1. 未按规定清理烟灰缸，扣1分； 2. 未按规定清理纸篓(垃圾桶)，扣1分； 3. 未按规定清理房间垃圾，扣1分； 4. 未按要求清理卫生间垃圾，扣1分； 5. 其他扣5分	10	
5	检查灯具与设施备	1. 检查所有灯具是否完好； 2. 检查门、窗、墙面、天花板、地毯以及各种家具是否完好； 3. 将报修记录报告领班	1. 未检查房间家具设备是否完好，扣4分； 2. 检查不全面，扣2分； 3. 未将报修记录报告领班，扣1分； 4. 其他扣3分	10	
6	撤掉脏布草	1. 逐层撤去床单； 2. 逐个检查布件有无损坏； 3. 有问题的布件单独放置； 4. 脏布件放置于工作车上	1. 未逐层撤单，扣2分； 2. 未检查布件，扣2分； 3. 未将有问题的布件单独放置，扣1分； 4. 未将脏布件放置于工作车上，扣1分； 5. 其他扣4分	10	
7	抹尘检查设备	1. 抹尘的顺序； 2. 抹尘的同时检查调试设备； 3. 抹尘用的抹布干湿分开	1. 抹尘的顺序混乱，扣2分； 2. 抹尘时忘记检查调试设备，扣2分； 3. 抹尘与检查设备作业时有遗漏，扣1分； 4. 抹布干湿混淆，扣1分； 5. 其他扣4分	10	
8	补充客用品	1. 补充客用物品用干净托盘带进消毒过的茶具、杯等； 2. 更换添补物品均应无水迹和污迹	1. 补充的客用品数量不足，扣2分； 2. 客用品摆放位置不规范，扣2分； 3. 客用品补充有遗漏，扣2分； 4. 其他扣4分	10	
9	吸尘	1. 吸尘按地毯表层毛的倾倒方向进行吸尘，由里到外方向与顺序； 2. 吸尘的同时调整家具与摆件	1. 未按由里到外方向吸尘，扣1分； 2. 吸尘时有遗漏之处，扣1分； 3. 吸尘时未关窗拉上窗帘，扣1分； 4. 没有调整好家具摆件，扣2分； 5. 其他扣5分	10	
10	审视房间整体效果	1. 环视整个房间是否打扫干净； 2. 检查物品摆放规格是否到位； 3. 检查是否有抹布等遗留在房内； 4. 发现有漏项应及时改正； 5. 房间整体效果美观并符合要求	1. 未环视整个房间是否打扫干净，物品摆放规格是否到位，扣2分； 2. 有抹布等遗留在房内，扣1分； 3. 发现有漏项未及时改正，扣1分； 4. 房间整体效果有缺陷，扣2分； 5. 其他扣4分	10	

序号	考核内容	考核要点	评分标准	配分	得分
11	离开房间填写工作报表	1. 撤离所有清扫房间的工具放回到工作车上； 2. 关灯； 3. 锁门； 4. 填写工作报表	1. 在房间遗留清扫房间的工具，扣2分； 2. 未关灯，扣1分； 3. 锁门前未对门锁及门锁孔进行检查，扣1分； 4. 未及时在工作报表上记录出房时间，扣1分； 5. 其他扣5分	10	
		合　计		100	

实际得分：　　　　　　　　　　　　　教师签字：

项目三　客房消杀工作

学习目标

通过本项目学习,你要……
◆ 了解客房消毒的要求;
◆ 掌握客房消毒的基本方法;
◆ 了解酒店客房产生虫害的原因;
◆ 掌握酒店客房虫害防治的方法。

知识概览

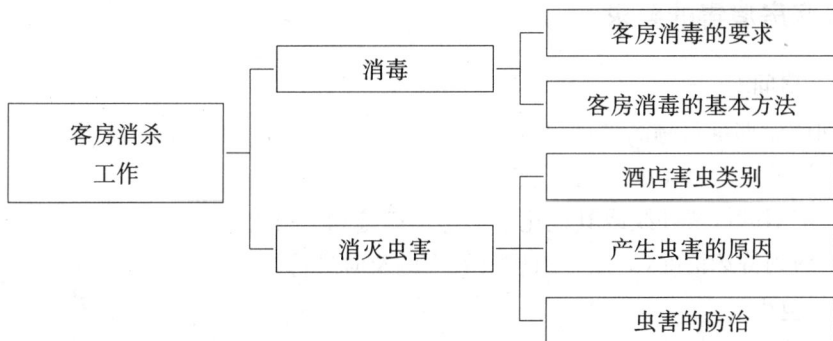

案例导入

星级酒店捕鼠记

9 月 27 日上午,三亚的陈先生向酒店投诉称,他的好朋友董先生入住到亚龙湾的××酒店后,一只老鼠却突然从冰箱底下跑出来,把董先生"吓得"连夜退房另换一家酒店入住。而该酒店相关负责人称,"老鼠事件"发生后,酒店方不但当面向董先生赔礼道歉,还免去了其当晚的近 2 000 元房费。

据陈先生介绍,9 月 6 日上午,他得知好朋友董先生要从湖北到三亚旅游后,到亚龙湾的××酒店订了一间客房,同时交了 2 000 元押金。不料,董先生在当晚 23 时许入住该酒店打开冰箱欲拿饮料喝时,一只小老鼠突然从冰箱底下跑出来。尽管董先生被老鼠吓了一跳,但他还是马上对老鼠进行"捕杀"……

打死这只小老鼠后,董先生便立即通知服务员,该服务员则马上将此事汇报给该酒店的值班经理。然而,令董先生感到不爽的是,当其问该值班经理如何处理此事时,该值班经理只是淡淡地说了一句："只能赔钱处理!"对此,董先生便打电话给他,并告知他此事的来龙去脉后,连夜退房另换了一家酒店入住。

任务驱动

1. 酒店应该怎么处理案例中的问题?
2. 酒店怎样才能减少此类事件的发生?

任务一 消 毒

消毒是酒店清洁卫生工作的一项重要内容,是预防各种疾病流行,确保客人健康的有效措施。在客房的消毒工作中,每位员工必须明确消毒的目的,掌握基本的消毒方法和操作程序。

一、客房消毒的要求

(一) 房间

房间应定期进行预防性消毒,以保持房间的卫生,防止疾病的传播。

(1) 每天进行通风换气、日光照射。

(2) 定期进行紫外线或其他化学消毒剂灭菌和灭虫害。

(3) 遇到特殊情况,如住客患病或死亡应及时进行消毒。

(二) 卫生间

卫生间的设备用具易沾染病菌,因此必须做到每天彻底清扫卫生间,定期消毒,保持整洁。

(1) 卫生洁具每换一位住客必须进行严格消毒。

(2) 清洁卫生间的用具应和清洁房间的用具分开;清洁卫生间不同洁具的用具和清洁地面的用具也应分开。

(三) 杯具

(1) 客房内用过的杯具应每日一换,送楼层消毒间进行严格的洗涤消毒。严禁服务人员私自删略消毒过程。

(2) 楼层应配备消毒设备和用具。

(3) 杯具消毒后取出放入柜内,套上杯套或用消过毒的干净布巾覆盖,防止二次污染。

(四) 其他客房用品

(1) 床单、枕套及卫生间五巾在洗涤过程中应按规定进行消毒。

(2) 其他客房用品要求无污渍、无污染,或密封包装。

(五) 客房工作人员

(1) 严格实行上下班更换工作服制度。

(2) 清扫客房时,双手应尽量少触摸物品,尤其是茶、水杯具、酒具、各类布草等经过严格消毒的物品。

(3) 清理卫生间时,应戴好胶皮手套。

(4) 注意个人卫生。

(5) 定期检查身体,防止疾病传染。

(六) 清洁用具

各种抹布最好送洗衣房洗涤、消毒。

二、客房消毒的基本方法

(一) 房间的消毒方法

1. 通风与日照法

(1) 室外日光消毒,利用阳光的紫外线作用,可以杀死一些病菌,如定期翻晒床罩、床垫、被褥等。这既可起到消毒作用,又可使其松软舒适。

(2) 室内采光,是指让阳光通过门窗照射到地面,以杀死病菌。例如,冬季 3 小时日照,夏季 2 小时日照,即可杀死空气中大部分致病微生物。

(3) 通风,可以改善空气环境,还可以防止细菌、螨虫等的滋生。因此,在客房清洁时,应开窗、开房门,使房内空气对流,达到消毒的效果。

2. 擦拭消毒法

服务员清扫完客房后,可定期用化学消毒液擦拭客房家具设备。例如,用 10% 浓度的碳酸水溶液或 2% 浓度的来苏水溶液擦拭房间家具设备。消毒完毕,紧闭门窗约 2 小时,然后进行通风,即可达到消毒目的。

3. 喷洒消毒法

为避免对人体肌肤的损伤,有时可采用喷洒消毒液(剂)的方法消毒。例如,用浓度为 1%~5% 的漂白粉澄清液对房间死角进行消毒,或用空气清新剂、"杰雪"消毒剂进行喷洒("杰雪"的有效成分是戊二醛,无刺激气味,不腐蚀金属,对皮肤无刺激,能迅速杀死甲肝、乙肝等病菌)。

(二) 卫生间的消毒方法

1. 通风法

每次清洁卫生间时,一定要打开换气扇,改善卫生间的空气环境,防止细菌和螨虫等的滋生。

2. 紫外线消毒法

一般在卫生间内安装 30 W 紫外线灯管一支,距离地面 2.5 m 左右,每次照射 2 小时,可使空气中微生物减少 50%~70%,甚至可达 90% 以上。

3. 擦拭消毒法

（1）用浓度为 2％～3％的来苏水或"84"消毒液擦拭卫生洁具。消毒完毕，紧闭门窗约 2 小时，然后进行通风。

（2）在日常工作中用含消毒功效的清洁剂擦洗卫生洁具，用清水冲净，然后用干净的专用抹布擦干，亦可达到消毒的目的。

4. 喷洒消毒法

用浓度为 1％～5％的漂白粉澄清液对卫生间进行喷洒消毒，但禁止漂白粉与酸性清洁剂同时使用，以免发生氯气中毒。

（三）杯具的消毒方法

1. 高温消毒法

（1）煮沸消毒法。将洗涤干净的杯具置于 100 ℃的沸水中，煮 15～30 分钟即可。此法适合于瓷器，但不适合玻璃器皿。

（2）蒸汽消毒法。将洗涤干净的杯具放在蒸汽箱中，一般蒸 15 分钟即可达到消毒的目的。此方法既适合瓷器，又适合玻璃器皿。

2. 干热消毒法

干热消毒法主要是通过氯化破坏细胞原生质，致使微生物死亡的消毒法。目前，客房楼层常用的消毒柜多属此类。操作程序是将洗涤干净的水杯酒具放入消毒柜，将温度调至 120 ℃，时间调为 30 分钟即可。

3. 浸泡消毒法

使用浸泡的方法消毒，必须把化学消毒剂溶解，同时严格按比例调制好，才能发挥效用。浸泡消毒的操作方法是：将杯具用洗涤剂洗刷干净后，放入消毒溶液中浸泡 5 分钟，再用清水冲洗干净并沥干或擦干即可。擦拭时，应注意使用干净并经过消毒的杯布，服务人员的双手不能碰到杯子。

常用的化学消毒溶剂有：

（1）氯亚明，配制浓度为 3‰，配好的溶液只能使用一天，对金属器皿有褪色或腐蚀作用；

（2）漂白粉，配制浓度为 3‰，搅拌均匀后使用；

（3）高锰酸钾，配制浓度为 0.5％，水溶液为紫红色，如果溶液变成黄褐色，则应更换新液，可用于水杯、酒具和水果消毒；

（4）"84"消毒液，配制浓度为 0.2％～0.5％，能快速杀死甲（乙）型肝炎、脊髓炎病毒和细菌芽胞等各类病菌；

（5）TC‑101，配制浓度为 0.2％～0.5％（每千克水放 2 片 TC‑101），须浸泡 15～20 分钟才可达到消毒的目的。

任务二　消灭虫害

防治客房虫害是关系到客人和酒店员工身体健康的一件大事,也是酒店,尤其是客房部的一项不容忽视的工作。

一、酒店害虫类别

一般酒店常见的害虫有以下三类:
(1)昆虫类——苍蝇、蚊子、蟑螂、臭虫、跳蚤、蠹虫、虱子、螨虫、甲虫、白蚁等。
(2)啮齿类——老鼠等。
(3)菌类——霉菌等。

二、产生虫害的原因

(一)内部原因

几乎所有害虫的生存环境都需要两个基本条件,即一定的温度和一定的湿度,而食物和水又是其生存和繁衍的必要条件。如果酒店内有通风不佳、环境潮湿、残羹剩饭乱倒、垃圾清理不及时、新鲜食物控制不当等现象,就会给害虫的滋生和蔓延创造条件。

(二)外部原因

一些外界因素也能给酒店造成虫害。例如,附近有建筑物拆迁和公共设施整修、每天有各种车辆和物资进出、房间装修、人员流动等,都可能带来害虫。客房卫生因为备受管理人员的重视而总能窗明几净,但内部仍可能有害虫,如苍蝇、蚊子、蟑螂、螨虫、甲虫和蠹虫等,所以客房虫害的防治工作同样不容忽视。国际酒店专家建议对客房应进行每月一次的虫害控制和处理工作。

三、虫害的防治

了解了产生虫害的原因,就可以有针对性地采取防治措施。由于这是一项专业性很强的工作,需要在专业人员的指导下,采用适当的药饵、器具和方法进行杀灭工作。同时,要认识到,虽然灭虫害的新药剂和新方法不断问世,对于抑制虫害起了很大的作用,但并不能一劳永逸。所以客房部应认真搞好酒店的环境卫生,控制好各个环节,消灭卫生死角。

我们可以从预防虫害的发生入手,如货物必须经过检查;吃剩的食物不许乱丢,要放进垃圾袋统一存放;垃圾房要严格管理,定期消毒;地下室、库房、阳台等角落必须保持整洁、通风并搞好计划卫生;搞好后台区域的室内环境卫生,包括办公室、员工食堂、宿舍、更衣室等;要注意员工的个人卫生。

几种常见虫害的防治方法如下所述。

（一）苍蝇

苍蝇活动范围广，食性杂，飞返于污物和食物之间，不仅造成食物污染，还会传播疾病，如腹泻、胃肠炎、伤寒、痢疾、霍乱等。如有苍蝇飞入室内，定会扰乱客人的心情，影响宾客的休息。防治苍蝇的一般方法有：

（1）经常开启的窗户要安装纱窗。

（2）及时处理残剩的食品包装物。

（3）垃圾桶要盖严并经常彻底清理。

（4）经常喷洒杀虫剂，安装电子灭蝇灯。

（5）夏秋季要特别注意垃圾房、垃圾桶（泔水桶）和酒店外围环境卫生，定期清洁消毒，消灭或破坏苍蝇的滋生条件和生存环境。

（二）蚊子

蚊子喜欢停留在阴暗潮湿、不通风、无烟熏的地方，床下、柜后也是其藏匿之所。它们不仅叮人吸血，扰人休息，还可传播丝虫病、流行性乙型脑炎、疟疾等疾病。防治蚊子的一般方法有：

（1）保持室内外环境清洁，消灭蚊子滋生的死角，如废旧容器、臭水沟等。

（2）安装纱门、纱窗。

（3）定期喷洒杀虫剂。

（4）在室内外合适地点安置灭蚊灯，诱杀成蚊。

（三）老鼠

老鼠繁殖力极强，酒店内外较多见的褐家鼠和小家鼠一年四季均可繁殖，孕期只有3周，每胎可产4～8只或6～10只。老鼠的活动高峰是在早晚；喜欢以松土、垃圾、废纸、草茎等建巢；会啃坏木制品、塑料制品、管道和电缆等；还偷吃和污染食物，散布疾病，如引起食物中毒、斑疹伤寒、流行性出血热和鼠疫等。防治老鼠的一般方法有：

（1）堵塞所有可供其出入的洞口。

（2）及时清除所有能供其做巢的废料、垃圾。

（3）保持环境卫生，尤其厨房要对食品妥善存放。

（4）投放鼠药。鼠药种类多，效力和后果相差很多，应请专业人士指导或与酒店所在社区配合，共同做好灭鼠工作。

（四）蟑螂

蟑螂通常是躲在盒子、食品或行李中进入客房的。喜欢温湿的环境，如卫生间、厨房、水管附近等。食性杂，吃几乎所有的食物，而其排泄物又会使食物变质。它们不仅散发臭味，还会带来食物中毒和其他一些疾病。防治蟑螂的一般方法有：

（1）保持环境清洁，食物要收藏好，死角要定期打扫。

（2）向有蟑螂出没的地方，如管道口、水池等处喷洒专门杀虫剂。

（3）请有经验的专家指导或委托专业公司布放药物、诱饵。

（五）甲虫

常见的有地毯甲虫和家具甲虫。地毯甲虫的危害及防治方法与合虫类相似。家具甲虫的幼虫常被称为蛀虫。蛀虫是随货物包装、木料、旧家具等进入酒店的,幼虫三年之后化为成虫离开,但会在家具上留下一条条洞径,可能还留下了后代,继续啃食家具木料,加速其朽蚀过程。防治甲虫的一般方法有:

（1）保持家具及其他木制品表面清洁,并对其进行油漆、打蜡。

（2）用专门杀虫剂喷涂所有可能发生虫害的地方,如底座、背面和抽屉里壁等,如发现已有蛀洞,要用杀虫剂灌满。

（3）定期使用有杀虫、防虫作用的抛光蜡剂。

（六）蠹虫

蠹虫喜欢以羊毛、毛皮、毛发和革制品等为食物,常常造成织物表面及干果类的蛀洞。不干净的毛毯、衣物、皮革、干果以及软木类都可能招引蠹虫。防治蠹虫的一般方法有:

（1）保持衣物、布料、床上用品、皮革制品及软木制品等干净无异味。

（2）储存以上物品时,要将其密封于聚乙烯口袋中,并存放在衣橱或抽屉等阴凉处。

（3）在储存物中放入樟脑丸、精萘等防蛀药物,或在衣橱等处挂放驱虫药盒或药带。

（4）经常清洁地毯,并定期在地毯边缘和家具底下喷洒灭虫药剂。

（5）对新买的地毯进行防蛀处理(纯化纤地毯不需要)。

（七）螨虫

螨虫只有1～2毫米大,除非聚集了相当数量,否则是难以察觉的。螨虫喜欢生活在有食物、皮屑而且潮湿的地方,如褥下、衣柜里。它不仅可以使食物变质,使装饰物轻度损坏,还能引起人体的过敏性疾病,如哮喘病等。防治螨虫的一般方法有:

（1）改善室内通风效果。

（2）及时处理废弃食物及包装物。

（3）保持家具和床上用品的清洁,定期翻晒床垫等。

（4）定期喷洒杀虫剂。

（八）白蚁

白蚁喜欢在阴暗潮湿和不通风的地方生活,会严重危害竹、木制品,动植物织品,皮革制品,纸制品,化纤塑料制品等。家白蚁,一个群体可多达数十万只,发展快,危害极大。因此,一旦有迹象产生,要立即请专业人士指导防治。

防治白蚁的一般方法有:

（1）平时及时清除旧木料、建筑材料等,苫垫木料应涂防蚁油。

（2）在库房内定期喷洒专门杀虫剂或来蚁灵等。

（九）霉菌

霉菌喜欢生存于潮湿环境。造成菌害的主要原因是酒店设计施工时质量有问题，或维修保养不佳，如天花板漏水、墙壁渗水等。霉菌会造成墙纸变形或起翘、墙面涂料剥落或褪色、墙面上砖头或泥灰有盐花析出、物体长出绒毛状物来。防治菌害的有效方法是降低酒店的湿度，尽量控制在规定的标准之内。

复习与思考

一、不定项选择题

1. 房间的消毒方法主要包括（　　）。
　　A. 通风与日照法　　B. 室内采光　　C. 通风　　D. 避风

2. 蒸汽消毒法是指将洗涤干净的杯具放在蒸汽箱中，一般蒸（　　）分钟即可达到消毒的目的。
　　A. 5　　B. 10　　C. 15　　D. 20

3. 苍蝇活动范围广，食性杂，飞返于污物和食物之间，不仅造成食物污染，还会传播疾病，主要包括（　　）。
　　A. 腹泻　　B. 肠胃炎　　C. 伤寒　　D. 霍乱

4. 搞好后台区域的室内环境卫生，包括（　　）。
　　A. 办公室　　B. 员工食堂　　C. 宿舍　　D. 更衣室

5. 酒店常见的昆虫类病虫害主要包括（　　）。
　　A. 苍蝇、蟑螂　　B. 蚊子　　C. 臭虫　　D. 跳蚤

二、简答题

1. 简述客房消毒的基本方法。
2. 防治苍蝇一般可以采取哪些方法？
3. 杯具的消毒程序主要包括哪些？

三、案例分析题

凌晨老鼠咬伤食指

2014年5月7日，徐小姐与汪先生从泉州到福州入住位于八一七北路的××宾馆。8日凌晨5时许，一只老鼠通过窗户上的空调管道的缝隙爬进房间，将熟睡的徐小姐的左手食指咬伤，她当即联系宾馆服务员和保安，要求协调处理。保安说要到上午8点经理才在。好容易熬到8点，值班林经理前来了解情况后表示要与老板联系。半小时后，林经理带着一袋水果找到徐小姐，声称以个人名义表示歉意。当时徐小姐提出，派人陪同她到医院检查，并免收当晚住宿费。过了一个小时，宾馆表示仅同意满足其中一个条件。徐小姐无法接受，便于10点投诉到鼓楼区12315投诉服务台。

工商人员赶到现场，当即要求宾馆先安排人员陪同徐小姐前往省疾病预防控制中心。值班医生诊断：老鼠咬伤左手食指属危险部位，除注射疫苗外还必须注射血清，徐小姐须注射5支血清（每支180元），再加上7支疫苗，总共需1 100元左右。由于随行

的值班经理仅带 300 元,疾病控制中心只帮徐小姐消毒清洗了伤口。下午 2 点半,××宾馆张总经理终于陪同徐小姐前往省疾病预防控制中心,支付了 1 100 元医疗费。但当徐小姐打完针回宾馆办退房手续时,宾馆又违背了原先向工商人员答应的免收住宿费的承诺,仍然照收了住宿费。徐小姐对此十分不满。她再次到鼓楼区 12315 投诉服务台投诉,向宾馆提出精神赔偿,并要求宾馆当面赔礼道歉。

根据以上案例,回答以下问题:

针对以上案例,酒店处理方式是否合适? 酒店应该采取哪些措施防止此类事件的再次发生?

四、实践与训练

1. 实训项目:客房杯具消毒。

2. 实训目的:通过此次实训,掌握客房消毒的相关程序和方法。

3. 实训方法:多媒体和指导教师示范讲解,学生实训操作,然后教师再指导。学生之间先互评,教师后总结点评。

4. 所需实训设施的准备:客房一间、消毒液、杯具 5 套、消毒抹布、拖把、多功能清洁剂、客房运作员工作表单。

5. 实训要求:能够按照消毒要求,做好杯具消毒的的准备、操作及后续工作。

6. 实训要点提示:各小组进行自评,根据测评表进行打分。教师评价,指出各小组成员的优点与不足。

7. 学习评价标准。

小组名称				
考评地点				
考评内容	客房杯具消毒			
项目	操作要求	配分	自我评价	实际得分
听课认真程度	认真听讲,做好笔记,跟上上课节奏	15 分		
观看视频认真程度	认真观看视频,并积极练习	10 分		
模拟练习效果	能根据各模块要求,正确实施对客服务	60 分		
参与实训认真程度	能正确了解小组角色,积极参与实训	15 分		
合　计				

模块四 客房对客服务

项目一 迎宾服务

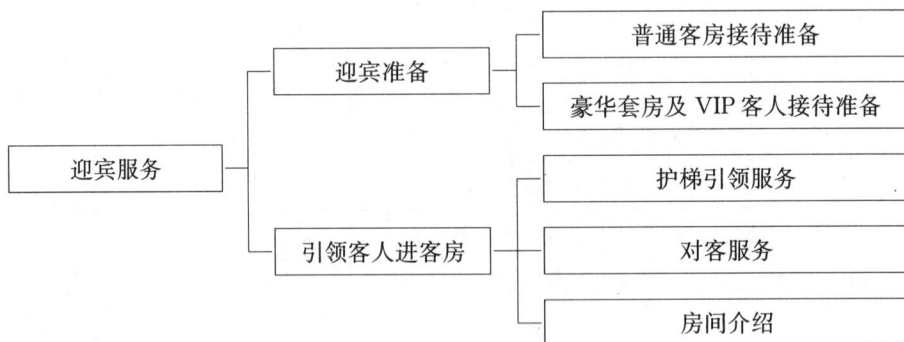

客人要求取消8折优惠?

一天下午,某外贸公司的唐经理在入住某酒店时要求给予优惠。前厅接待员在请示上级后,给予唐先生8折房价的优惠,唐先生入住302房间。

第二天早上,客房部清扫服务员小周准备清扫302房间时,发现唐先生没有起床,一问才知道唐先生的老毛病肩周炎突然发作,肩部疼痛得厉害,两手不能动弹。小周和另一名清扫服务员小韦商量后,主动提出陪唐先生去医院看病,并询问唐先生是否需要在生活上提供帮助。如果需要,她们不管是上班时,还是在下班后的业余时间都很乐意为他服务。唐先生连声称谢。

在唐先生住店的一周内,小周和小韦两位服务员数次轮流陪同唐先生去医院就诊,配合餐饮部做好唐先生客房送餐服务,甚至连发信息、打电话这类琐事也由她俩全部承担下来。唐先生非常感动,屡次要付小费给她们以表谢意,但都被两位服务员婉言谢绝。当唐朝先生离店结账时,他坚持要求取消原定的8折房价优惠,因为他认为在这样的酒店得到如此超值的服务,支付全价房完全值得,且理应如此的,但酒店还是按8折优惠为唐先生结账,唐先生深为感动。

任务驱动

1. 请评价服务员的做法。
2. 客人的行为是否合理?

目前,酒店之间的竞争非常激烈,许多酒店为吸引更多的宾客而采取房价打折优惠的促销方法。这样做的目的除了考虑到市场促销的作用以外,还含有酒店管理人员对某些客人表示尊重的意思。但应该注意的是给予客人折扣优惠后绝不意味着可以降低服务质量,因为服务质量是酒店的生命,只有为客人提供优质服务,酒店才有可能在客人的心目中树立良好的声誉,从而赢得客人。

有些客人在第一次住店时,可能要求酒店给予优惠,但在入住后发现酒店的服务质量好,在再次住店时也许就不再要求给予折扣。另外,单纯用折扣优惠的办法来招徕客人是不可取的,因为如果酒店的服务质量降低了,客人即使得到房价优惠,也是不会满意的。

任务一 迎宾准备

一、普通客房接待准备

(1) 根据住房通知单了解客人到(离)店时间、人数、接待单位、客人身份及生活标准、宗教信仰及风俗习惯,了解车、船、航班时间,了解收费办法。

(2) 根据客人的宗教信仰、生活特点、标准及规格,对客房进行布置(应检查客房布置是否合乎规范)。

(3) 为客人准备好各种消耗物品。

(4) 检查客房各种设备是否运转正常。

二、豪华套房及 VIP 客人接待准备

（1）接到住房通知单后，要了解客人国籍、到房时间、人数、性别、身份、接待单位等。

（2）按照客人要求布置好房间，并检查房间设施设备是否完好，各种开关、按钮、照明、音响是否完好，各种物品摆放是否整齐、得当。

（3）按照规定摆放好茶水、饮料及酒类。

（4）摆放好水果（果篮、洗手盅、水果刀、果盘、口布等）、鲜花，做夜床要放置夜床赠品，摆放好总经理名片及欢迎卡。

（5）客人到达前还应检查房间温度是否得当（根据季节调节），客人到后再按客人要求调节。

▦ 知识拓展 ◀

五星级酒店客房接待 VIP 和普通客人不同的地方

◆ 公司安排的客人、酒店金卡客户、社会知名人士、政府各级领导统称 VIP 客人。

◆ 接到前台 VIP 通知单，预定入住的提前 1 天文员与前台核对 VIP 客人的姓名、职务、所需房间总类，VIP 接待方主要负责人的姓名、职务、联系电话和其他方式，以及准确抵达时间。

◆ 服务员对 VIP 房进行仔细的清洁，VIP 房需是同类房中各方面都处于最佳状态的房间。

◆ VIP 客人抵达前 6 小时，领班、服务人员与设备运行人员对 VIP 房进行全面的检查，VIP 客人抵达前 2 小时客房主管和前台主管对 VIP 房进行最后的检查，根据接待需要摆放鲜花、水果、董事长名片、总经理名片，最后封房。

◆ 客房部指定服务人员为 VIP 客人服务。

◆ VIP 客人入住前 15 分钟，客房主管领班在电梯前等候，客人入住时由总经理及前台主管送入房间，服务人员在门口迎候，客人进入房间后将茶水倒好送上。

◆ 文员与前台再次确认 VIP 客人的姓名、职务、所需房间总类，VIP 接待方主要负责人的姓名、职务、联系电话和其他方式，以及准确离店时间。了解 VIP 客人的作息时间，是否要叫醒服务，确定清洁时间及有无其他特殊要求。

任务二　迎领客人进客房

客房服务的迎接工作是在客人乘电梯上楼进房间时进行的。客人经过长途跋涉，抵达后一般比较疲惫，需要尽快妥善安顿，以便及时用膳或休息。因此，这个环节的工作人员必须热情礼貌、服务迅速，分送行李准确，介绍情况简明扼要。

一、护梯引领服务

（1）服务员站在电梯间一侧，保持良好的站姿，面带微笑，表现自然大方。领班面带微笑站在电梯间另一侧做好迎客工作。

（2）电梯门开后，服务人员用手护住电梯门（以防电梯夹住宾客），并主动向宾客致欢迎词："您好/早上好/中午好/晚上好，欢迎光临"等，致词后，应向宾客行鞠躬礼（切忌边说边鞠躬）。鞠躬时，颈不能弯，应与背成平面，眼睛注视对方的脚尖即可。无行李员引领时，服务员应帮助客人提拿行李至客房。

（3）服务人员面带微笑询问宾客的房间号，确认宾客的房间后，打出手势明确方向并说："您这边请"（手势规范：肘关节低于肩略弯，手腕与手成直线并低于肘关节，手伸直与地面成45度，指引远方时，手腕与肘关节及肩成一条直线），引领宾客进入房间（引领规范：走在宾客的左前方或右前方一米左右，随宾客步伐前进，转弯或台阶处要回头向宾客示意，引领宾客到目的地时，应请宾客出示房卡钥匙，确定后为宾客开门，打手势请宾客先进）。

注：VIP宾客房间门已开过，可请宾客直接进入房间。

（4）宾客外出需要乘坐电梯时，服务人员首先要征询宾客意见："先生/小姐您好，请问您是上楼还是下楼？"得到宾客答复后，主动为宾客按动电梯按钮，电梯门开后，服务人员向前跨一步，用手护住电梯门，请宾客进入电梯，微笑着面向宾客至电梯门关闭。

二、对客服务

（1）待宾客进入房间后，服务人员紧跟进入宾客房间递上湿巾和茶水。

（2）服务人员在递香巾时，右腿向前半蹲，用香巾夹夹住双层折叠处的一角，将毛巾抖展开，送至宾客手腕上并说："您请用湿巾。"

（3）服务人员上茶水时，右手端茶杯，将茶杯放在茶几上，杯把稍倾45度朝向宾客的右手（水八分满为宜），打手势请宾客饮用。

（4）服务人员将宾客用过的湿巾用香巾夹夹住放入托盘内撤出房间。

三、房间介绍

（1）服务人员为宾客介绍服务时要面带微笑，自然大方，使用普通话。

（2）服务员征求客人意见是否为其介绍房间，待同意后为客人介绍房间设备。

（3）为客人介绍：空调开关、热水壶、服务指南、酒店特色服务及服务电话号码、拨打外线方法等，最后询问客人是否需要帮忙，并预祝客人居住愉快。

（4）服务人员离开房间时，面向宾客微笑后退一步，转身离去，轻关房门。

案例分析

小龚的迷茫

服务员小龚第一天上班,被分在酒店主楼 12 层做值台,由于她刚经过三个月的岗位培训,对做好这项工作充满信心,自我感觉良好。一个上午的接待工作确也颇为顺手。

午后,电梯门打开,"叮当"一声走出两位港客,小龚立刻迎上前去,微笑着说:"先生,您好!"她看过客人的住宿证,然后接过他们的行李,一边说:"欢迎入住本酒店,请跟我来。"一边领他们走进客房,随手给他们沏了两杯茶放在茶几上,说道:"先生,请用茶。"接着她又用手示意,一一介绍客房设备设施:"这是床头控制柜,这是空调开关……"这时,其中一位客人用粤语打断她的话头,说:"知道了。"但小龚仍然继续说:"这是电冰箱,桌上文件夹内有入住须知和电话指南……"未等她说完,另一位客人又掏出钱包抽出一张面值 10 元的外汇券不耐烦地给她。霎时,小龚愣住了,一片好意被拒绝甚至误解,使她感到既沮丧又委屈,她涨红着脸对客人说:"对不起,先生,我们不收小费,谢谢您!如果没有别的事,那我就告退了。"说完便退出房间回到服务台。

此刻,小龚心里乱极了,她实在想不通:自己按服务规程给客人耐心介绍客房设备设施,为什么会不受客人欢迎。

【分析提示】

小龚对客人积极主动的服务热情首先应该充分肯定,她按服务规程不厌其烦地给客人介绍客房设备设施,一般说也并不算错(客人给她小费,本身也包含了对她服务工作的肯定,说明她所做的工作并没有错)。但是,服务规程里提到要因人而异灵活运用,掌握服务分寸。这样来看,小龚对两位港客太地道的服务有欠妥之处。

显然,将客房的常用设备设施甚至普通常识详细介绍给绝非初涉宾馆的档次较高的港客,是大可不必的,特别是当人已显出不耐烦时,还继续唠叨,那更是过头了,这会让客人感到对方以为他们未见过世面而在开导他们,使其自尊心受到挫伤;或者误解服务员是变相索要小费,从而引起客人的不满和反感。好心没有办成好事,这是满腔热情的小龚始料未及的,其中蕴含的服务技巧问题,值得酒店同行沉思和探讨。

复习与思考

一、不定项选择题

1. 接到 VIP 客人住房通知单后,要了解客人的(　　)等。

　　A. 国籍　　　　　　B. 人数　　　　　　C. 身份　　　　　　D. 接待单位

2. 摆放好水果除果篮外,还要提供(　　)。

　　A. 洗手盅　　　　　B. 水果刀　　　　　C. 果盘　　　　　　D. 口布

3. 服务人员上茶水时,右手端茶杯,将茶杯放在茶几上,杯把稍倾(　　)度朝向宾客的右手(水八分满为宜),打手势请宾客饮用。

  A. 40   B. 45   C. 50   D. 55

二、简答题

1. 普通客人接待准备程序包括哪些?

2. VIP 客人接待准备程序包括哪些?

3. 简述多客服务房间介绍环节。

4. 引领客人进房时,对客服务主要包括哪些?

三、案例分析题

客人离店被阻

  北方某宾馆,一位四十来岁的客人陈先生提着旅行包从 512 房间匆匆走出,走到楼层中间拐弯处服务台前,将房间钥匙放到服务台上,对值班服务员说:"小姐,这把钥匙交给您,我这就下楼去总台结账。"却不料服务员小余不冷不热地告诉他:"先生,请您稍等,等查完您的房后再走。"一面即拨电话召唤同伴。李先生顿时很尴尬,心里很不高兴,只得无可奈何地说:"那就请便吧。"这时,另一位服务员小赵从工作间出来,走到陈先生跟前,将他上下打量一番,又扫视一下那只旅行包,陈先生觉得受到了侮辱,气得脸色都变了,大声嚷道:"你们太不尊重人了!"

  小赵也不答理,拿了钥匙,径直往 512 号房间走去。她打开房门,走进去不紧不慢地搜点:从床上用品到立柜内的衣架,从衣箱里的食品到盥洗室的毛巾,一一清查,还打开电控柜的电视机开关看看屏幕。然后,他离房回到服务台前,对陈先生说:"先生,您现在可以走了。"陈先生早就等得不耐烦了,听到了她放行的"关照",更觉恼火,待要发作,或投诉,又想到要去赶火车,只得作罢,带着一肚子怨气离开宾馆。

  根据以上案例,回答以下问题:

  服务人员的做法是否合理? 假如您是服务员应该怎么做?

四、实践与训练

1. 实训项目:VIP 宾客接待服务。

2. 实训目的:通过"VIP 客人接待"实训项目实训,实训者基本掌握从 VIP 客人抵店前的准备、客房布置、入住接待,到 VIP 客人离店的送别,一个完整过程的服务内容和操作标准。

3. 实训方法:多媒体和指导教师示范讲解,学生实训操作,然后教师再指导。学生之间先互评,教师后总结点评。

4. 所需实训设施的准备:实训场地(建议在全真的实训环境中进行),茶具、香巾、水果、名片、鲜花(已造型)等,VIP 客人接待通知书,模拟客人及大堂副理、主管、领班、接待服务员的角色。

5. 实训要求:掌握客人抵店时引领带房的程序、标准和操作要领。

6. 实训要点提示:各小组进行自评,根据测评表进行打分。教师评价,指出各小组成员的优点与不足。

7. 学习评价标准。

VIP 宾客接待服务实训考核表

编号：　　　　　姓名：　　　　　　　日期：

序号	考核内容	考核要点	评分标准	配分	得分
1	准备工作	以 3～4 人为一小组，事先在教师指导中做好接待用品的准备。如插花、模拟总经理的欢迎信、水果篮或水果盘等	（1）根据 VIP 客人通知单了解 VIP 接待等级。 （2）根据 VIP 通知单确认房号，抵达时间、人数，是否有特殊要求等。 （3）准备总经理欢迎信（由小组事先模拟制作）。 （4）准备茶杯、香巾、水果（若干种）、名片等	20	
2	布置房间	（1）由实训者按照 VIP 接待等级的要求在 5 分钟内进行客房布置和调整 （2）按要求摆放鲜花、水果、名片、欢迎信		30	
3	检查房间	由本组其他实训者模拟领班在 10 分种内完成检查，并记录检查结果	检查房间布置是否到位，设备及卫生情况是否完好	20	
4	抵达迎接	由本组实训者分别扮演客人和服务人员进行现场的情境模拟。注意尽可能在真实环境中完成	（1）规范站立进行梯口迎接等候。 （2）主动问候、热情接待，并引领贵宾进入房间。 （3）端茶送巾服务。 （4）介绍房间设施与服务，并告之服务中心电话。 （5）向客人致意，面向客人微笑退出房间	30	
合　　计				100	

实际得分：　　　　　　　　　　　　　教师签字：

项目二　住店服务

学习目标

通过本项目学习,你要……
◆ 掌握住店服务的基础知识;
◆ 掌握住店服务的基本方法;
◆ 掌握住店服务的工作程序;
◆ 了解住店服务的基本内容;
◆ 了解住店服务的工作方法。

知识概览

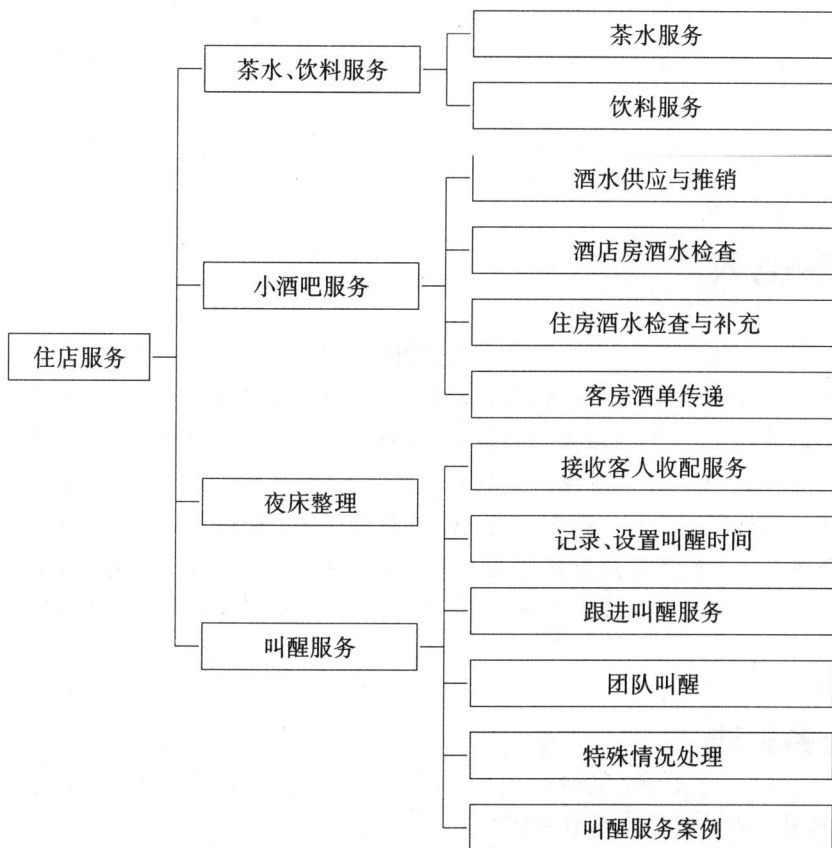

```
                                    ┌─────────────────────────┐
                                    │      收取客衣           │
                                    ├─────────────────────────┤
                    ┌─────────┐     │      清点客衣           │
                    │ 洗衣服务 ├─────┼─────────────────────────┤
                    └─────────┘     │      送还客衣           │
                                    ├─────────────────────────┤
                                    │    洗衣服务案例         │
                                    └─────────────────────────┘
                                    ┌─────────────────────────┐
                                    │      接到要求           │
                    ┌─────────┐     ├─────────────────────────┤
                    │ 擦鞋服务 ├─────┤    按要求擦鞋           │
                    └─────────┘     ├─────────────────────────┤
        ┌─────────┐                 │        送还             │
        │ 住店服务 ├──┬──┐          └─────────────────────────┘
        └─────────┘   │ ┌─────────┐
                      ├─┤ 托婴服务 │
                      │ └─────────┘
                      │ ┌─────────┐  ┌───────────────────────────────┐
                      ├─┤ 加床服务 ├──┤ 客人在房间内时进行加床服务    │
                      │ └─────────┘  ├───────────────────────────────┤
                      │              │ 客人尚未到达时进行加床服务    │
                      │              └───────────────────────────────┘
                      │              ┌─────────────────────────┐
                      │              │      接到通知           │
                      │ ┌───────────┐├─────────────────────────┤
                      └─┤租借用品服务├┤    送用品至房间         │
                        └───────────┘├─────────────────────────┤
                                     │        归还             │
                                     └─────────────────────────┘
```

■ 案例导入 ◀

免费擦鞋

有一天,金陵酒店客房的一位服务员在为一位外国客人做夜床时,发现鞋篓里有一双沾满泥土的脏皮鞋,就用湿布将鞋擦干净,并上完鞋油后放回原处。这位常住客一连几天从工地回来,都把沾满黄泥的皮鞋放在鞋篓里,而那位服务员每天都不厌其烦地将皮鞋擦得油光锃亮。客人被服务员毫无怨言而又有耐心的服务感动了,在第九天将10美元放进了鞋篓。服务员照常将皮鞋刷净擦亮,放进鞋篓,而钱却分文未取。免费提供擦鞋服务使客人佩服之余又有几分不安,因此,一再要求酒店总经理表彰这种无私奉献的精神。

■ 任务驱动 ◀

1. 擦鞋服务的程序主要有哪些?
2. 对客超值服务包括哪些?

任务一　茶水、饮料服务

一、茶水服务

（1）服务员每天给客人送两次水，早晚各一次。

（2）客人有时会要求送茶水，服务员应及时提供服务，并问清楚客人是要哪一种茶。

（3）注意观察，当有人来拜访客人时，要主动问客人是否需要送茶水，主动提供适时的服务。

二、饮料服务

（一）普通冷饮料

普通冷饮料如咖啡、红茶、汽水、苏打水、果汁、可乐等，客人要以上任何一种时，应按照客人房内的人数准备足够的玻璃杯。有时送进去时巧遇访客增多，但主人并没有表示另外再增加分量时，服务员应自动迅速增加杯子，然后请问客人是否将饮料倒入杯中，再采取服务工作。

（二）普通热饮料

普通热饮料如咖啡、红茶、牛奶，必须附方糖、茶匙以便客人饮用，此种饮料于端送时，应越快越好，否则将不能保持温度适宜。

（三）酒类

一般客人喜欢在客房内将调合出来的各种不同名称的鸡尾酒装在高脚杯里饮用，如果服务员没有熟练的技巧很难端送，所以要特别小心，以免外溢损失，送酒类饮品时一定要附送餐巾纸以方便客人端杯饮用。

任务二　小酒吧服务

为了方便客人，一般酒店都会在客房里设置一个冰箱，一些较高档的酒店还会在客房内设置小型酒吧台，以向客人提供酒水、饮料以及一些简单的食品。而酒店对这些饮料和食品的管理方式则是：设计一些记录冰箱或吧台所包含饮料与食品的种类、数量和价格的清单（见表 4-1），请客人每天将自己所消费的饮料和食品如实填写。清单通常是一式三份，两份交结账处，另一份作为对客房酒水食品进行补充的凭证。客房服务员应每天都对客房小酒吧进行清查，记录客人实际所消费的数量并及时通知前台收款处，此外，还负责对小酒吧的饮料、食品进行补充。在提供客房小酒吧服务时，客房服务员应遵循以下操作规范。

表 4-1　MINI 客房小酒吧

房号 ROOM　NO				日期 DATE

1. 此酒吧放在您的房间作私人之用。
2. 任何酒水一经开启,皆需按以下价格收费。
3. 若您在退房前饮用任何酒水或小吃,请向前厅收银出示此单以供结账。
4. 此价格内已包含 15％服务费。
1. This bar has been placed in your room for your personal use.
2. Every item opened will be charged according to the priced listed below.
3. If any item is consumed on the day of your departure, please hand in this bill to the Front Cashier at check out time.
4. Inclusive of 15％ shurhange.

数量 Qty	品种 Item	单价 Price	消费 Consumed	小计 Sub. Total
	可口可乐	10		
	雪碧	10		
	红牛饮料	10		
	旺仔牛奶	10		
	椰子汁	10		
	橙汁	10		
	开心果	10		
	牛肉干	10		
	薯片	15		
	铁观音	50		
	威士忌	30		
	伏特加	30		
	人头马特醇	30		
	人头马干邑	30		
	红葡萄酒	30		
	白葡萄酒	30		
			合计: Total	

服务员签名入账

Checked By:_____　　　　Posted By:_____

一、酒水供应与推销

（1）客房配备冰箱与酒水台，高档客房配迷你吧台。吧台与酒水台设计美观大方，冰箱性能良好。

（2）充分供应酒吧烈性酒、葡萄酒、软饮料与小吃，品种不少于 15 种。

（3）客房酒单设计美观大方，字迹清楚，标价合理。

（4）服务员为入住客人介绍客房设备与服务项目时同时准确推销客房酒水。

二、离店房酒水检查

（1）接到客人离店通知，掌握客人姓名、房号、结账时间，准确、迅速地进房巡视，检查离店客人酒水、饮料消耗情况，做到认真、细致、准确，账单记录清楚，转交客房领班报前厅收款。

（2）不要因酒水检查不及时造成客人跑账现象。

三、住房酒水检查与补充

（1）客人住店期间，服务员要及时领取、补充酒水饮料。

（2）酒单上客人所用酒水、饮料、小吃的数量、种类及客人姓名、房号、检查时间与检查人姓名填写准确，酒单报客房领班转交前厅及时挂账。

（3）楼层酒水饮料领取、发放管理制度健全，手续规范。

（4）每日制作客房酒水销售报告明确，账目清楚。

四、客房酒单传递

（1）客人酒单和客房领班填写的每日酒水销售报告及时上交客房部主管，账目核对清楚，及时报交前厅客人每日酒水挂账，来不及传递时电话通知前厅收款结账。

（2）整个客房酒吧服务细致、规范，使客人满意而归。

知识拓展

客房酒水管理应注意哪些问题？

（1）客房酒吧的酒水摆放应按规定要求统一格式，标签一律面向客人。

（2）客房酒吧必须配有相应的酒单价格表、各类玻璃杯、餐巾纸、吸棍、调酒棍、冰筒、冰夹、杯垫、开瓶器等物品。

（3）新的酒水补充之前应检查产品标签是否完好，并将其包装擦拭干净后放入冰箱。

（4）对离店客人的酒漏洞百出早上一定都要检查一遍，并通知前台财务马上放账，以防跑账。

（5）酒水消耗单一定要填写清楚，内容具体明确，如日期、查房时间、检查人姓名、楼层、房号、所消耗之酒水等,并要注明房态是离店还是住人房。

(6)冰箱应保持干净,服务员应对冰箱定期进行清洁,冰箱不得开得过冷,太冷会使有些饮料结冰,而引起瓶体崩炸;冰箱过冷还会引起结冰霜,服务员应定期检查冰箱,随时除去冰霜。

(7)发现在冷冻层放有饮料时,应将其从冷冻层取出,以防止崩炸。

(8)建立健全酒水发入检查制度,严格控制酒水库,专人负责,杜绝偷吃偷喝等欺骗行为。

任务三　夜床整理

夜床整理,即"夜床服务"或"做夜床",又称"晚间服务"。夜床服务的内容包括做夜床、房间整理、卫生间整理三项,是一种高雅而亲切的对客服务形式,主要有以下 3 点意义:

(1)做夜床以便客人休息。

(2)整理环境,使客人感到舒适温馨。

(3)表示对客人的欢迎和礼遇规格。

为方便客人休息,夜床服务通常利用客人晚上就餐或外出活动时进行,一般在晚上 18 时以后开始,为不打扰客人,通常到 21:30 时左右结束。其他时间,应根据客人要求及时提供服务。

一、做好准备工作

将夜床服务需更换的茶具、客用品以及清洁用具等备齐放在房务工作车上,检查自己的仪表仪容,然后将房务工作车推到自己负责的区域。

二、进房

(1)进客房要敲门或按门铃,并通报自己的身份和目的。如果客人在房内,则需经客人同意方可进入,并礼貌地向客人道晚安。如发现房门挂着"请勿打扰"牌或反锁(双锁),服务员不能敲门,应将一张留言条从门下塞入,提醒客人如需夜床服务,请通知服务台或客房服务中心。如客人在房内但不需要开夜床,服务员应在夜床表上做好记录。

(2)将工作车按规定摆放于房门口。

三、开灯并检查

打开所有照明设备,并检查其是否正常,同时将空调开到指定的刻度上。

四、关闭厚窗帘

将厚窗帘慢慢拉拢,注意其褶皱应均匀、美观。

五、收拾垃圾

（1）将烟灰缸内的杂物倒在垃圾袋内，注意烟蒂是否已熄灭，在卫生间用水洗净，然后擦干、擦净放回规定位置。

（2）将纸篓内的垃圾连同垃圾袋一起放入工作车上的大垃圾袋中，重新套好垃圾袋。

（3）简单清洁整理桌面、床头柜、茶几。

六、调电视

调电视，使电视频道齐全，图像清晰，且设定在播放时间最长的频道。若客人已经选择自己喜好的频道，应尊重客人的习惯，不予调整。

七、检查小酒吧

检查小酒吧酒水有无饮用。若有，开好酒水单，待整理之后将酒水补齐。

八、更换茶具和用品

更换用过的茶具，增添冷、热用水，并视情况补充其他用品。

九、开夜床（做夜床）

（1）将床上的被子向外折成 35°或 45°，方便客人就寝。

（2）拍松枕头并将其摆正，如有睡衣应叠好放置在枕头上。

（3）把拖鞋打开，放在床前，方便客人使用。

（4）将床头柜上的晚安卡"祝您晚安"一面朝向客人。将送餐牌（早餐牌）放在翻开的床单上或者其他规定位置。鲜花或赠品可按规定位置摆放。

开夜床时应注意的事项：

（1）双床间，如果住一位客人，无论是男士还是女士都不要同时开两张床（尤其是住一位女士时），以免引起误解。一般开内床（既靠卫生间隔壁的一张）或按客人习惯开床。

（2）双床间住的是夫妇客人，则对角开床，即两张床靠近床头柜一侧。

（3）大床间，若住的是夫妇客人，应从床两侧开床。

（4）如果床上放着许多物品，服务员不能挪动客人的物品，如客人在房内，应征求客人意见，并按客人吩咐做。如客人不在房内，应在床头柜上放张留言单，告诉客人不开夜床的原因，如客人需要夜床服务时可通知客房中心，并将此情况及时做好记录。

十、整理卫生间

（1）进入卫生间，带进清洁篮，打开电灯和换气扇。

（2）简单清洗面盆、浴缸、恭桶等，收拾卫生间垃圾。

（3）简单整理客人用过的漱口杯及五巾。酒店从环保角度考虑,请客人将无须洗涤的五巾可放回原处,或将需洗的五巾放在卫生间规定位置,以便于服务人员区分。

（4）补充卷纸等卫生间用品,并按标准摆放好。

（5）擦净卫生间地面,把地巾平放在浴缸前面的地上,以方便客人出浴后使用。

十一、检查

检查房内有无不妥之处。

十二、关门

开亮床头灯、廊灯。客人在房内致以谢意,然后将房门轻轻关上后离开。若客人不在客房,应使用节能电源总开关的客房可打开所有的灯,离开时拔掉取电牌,然后关门离开。

十三、填单

按要求填写工作单。

案例分析

下午三点多,莫小姐入住某酒店 1801 房间,因为公司业务的需要,她将在此逗留一周。莫小姐放下行李,休息了一会儿,近 6 点时到餐厅用餐。当她用餐完毕回到房间时,发现夜床已经做好,服务员为她开的是靠卫生间墙壁的一张床,床单和毛毯已经拉开一只角。莫小姐打开电视机,靠在开好的一张床上看电视,但觉得电视机的位置有些偏,不是很合适,于是又去将电视机的方向转至合适位置。第二天,莫小姐办完事情回到酒店已经是晚上 7 点左右,夜床已经做好。莫小姐惊奇地发现这次服务员为她开的是靠窗户的一张床,而且电视机也已经摆正。

【分析提示】

在客房清扫工作中包含着服务的内容,这种服务虽然不像面对面的服务那样直接,但也体现着酒店员工对客人的关注。本例中的夜床服务,有些酒店为体现对客人的尊重,规定不知道客人喜欢睡哪张床时,可以开靠卫生间墙壁的床,但同时要求员工清扫客房时注意观察,记录客人睡过的是哪张床,第二天就开客人喜欢的床。实际上,酒店中类似的服务很多,如尊重住店客人对空调温度、电视频道、物品摆放位置等的选择,不轻易做出调整,这些具体的做法虽然微不足道,但对客人而言正是这种细致温馨的服务让其感动。

任务四　叫醒服务

由于许多客人行程的安排,需要提前安排好外出时间,故总机设置了叫醒服务。叫醒服务能直接影响到客人工作、生活的顺利进展,为了更好地对客服务,所以叫醒服务在工作环节中是非常重要的一项。

一、接收客人叫醒服务

(1) 当接到客人需要叫醒服务时,要问清客人的房号、姓名及叫醒时间。

(2) 复述客人叫醒的要求,以获得客人确认。

(3) 祝客人晚安。

(4) 如果是通过接待处、管家部、收银等接收客人叫醒时间的,一定要跟接收人确认好客人的房号、姓名及叫醒时间,并记录好接收人的姓名或工号,以便查证。

二、记录、设置叫醒时间

(1) 确认好客人叫醒服务后登记在"叫醒服务登记表"上,并检查填写是否正确,打开客人资料仔细核对。

(2) 中班话务员下班时跟夜班话务员做好交班,并提醒其时间最早的叫醒服务,夜班话务员再次检查叫醒时间,按最早的叫醒时间设置好电话的闹钟。

(3) 夜班话务员当班时用在凌晨期间再次跟管家部、接待处、收银处等确认其报入的叫醒服务。

三、跟进叫醒服务

(1) 根据话机设置的闹铃响后,查看需叫醒的房间,并致电入房,在客人指定的时间内叫醒客人。

(2) 叫醒时要讲:早上好、下午好……,我们这里是总机,现在是××点钟,您的叫醒时间已到。

(3) 祝客人愉快。

(4) 按叫醒服务的时间先后依次叫醒客人,并要及时在话机上设置闹钟,当闹铃响后,迅速跟进叫醒服务,叫完本次叫醒时再重新设置下一次的叫醒时间,直到跟进完毕。

四、团队叫醒

(1) 接到客人要求整个旅行团的客人全部叫醒时,要根据接待处所登记的团队登记表,确定好客人的姓名、叫醒时间、房间数等。

(2) 在"叫醒服务登记表"上登记好房号、叫醒时间等。

(3) 用主机电话设置房间话机闹钟,并在总机话机上设置好。

（4）跟进叫醒服务，做好相关记录。

五、特殊情况处理

（1）如客房叫醒无人应答，话务员必须立即通知管家部跟进，如果客人打 DND，必须上报大堂副理跟进，直到确定客人已被叫醒为止。

（2）如有客人要求取消叫醒服务，话务员必须在"叫醒服务登记表"（见表 4-2）上做出登记，并与下班同事交好班。

（3）如有客人要求多次叫醒时，话务员需在"叫醒服务登记表"上做出登记，并做出说明，与下班同事交好班。

（4）当出现一个客人有两个叫醒时间，而两个叫醒时间不同，是由管家部、接待处、收银处……报入的，可询问客人，并确定清楚是哪个叫醒时间。

表 4-2　叫醒服务登记表

日期	时间	房号	姓名	叫醒时间	当值人员签字	通知叫醒时间	补叫时间	叫醒人员签字	备注

案例分析

早晨叫醒服务不周

住在酒店内 1102 房间的周先生在某日晚上九时临睡前从客房内打电话给店内客房服务中心。

客人在电话中讲："请在明晨六时叫醒我，我要赶乘八时起飞的班机离开本城。"

服务中心的值班员当晚将所有要求叫醒的客人名单及房号（包括周先生在内）通知

了电话总机接线员,并由接线员记录在叫醒服务一览表之中。

第二天清晨快要六点钟之际,接线员依次打电话给五间客房的客人,他们都已起床了,当叫到周先生时,电话响一阵,周先生才从床头柜上摘下话筒。接线员照常规说:"早晨好,现在是早晨六点钟的叫醒服务。"接着传出周先生的声音(似乎有些微弱不清):"谢谢。"

谁知周先生回答以后,马上又睡着了。等他醒来时已是六点五十五分了。等赶到机场,飞机已起飞了,只好折回酒店等待下班飞机再走。

客人事后向酒店大堂值班经理提出飞机退票费及等待下班飞机期间的误餐费的承担问题。值班经理了解情况之后,向周先生解释说:"您今天误机的事,我们同样感到遗憾,不过接线员已按您的要求履行了叫醒服务的职责,这事就很难办了!"

客人周先生并不否认自己接到过叫醒服务的电话,但仍旧提出意见说:"你们酒店在是否弥补我的损失这一点上,可以再商量,但你们的叫醒服务大有改进的必要!"

【分析提示】

客人周先生最后的表态,的确有一定的道理。理应受到客人所信赖的叫醒服务项目,该酒店却没有完全做好,至少应当引出以下几点教训:

第一,酒店应当确认,叫醒服务是否有效。当话务员叫醒客人时,如果觉得客人回答不大可靠,应该过一会儿再叫一次比较保险。

第二,如果许多客房的客人要在同一时间叫醒,而此时只有一名话务员来负责的话,为了避免叫醒时间的推迟,应当由两至三名话务员同时进行,或通知有关人员直接去客房敲门叫醒客人。

第三,最好在客房服务中心安装一台录音电话,将叫醒服务的通话记录下来,作为证据保存,录音磁带至少应保存两三天,这样遇到有人投诉时便容易处理了。

任务五　洗衣服务

一、收取客衣

(1) 前台接到客人需要洗衣服务的要求,记录房号并及时通知客房。

(2) 客房员工带好洗衣单和洗衣袋到客人处收取客衣。

二、清点客衣

(1) 清点客人交洗的衣物件数,检查衣服是否褪色、是否已有污损,钮扣有无脱落以及衣服口袋里是否有忘了拿出的东西等,如果有问题,应向客人说明,并在登记表上注明。必要时,客房部服务员还应在登记表上注明洗涤过程中对某些情况的处理方法,如洗涤时的缩水、褪色问题等,以及出现洗坏或是丢失等情况时的赔偿问题等。有些酒店已推出保价洗涤收费方式,即请客人填写送去洗涤衣物的保价额,而后按照保价额收取一定比例的洗涤费。

（2）请客人阅读洗衣单上相关说明，并填写"洗衣单"（见表4-3），记录联系电话。

（3）根据"洗衣单"上价格计算出客人的洗衣费用，注意按照洗衣单上的服务费标准收取费用，让客人在"洗衣单"上签名，予以确认。询问客人支付方式，请客人填写"洗衣单"并确认。

（4）询问客人有无特殊要求。

（5）提示洗衣送回时间，尤其注意加急服务的时间，不要因时间延误对客人造成不便。

（6）客房将收取的客衣立即送至前台，并做好登记。

（7）客衣送出与收回时与洗衣公司在"洗衣交接本"上做好交接记录。

表4-3　酒店客房洗衣单

Please use BLOCK LETTERS 请用正楷				请作标记 PLEASE TICK		
姓名 Name：				□ 普通服务 Regular Service 早上十点前收衣服务，当天可送回 Gaments collocted before 10AM Return at the same day	□ 特快服务 Express Service（收费加倍）（Double Charge）四小时送回衣服 Gaments returned Within 4 hours	
房间号码 Room No：						
日　期 Date：						
衣物件数 Total plece：						
特别指示 Special Instructions：						

水洗 LAUNDRY								
男士 GENTLEMEN	数量 COUNT		金额 AMOUNT		女士 LADIES	数量 COUNT		金额 AMOUNT
种类 TIME	客 GUEST	店 HOTEL	单价 PRICE	共 TOTAL	种类 TIME	客 GUEST	店 HOTEL	单价 PRICE	共 TOTAL
恤衫 Normal Shirt			15.00		恤衫 Normal Shirt			15.00	
羊绒恤衫 Pashm Shirt			20.00		羊绒恤衫 Pashm Shirt			20.00	
外衣 Jacket			15.00		外衣 Coat			15.00	
西裤 Trousers			15.00		短裙 S-skirts			15.00	
短裤 Pants			10.00		长裙 L-skirts			20.00	
短袜 Sock			10.00		长裤 Trousers			10.00	
短风衣 S-Wind coat			25.00		内衣、裤 Briefs			10.00	
长风衣 L-Wind coat			30.00		袜、胸围 Sock Brasslarce			10.00	
棉毛衫 Padded/Sweater			15.00		短风衣 S-Wind coat			25.00	
棉毛裤 Padded/Siacks			15.00		长风衣 L-Wind coat			30.00	
牛仔裤 Jeans			15.00		棉毛衫 Padded/Sweater			15.00	
					棉毛裤 Padded/Siacks			15.00	
					牛仔裤 Jeans			15.00	

续　表

干洗 DRY CLEANING							
男士 GENTLEMEN	数量 COUNT		金额 AMOUNT		女士 LADIES	数量 COUNT	金额 AMOUNT
种类 TIME	客 GUEST	店 HOTEL	单价 PRICE	共 TOTAL	种类 TIME	客 店 GUEST HOTEL	单价 共 PRICE TOTAL
西装(套)Suit（pcs）			25.00		恤衫 Normal Shirt		15.00
短装上衣 Jacket			20.00		羊绒恤衫 Pashm Shirt		25.00
恤衫 Normal Shirt			15.00		短羊绒大衣 S-Pashm coat		30.00
羊绒恤衫 Pashm Shirt			25.00		长羊绒大衣 L-Pashm coat		40.00
短羊绒大衣 S-Pashm coat			30.00		套装 Suit		25.00
长羊绒大衣 L-Pashm coat			40.00		真丝围巾 Silk scarf		20.00
短风衣 S-Wind coat			25.00		短风衣 S-Wind coat		25.00
长风衣 L-Wind coat			30.00		长风衣 L-Wind coat		30.00
短羽绒衣 S-Feathar coat			40.00		短羽绒衣 S-Feathar coat		40.00
长羽绒衣 L-Feathar coat			55.00		长羽绒衣 L-Feathar coat		55.00

1. 请填妥表格，表示房号及衣物数量，连同衣物一并放入，若洗衣袋衣物数量与单不符，将以酒店点收为准，请不要将送洗衣物挂于门外，以防遗失。

2. 对由于衣物的制造加工而引起的在洗、烫处理中的损坏，以及衣扣、装饰品和衣兜里物品遗失，酒店恕不负责。

1. Please fill in the blank with name, room number and quantity of each article, and place it in the laundry bags for this purpose. In case of discarepandes. Our Laundry count must be accepted as correct. Don't put your Laundry outside the door to avold being lost.

2. No liabillty can be accepted for defects or damages arising during.

三、送还客衣

（1）洗衣房送回客衣时，应按洗衣单逐件进行清点（不能折叠的衣物需用衣架挂放）。

（2）检查洗涤质量：衣物有无破损、缩水，有无褪色等。

（3）送客衣进房间，请客人检查验收，清点完毕后向客人道别。

（4）如客人不在房间，应按程序进门，把衣物摆放在床上或挂于衣橱内（将衣橱门打开）。

案例分析

失踪的袜子

住 1705 房间的外宾 Robert 夫人要求送洗 6 双袜子。服务员杰森请 Robert 夫人填妥洗衣单便收走了袜子……晚上 8:00 时左右，服务员将洗好的袜子送到 1705 房，但

Robert 夫人却发现只有 5 双袜子！次日早晨，Robert 夫人将此事投诉至大堂经理处。经大堂经理调解，客人平息了情绪，办理了退房手续。经查，失踪的袜子的确在洗衣厂未送上去，后被送到服务中心失物招领处。

【分析提示】

发生此类事件的主要原因系交接手续不严造成的，主要问题有以下几方面：

（1）接受客衣时应仔细清客衣数量并检查有无破损、开线、重污染现象。

（2）洗完客衣后应再一次检查数量是否与单据相同，如有出入必须仔细查找。

（3）收回客衣时，服务员也应再次核实数量，如有出入，就不应直接送还客人。

任务六 擦鞋服务

擦鞋服务是旅游涉外酒店客房服务的项目，它的操作程序看起来简单，其实有时技术难度还是比较大的。

第一，当客人需要擦鞋服务时，会将皮鞋放在壁柜的鞋篓里，或者打电话告诉客房服务中心或值班服务员。客房服务员在做夜床和每天的例行大清扫时，应注意查看鞋篓里有无摆放皮鞋。如果是客人打电话要求擦鞋服务，则客房服务员应在 10 分钟内赶到客人房间收取皮鞋，并注意询问客人，在何时需要送回擦好的皮鞋。

第二，擦试皮鞋工作要求服务员熟悉各种皮鞋及鞋油的性能，根据客人皮鞋的特性，选择适宜的鞋油和不同的擦法，特别是高档皮鞋更应注意鞋油与擦拭方法的选择。如果服务员没有把握，就应向客人道歉，说明理由，不要接受这项工作。

第三，擦鞋服务可按酒店规定收取一定的费用。南京金陵酒店为客人提供免费擦鞋服务，是其开展超值服务活动的内容。超值服务，是指酒店为客人提供超出其所付费用价值的服务。这种服务会给客人带来意外的惊喜和超值的享受。金陵酒店正是通过这些细致入微而又倾注金陵员工真挚情感的服务，赢得了来自世界各地客人的赞誉。

一、接到要求

（1）在接到客人要求后，应及时前往客房收取擦鞋篮。

（2）在过道巡视时，发现住客房门前的擦鞋篮，应立即拿到工作间进行擦拭。

二、按要求擦鞋

（1）将鞋篮编号，并将客人的房号写在纸条上放入鞋篮或用粉笔在鞋底注明房号，防止弄混。

（2）将鞋放置于工作间或服务中心，按规程擦鞋，应注意避免混色及将鞋油弄在鞋底。

三、送还

(1) 一般应在半小时后或两小时之内,将擦好的鞋送入客人房内。

(2) 对于提出特别时间要求的客人,应及时将鞋送回。

(3) 送还时如果客人不在房间,应将擦好的皮鞋放于行李柜侧。

■ 案例分析 ◀

英国人史蒂文森和陈先生两人是负责英国某公司中国贸易的。因各种关系,两人经常到深圳、上海、北京等城市洽谈业务。

一天早上,两人在公司开完会,匆匆忙忙地提着公事包外出。这天天空正下着大雨,由于这个城市正在扩建道路,街上满是泥、水,陈先生与史蒂文森两人为了完成业务,不理会路滑,外出忙碌了一天,到了晚上才返回预订的酒店。他们分别要了一个单人房,办妥入住手续后便拿着房门钥匙上了楼层。当他们走过楼层时,听到了一个服务员轻声地说:"看,他们又把地板弄脏了。"

陈先生进房后放下公事包,坐在沙发上,服务拿着水壶送水来了。陈先生这时想起自己的鞋太脏了,顺便问服务员,"我的鞋脏得要命,明天我还有公事,你能否帮我……"话未说完,服务员接着说道:"你脱鞋换上拖鞋就不会弄脏房间了。"陈先生说:"我知道,今天下雨弄脏了鞋,明天我还有公事,我想把鞋擦一下。"服务员故意避开他的话题,"今天下雨,明天未必下雨。"陈先生听出了她的意思,直接表示自己的想法,说:"能帮我把鞋擦一下吗?"服务员:"擦鞋,好,我给你一条鞋刷你自己擦吧! 这种服务不在我们的服务范围之内。"陈先生感到很惊讶。

之后,该服务员又敲门拿水壶给史蒂文森,服务见到他是外国人,热情地把水壶放下,并微笑着对他说:"先生,请问有什么问题要帮助吗?"史蒂文森用广州话说:"小姐,希望你能帮我一个忙,我的鞋沾了很多泥,明天还要穿,不知道怎样处理才好。"服务员看着他说:"把鞋脱下来,我替你把它擦干净。"外宾很高兴,忙说:"很好,多谢你的帮忙。"不一会儿,服务员就把干干净净的鞋送了过来,史蒂文森高兴地给了他10元小费。

第二天当两个人在大堂见面时,陈先生说:"一个星级酒店为什么没有擦鞋服务?"史蒂文森很吃惊,他抬起脚说:"那位服务员怎么不帮你呢?"

【分析提示】

酒店员工一定要树立热心为客人服务的精神。对客人的需求更要敏感,服务过程中要热情、主动、耐心,回答问题要准确、清楚,不能推托或简单生硬地回答"不知道"。对超出规范程序的要求,只要不损害酒店利益,就应该尽量满足客人。擦鞋的服务虽然微不足道,却解决了客人的实际困难,客人因此会对酒店留下美好的印象。前厅每一位服务员都要有这种全心全意为客人服务的精神,使优质服务得以深化。服务员为客人冲胶卷、印名片、修鞋、换拉链、取包裹等,为了确认客人需求的信息查阅众多的资料,甚至为不入住本店的客人卸运行李……这些服务中无不蕴含了我们的员工巨大的服务热情。

本案例中，从服务员对待中国人与外国人的不同服务态度，不难看出，她是一个服务态度淡漠、工作全无激情、根据自己的喜好去选择服务对象、见利忘义的员工。这样的员工怎么会关心客人，更不用说去主动搜索、挖掘客人的潜在愿望了。所以，只有带着激情，全身心地投入工作，才会创造出一流的个性化服务。

任务七　托婴服务

为了方便带婴幼儿的客人外出，酒店客房往往为住店客人提供婴幼儿的托管服务，帮助照看小孩，并根据时间长短收取相应的服务费。

一、托婴服务的处理原则

（1）酒店的客人有各种类型，如商务旅客、团体旅游者及家庭等，若大人须参加宴会等重要聚会，无法将孩童、婴儿带在身边时，一定会委请酒店代为照顾。

（2）该项工作因为关系到儿童人身安全，绝不可委任酒店以外的人来处理，一般由客房部门专门负责。

二、提供托婴服务的作业流程

（1）问明客人姓名、房号、所需照顾的日期、时间。

（2）告诉客人收费标准。在提供托婴服务时，应告诉客人有关酒店的收费标准。一般以3小时为一个计费点，超过3小时增收相应费用。托婴服务完成后，所有费用一般都在前台收款处一并结算。

（3）征求客人同意后，将资料转告客房部办公室值班人员，请其代办。

（4）保姆人选以休假员为主，有此相关经验的员工的个人资料要列出名册（客房部应谨慎挑选适当的人选，以免引起客人抱怨或因此而衍生意外或事故）。

（5）确定人选后，该员工应着干净制服并挂上酒店的工牌，由经理带领介绍给客人。

（6）于约定前10分钟向要求的客人报到。

三、看护人员要求

要求该员工应经常与客房部办公室或值班人员联络，以随时掌握情况，若有任何状况可以很迅速地处理。

四、看护期间的注意事项

（1）看护者在接受任务时，必须向客人了解其要求、照看的时间、婴幼儿的年龄及特点,以确保婴幼儿的安全、愉快,使客人满意。

(2) 看护者应在酒店规定区域内根据客人要求照看婴幼儿,一般不能将小孩带出客房或酒店。尤其不能带小孩到水池或栏杆等地方,这些是小孩们感兴趣的场所,同进也是容易造成意外的地方。

(3) 不得随便给婴幼儿吃食物。

(4) 不得随便将婴幼儿托给他人看管。

(5) 不得将尖利或有毒的器物给婴幼儿充当玩具,以确保安全。

五、提供服务一定要注意联络方式

(1) 在提供这项服务时,还应考虑到一些意外或紧急情况的处理,请客人留下联络电话或方法。比如在照看期间,若婴幼儿突发疾病,应立即请示客房部经理,并与客人联系,以便妥善处理。

(2) 托婴服务是一项责任重大的工作,绝不可以掉以轻心。要想给客人提供满意的托婴服务,必须保证婴幼儿的安全、健康和愉快。

任务八　加床服务

一、客人在房间内时进行加床服务

(1) 房务中心接到前台通知加床,做好记录并通知楼层服务员。

(2) 楼层服务员将加床与配套毛毯、枕头、床单、床褥和一套客用品,推至需加床的房门一侧,按规范按门铃或敲门三次(每次敲三下,每次间隔 3~5 秒)并自报身份"Housekeeping"三次。

(3) 客人开门,须征得客人同意后才能进房将客用品摆放好或礼貌地询问客人如何摆放才合适。

(4) 客人无要求,按规程将床铺好。

(5) 面向宾客与其礼貌道别并离房关上门。

(6) 通知客房服务中心加床完毕。

二、客人尚未到达时进行加床服务

(1) 总台通知服务中心后,必须及时在房间报表上记录加床的房号。

(2) 检查备用床是否有损坏,并擦拭干净,推入房间后铺好床。

(3) 加床后,需增加房内相关低耗品及备品的数量。

案例分析

8105 客人去客房台班要求加床,并且说已经和前台说过了,台班人员和前台核实后,便为客人加床。到房间时其余两位客人已睡,两个床之间无法放置第三张床,客人便说不用加了。台班查看当班记录,并无 8105 加床一事。

【分析提示】

一个无法满足顾客需求的酒店就等于宣判了死亡的酒店,连客人提出的要求都忘记了,还拿什么谈发现顾客潜在需求呢! 干工作不仅是对客服务还是日常工作,我们都应该养成一个好的工作习惯,就是把一些必须完成的事情拿本子记下来,在下班或者交接班的时候再次确认还有没有未完成的任务,这样的话我们就不会说忘记什么了。我们永远不能对客人说"no",更不能将客人交代的事忘记。无论客人的需求多难办,我们都能够以办成的态度去办。当班人员工作不认真,不仔细,更是对客人的不负责任,这样下去,只能让客人带着遗憾离开酒店,我们也会因此失去酒店在顾客心目中良好的形象。

任务九 租借用品服务

一、接到通知

(1) 在电话响三声内按标准接听。

(2) 仔细询问客人租借用品的名称、要求以及租借时间等。

二、送用品至房间

(1) 到服务中心领取租借用品。

(2) 将用品迅速或在客人约定的时间送至客人房间,向客人说明注意事项,并请客人在"租借用品登记单"(见表 4-4)上签名。

(3) 在交接记录上详细记录,以便下一班服务员继续服务。

表4-4 酒店客人物品借用登记单

日 期	房 号	VIP 级别	领用或借用物品	楼层领用人	归还日期	归还人	备 注

三、归还

(1) 当客人离店时,应特别检查客人有无租借用品及有无归还等。

(2) 当客人归还用品时,服务员应做详细记录。

(3) 及时将用品归还服务中心。

复习与思考

一、不定项选择题

1. 茶水服务中,服务员每天给客人送(   )茶水。

    A. 1 次   B. 2 次   C. 3 次   D. 4 次

2. 接到客人离店通知,掌握客人(   ),准确、迅速地进房巡视,检查离店客人酒水、饮料消耗情况。

    A. 姓名   B. 序号   C. 结账时间   D. 接待单位

3. 为方便客人休息,夜床服务通常利用客人晚上就餐或外出活动时进行,一般在(   )以后开始。

    A. 17 点   B. 18 点   C. 19 点   D. 16 点

4. 送还客衣时,服务员应该做到(   )。

    A. 洗衣房送回客衣时,应按洗衣单逐件进行清点

    B. 检查洗涤质量:衣物有无破损、缩水,有无褪色等

C. 送客衣进房间,请客人检查验收,清点完毕后向客人道别

D. 如客人不在房间,应按程序进门,把衣物摆放在床上或挂于衣橱内

二、简答题

1. 简述客人离店酒水检查流程。

2. 夜床整理程序主要包括哪些?

3. 卫生间整理主要事项包括哪些?

4. 叫醒服务流程主要有哪些?

三、案例分析题

早晨叫醒服务不周

住在饭店内 1102 房间的周先生在某日晚上九时临睡前从客房内打电话给店内客房服务中心。

客人在电话中讲:"请在明晨六时叫醒我,我要赶乘八时起飞的班机离开本城。"

服务中心的值班员当晚将所有要求叫醒的客人名单及房号(包括周先生在内)通知了电话总机接线员,并由接线员记录在叫醒服务一览表之中。

第二天清晨快要六点钟之际,接线员依次打电话给五间客房的客人,他们都已起床了,当叫到周先生时,电话响一阵,周先生才从床头柜上摘下话筒。接线员照常规说:"早晨好,现在是早晨六点钟的叫醒服务。"接着传出周先生的声音(似乎有些微弱不清):"谢谢。"

谁知周先生回答以后,马上又睡着了。等他醒来时已是六点五十五分了。等赶到机场,飞机已起飞了,只好折回饭店等待下班飞机再走。

客人事后向饭店大堂值班经理提出飞机退票费及等待下班飞机期间的误餐费的承担问题。值班经理了解情况之后,向周先生解释说:"您今天误机的事,我们同样感到遗憾,不过接线员已按您的要求履行了叫醒服务的职责,这事就很难办了!"

客人周先生并不否认自己接到过叫醒服务的电话,但仍旧提出意见说:"你们饭店在是否弥补我的损失这一点上,可以再商量,但你们的叫醒服务大有改进的必要!"

根据以上案例,回答以下问题:

酒店的做法是否合理?怎样避免以后出现类似的问题?

四、实践与训练

1. 实训项目:开夜床(客房晚间整理)

2. 实训目的:通过实训,基本掌握客房晚间整理的服务秩序,并独立进行操作。

3. 实训方法:多媒体和指导教师示范讲解,学生实训操作。

4. 所需实训设施的准备:工作车、茶具、冷热水、文具用品、低值易耗品、毛巾、清洁抹布。

5. 实训要求:掌握客房晚间整理的服务秩序,严格按酒店晚间整理流程进行操作。

6. 实训要点提示:各小组进行自评,根据测评表进行打分。教师评价,指出各小组成员的优点与不足。

7. 学习评价标准。

<h1 style="text-align:center">夜床晚间整理实训考核表</h1>

编号：　　　　　　姓名：　　　　　　　日期：

序号	考核内容	考核要点	评分标准	配分	得分
1	准备工作	（1）准备工作车。 （2）检查自己的仪表仪容。 （3）将工作车按规定摆放于客房门口	（1）未将需要更换的茶具、客用品及清洁用具备齐放在工作车上，扣1分。 （2）仪表仪容不规范，扣1分。 （3）未按规定将工作车摆放于客房门口，扣1分	5	
2	进房	（1）严格按进房程序进房。 （2）如果客人在房内，则应经住客同意方可进入	（1）进房程序不符合要求，扣2分。 （2）客人不需要开夜床，而服务员没有在工作表上登记，扣1分。 （3）其他扣2分	5	
3	开灯开空调	（1）开灯并检查所有照明设备工作是否正常。 （2）将空调开到指定的刻度上。 （3）轻轻拉上遮光窗帘和二道帘	（1）未开灯，扣1分。 （2）没有检查所有照明设备工作是否正常，扣1分。 （3）未将空调开到指定的刻度上，扣1分。 （4）未拉上遮光窗帘和二道帘，扣1分。 （5）其他扣1分	5	
4	开夜床	（1）撤去床罩，整齐折叠好，放在规定的位置。 （2）将靠近床头一边的毛毯连同衬单（盖单）向外折成45度角，以方便客人就寝。 （3）拍松枕头并将其摆正。如有睡衣应叠好置于枕头上。 （4）按酒店规定在床头或枕头上放上鲜花、晚安卡、早晚牌或小礼品等。 （5）如一人住单床时，则开有电话的床头柜一侧。 （6）在开夜床折口处摆好拖鞋	（1）撤去的床罩没有放在规定的位置，扣1分。 （2）毛毯折角错误，扣1分。 （3）枕头没有摆正，扣1分。 （4）睡衣放置错误，扣1分。 （5）未摆放酒店规定的物品，扣1分。 （6）开夜床位置错误，扣1分。 （7）拖鞋未摆放到位，扣1分。 （8）其他扣3分	10	
5	整理房间	（1）清理烟缸、桌面和倒垃圾。 （2）如果有用膳餐具也一并清除。 （3）简单清洁整理桌面、床头柜。 （4）更换用过的茶具，增添冷、热饮用水。 （5）放入报纸或将酒店提供的浴衣摊开在床尾	（1）未清理烟缸、桌面上的垃圾，扣1分。 （2）未收拾房间用膳餐具并放置在指定位置，扣1分。 （3）未简单整理桌面、床头柜、茶几，扣1分。 （4）未更换用过的茶具，增添冷、热饮用水，扣1分。 （5）未放入酒店提供的报纸，扣1分。 （6）有加床而未打开整理好，扣1分。 （7）其他扣4分	10	

序号	考核内容	考核要点	评分标准	配分	得分
6	调试电视	（1）使电视频道齐全、图像清晰，且电视频道与服务指南内容一一对应。 （2）检查小酒吧的饮料，开好酒水单	（1）电视没有调整到位，扣1分。 （2）电视频道与服务指南内容不一致，扣1分。 （3）未检查冰箱和小酒吧的饮料，扣1分。 （4）其他扣2分	5	
7	整理卫生间	（1）冲抽水马桶。 （2）脸盆、浴缸如使用过，应重新擦洗干净。 （3）将地巾放入浴缸外侧的地面。 （4）将浴帘放入浴缸内，并拉出1/3以示意客人淋浴时应将浴帘拉上并放入浴缸内，避免淋浴的水溅到地面。 （5）将用过的毛巾收去并换上干净的毛巾，也可将用过的毛巾按酒店规定整理后摆好。 （6）如有加床，增添一份客用品	（1）未冲抽水马桶，扣1分。 （2）脸盆、浴缸使用过而未重新擦洗干净，扣1分。 （3）未将地巾放入浴缸外侧的地面，扣1分。 （4）未将浴帘放入浴缸内并拉出1/3，扣1分。 （5）未将用过的毛巾收去并换上干净的毛巾或将用过的毛巾按酒店规定整理后摆好，扣1分	5	
8	环视检查房间	（1）环视一遍卫生间及房间，检查有无不妥之处。 （2）除夜灯和走廊灯外，关掉所有的灯并关上房门。 （3）如果客人在房内，不用关灯，向客人道别后退出房间，轻轻将房门关上。 （4）在客房晚间整理报表上登记	（1）未环视检查房间有无不妥之处，扣1分。 （2）有不妥之处未跟进，扣1分。 （3）关闭夜灯和走廊灯，扣1分。 （4）未及时在客房清洁报表上登记，扣1分。 （5）其他扣1分	5	
		合　计		50	

实际得分：　　　　　　　　　　　　　　　　　　　教师签字：

项目三　离店服务

学习目标

通过本项目学习,你要……
◆ 掌握送别服务的基础知识;
◆ 掌握送别服务的基本方法;
◆ 掌握离店服务的工作程序;
◆ 了解离店服务的基本内容;
◆ 了解离店服务的工作方法。

知识概览

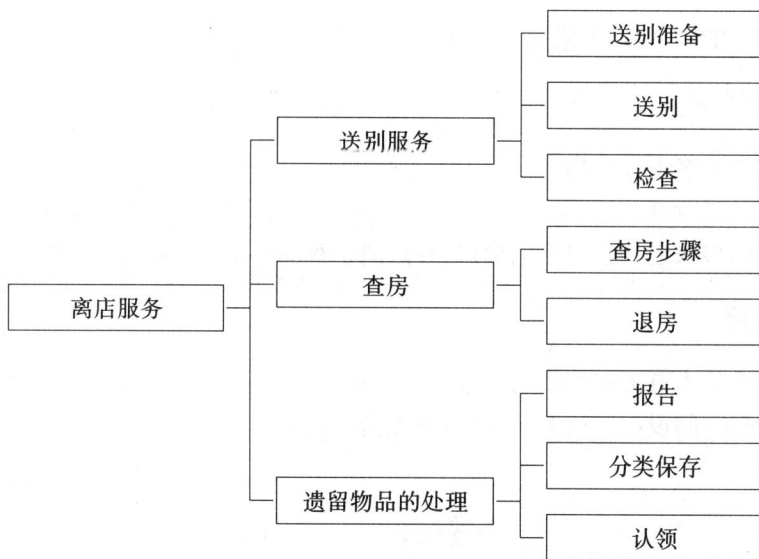

案例导入

客人要取遗留物品

客人在住店过程中随身携带的小件物品、换洗衣物等,由于种种原因,常有丢失或遗留的情况发生。组织全国性的会议会务人员刘先生将一双洗净的袜子遗留在已搬迁的 508 房,等他想起时,508 房已住进了新客人,他只好请服务员帮忙了。

任务驱动

1. 刘先生的要求是否合理？
2. 酒店客房怎么做才能避免类似事情发生？

任务一　送别服务

一、准备工作

（1）掌握客人离店时间，问清客人是否需要叫醒服务、是否房间用餐。

（2）如客次日离店，团队房要根据行李多少，安排行李员。

（3）要检查客衣情况、各种账单及各项委托代办事项是否办好。

（4）客人临行前，服务员应利用房间服务的机会，检查各种物品及设备有无损坏或欠缺。

（5）临行前，应主动征求客人的意见。

二、送别

（1）主动为客人按电梯。

（2）主动提行李。

（3）主动搀扶老、弱，送至电梯口，并致离别祝愿。

三、检查

（1）检查客人有无遗留物品。

（2）检查房间设施设备有无损坏，有无消费项目。

任务二　查　房

查房程序如下：

（1）接到前台或客人通知退房时要快速、准确地到达所通知的退房房间。

（2）敲门后打开房门，先开窗透气（有窗户的房间）打开房内所有电器（如电视、电脑、空调、电水壶、遥控器和电灯等），查看是否正常运转。

（3）检查房内所有自费品是否有消费。

（4）检查房内所有布草（如床单、被套、枕套及面浴巾等）是否有破损、烟洞、污迹。

（5）检查房内客人使用物品（如玻璃杯、拖鞋、烟缸、电蚊器等）是否正确齐全。

（6）查地板、地毯是否有烟头烫坏，墙纸家具是否有恶意损坏痕迹。

（7）检查卫生间物品（如玻璃台面、面池、镜子、水龙头和淋浴花洒等）是否齐全完好。

（8）检查是否有客人遗留物品。

（9）快速准确回复前台退房检查的情况，以便办理退房结账手续。

案例分析

沐浴液、洗发液变质，颜色不一

深夜，一客人打电话到前台投诉，说房间的洗发液有异味，都已经变质，并要求立即进行更换，同时给予精神赔偿……

接到投诉后，酒店立即着手调查，原来这段时间，因洗发液用完，为了保持每间房间沐浴液、洗发液不低于1/3并处于可视孔，故在少的上面直接加入了新申购的洗发液，且本次申购的与前采购的物品颜色又不一致，从而导致新旧不一。发臭是因为刚好这间房又因长时间没能开，而服务员也只是在上面稍微加了一些，而在加时却没注意到洗发液已发臭，导致客人住后洗头，发现有怪味……

店长亲自到房间进行道歉，同时进行取证，确实发现沐浴液有异味。

【分析提示】

从本案例可以看出，服务员在细节上做得还不足。查房时，客房服务员在倒洗发液的时候没能想着去闻一闻洗发液味道是否有异味。特别是在长时间没能开房的情况下，因酒店沐浴液、洗发液均无进行密封，时间一长，受外面温度影响，就会进行挥发，而且酒店采用的是浴液盒，客人洗澡，均会有水溅到里面，故时间一长，会变臭变质。所以，客房服务人员在做房及查房时均要对沐浴液、洗发液进行检查。凡换浴液时，新申购的产品与前一产品颜色不一致的，一定要把用到1/3的原产品全部挤掉进行更换，这样就避免了颜色不一，减少客人以为变质的怀疑。

任务三 遗留物品的处理

一、报告

（1）在客房范围内，无论何地拾到客人的物品，都必须尽快交到服务中心。

（2）如服务员在检查走客房时发现了客人遗留物品，应及时跟总台联系，将物品交还客人；如客人已经离开，则应及时上交楼层领班。

（3）服务中心服务员在收到客人遗留物品时，都应记录在"客人遗留物品登记表"（见表4-5）上，写明日期、房号、拾获地点、物品名称、拾物人姓名和班组。

表 4-5　客人遗留物品登记表

房　号		姓　名		上交时间		发现时间	
遗留物名称				发现地点			
备注:							
经办人				交物人			
客人领取签名				领取时间			

备注:一式三联,一联个人保留,二联楼层保存,三联存根。

二、分类

(1) 贵重物品:珠宝、信用卡、支票、现金、相机、手表、商务资料、护照等。

(2) 非贵重物品如眼镜、日常用品、食品等。

三、保存

(1) 所有遗留物品都必须保存在失物储藏柜里。

(2) 贵重物品与非贵重物品分开存放,贵重物品应由专人管理。

(3) 贵重物品存放时间为一年半,非贵重物品保留时间为半年,开启的食物、饮料及药品保留时间为三天。

(4) 超过保留期的物品,由客房部经理会同有关部门或交由酒店经理处理。

四、认领

(1) 认领方式:直接认领;请人代为认领。

(2) 问清有关问题,无误后,请认领人签字,并留下联系电话和地址。

案例分析

客人的酬谢金能否收?

某日早上 6 点左右,夜班服务员查退房 1316 房时,没有发现客人遗留物品。客人在早上 10 点左右回到酒店说有钱包落在房间。客房服务员回到房间重新查找,最后在电脑桌下找到客人的钱包,内有现金 2 000 多元,银行卡 2 张。当时,客人即拿出现金 200 元表示对服务员的感谢,但服务员拒绝了。

【分析提示】

虽然客人的钱包最后在房间里找到了,客人也表示了感谢,但我们应该感到愧疚。因为这是由于我们服务员查房的疏漏才没有及时将钱包还给客人。从此案例中,我们应该吸取教训,查退不能只查客房消费品,要按退房程序查退房,并要仔细查地是否有客人遗留物品,并及时还给客人。

复习与思考

一、不定项选择题

1. 查房过程中,电器查询对象主要包括(　　)。
   A. 电视　　　　　　B. 电脑　　　　　　C. 遥控器　　　　　　D. 电灯

2. 检查房内客人使用物品主要包括(　　)。
   A. 姓名　　　　　　B. 序号　　　　　　C. 结账时间　　　　　D. 接待单位

3. 下列属于客人贵重物品范畴的是(　　)。
   A. 珠宝、支票　　　B. 信用卡　　　　　C. 现金　　　　　　　D. 眼镜

4. 检查房内所有布草是否有破损、烟洞、污迹的主要有(　　)。
   A. 床单　　　　　　B. 枕套　　　　　　C. 被罩　　　　　　　D. 浴巾

二、简答题

1. 住店客人送客服务准备工作包括哪些?
2. 简述查房的主要程序。
3. 客房对于客人遗留物品怎样保存?
4. 送别服务环节包括哪些?

三、案例分析题

失而复得的耳钉

2308 房客人退房后离开了酒店,服务员查退房时也没发现该房有遗留物,但客人退房不久便打电话到前台反映,她有一对名贵的耳钉遗留在房间。

接到客人的电话,前台马上通知客房到房间仔细查找,楼层主管和服务员在房间彻底查找了还是未找到。但客人执意坚持说她的耳钉确实是丢在了房间内。

楼层主管经验比较丰富,就想到了有可能是服务员在吸尘时给吸走了,于是她们便去工作间打开垃圾袋,打开吸尘器查找,结果在吸尘器的尘袋内摸到了小颗粒的物器,取出一看正是一对耳钉。

根据以上案例,回答以下问题:

该酒店的做法是否合理?

四、实践与训练

1. 实训项目:客房卫生检查(领班查房)。
2. 实训目的:通过实训,基本掌握客房卫生检查的程序、标准和方法。
3. 实训方法:示范教学、情境模拟、全真实训。

4. 所需实训设施的准备：抹布、钥匙、查房表，查看客房运作员清扫报表。

5. 实训要求：掌握领班检查客房卫生的程序、标准和方法。

6. 实训要点提示：查房既要强调标准，也非常讲究灵活性和经验性。不同员工要不同查，不同的房间设施设备条件要不同查，不同的接待对象也要有区别地查。

7. 客房检查报告单。

客房检查报告单

房号：　　　　房型：　　　　检查日期：

状况：□优　　□合格　　□不合格

序　号	卧　室	状　况	序　号	浴　室	状　况
1	门、锁、链、		18	门、	
2	灯、开关、电源插座		19	灯、开关、电源插座	
3	天花板		20	墙	
4	木制品		21	天花板	
5	窗帘与金属构件		22	镜子	
6	窗		23	浴缸、扶手杆	
7	空调调节装置		24	沐浴喷头	
8	电话机		25	浴室地垫	
9	床头板		26	梳妆台	
10	床单、床罩、床垫		27	固定装置、水龙头	
11	梳妆台、床头柜		28	抽水马桶	
12	台灯、灯罩、灯泡		29	毛巾	
13	椅子、沙发		30	卫生纸、脸巾纸	
14	地毯		31	肥皂	
15	图片与镜子		32	便利品	
16	除尘情况		33	排气口	
17	壁橱				
其　他					

早班领班_____　早班清洁_____　中班领班_____　中班清洁_____

模块五　公共区域的清洁与保养

项目一　日常清洁保养

学习目标

通过本项目学习，你要……

◆ 掌握日常清洁保养的工作程序；
◆ 掌握日常清洁保养的基本知识；
◆ 掌握日常清洁保养的基本方法；
◆ 了解日常清洁保养的基本内容；
◆ 了解每个日常清洁保养的工作方法。

知识概览

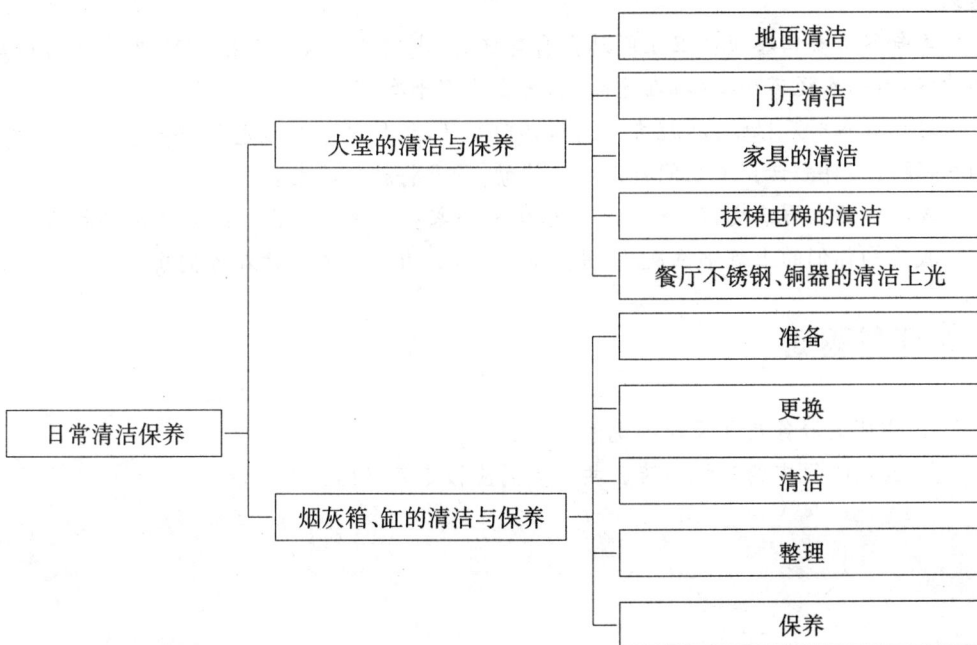

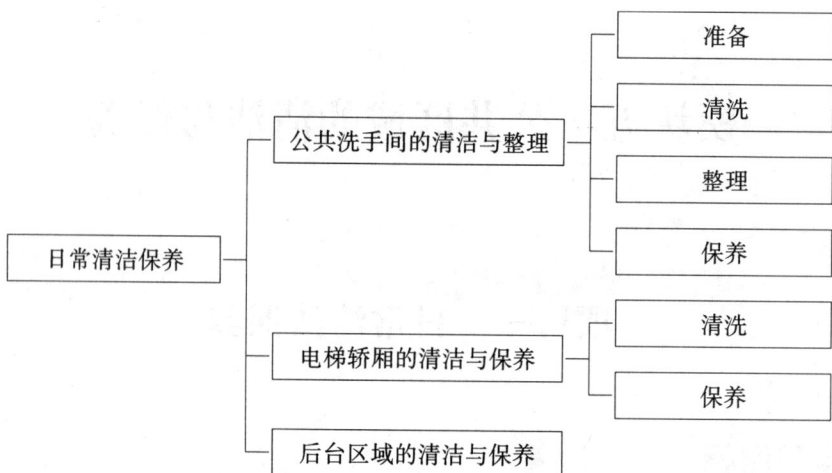

```
                                                        ┌──────────┐
                                                     ┌──│   准备    │
                                                     │  └──────────┘
                                                     │  ┌──────────┐
                                    ┌────────────────┤──│   清洗    │
                                 ┌──│ 公共洗手间的清洁与整理 │  └──────────┘
                                 │  └────────────────┤  ┌──────────┐
                                 │                   │──│   整理    │
                                 │                   │  └──────────┘
             ┌──────────┐        │                   │  ┌──────────┐
             │ 日常清洁保养 │────────┤                   └──│   保养    │
             └──────────┘        │                      └──────────┘
                                 │  ┌────────────────┐  ┌──────────┐
                                 │──│ 电梯轿厢的清洁与保养 │──│   清洗    │
                                 │  └────────────────┤  └──────────┘
                                 │                   │  ┌──────────┐
                                 │                   └──│   保养    │
                                 │                      └──────────┘
                                 │  ┌────────────────┐
                                 └──│ 后台区域的清洁与保养 │
                                    └────────────────┘
```

案例导入

公共洗手间应不应该有臭味?

我国北方某城市一家三星级酒店,建筑外观不错,设备也算得上齐全,在当地也颇具一定的影响力。

住在 306 房间的客人,清晨起身发现室内卫生间地面上有积水,便叫服务员来收拾。自己因急于要方便,便下楼到大堂公共卫生间去了。一进卫生间,一股难闻的异味扑鼻而来,他差一点作呕。他憋住气勉强蹲下方便以后火速离开,然后便去找服务员提意见了。

谁知服务员回答说:"卫生间总会有臭味的,我们酒店人来人往,有些客人用过以后不冲水,有的人还不小心,拉在地面上,怎么弄得干净?"

这位客人听后很恼火,就去找酒店部门经理,谁知那位经理也是个善于打"太极拳"的人,还是同样的话:"卫生间就是有臭味的,你就将就一些吧!"

客人听后火冒三丈,他说:"你们也算是一家星级酒店,公共卫生间竟搞成这个样子!我要向你们的上级单位反映,并且告诉熟人,出差时不要住在你们店。"

任务驱动

1. 酒店的服务员和经理的说法是否合理?
2. 我们心目中的星级酒店公共卫生间应该是怎样的?

任务一　大堂的清洁与保养

大堂是在宾馆,酒店,公寓或写字楼内,宾客日夜使用的场所,需要经常受到关注。它是宾客出入繁忙的区域,客人会留下大量的脚印、烟蒂、纸屑和口香糖等。如果想给宾客留下良好的印象,大堂情况的好坏是至关重要的一个方面。

大堂夜班人员的主要工作内容是:用抛光机对地面进行全面的抛光和清洁,清洗地毯,擦拭铜器和革制品,擦拭吊灯和顶灯,擦净所有的门、窗和玻璃等。

一、地面清洁

保洁员还要负责保持大堂地面和地毯的清洁,用尘拖不断地清除地面的杂物和清扫地毯上的杂物。清洗和倾倒烟灰缸,是大堂当班的保洁员的另一项需要不间断进行的工作。遇到雨雪天,要在门中放上存伞架,并在大门内外铺上踏垫和小地毯,同时在入口处不停地擦洗地面的泥尘和水迹。对大堂的进一步保洁,如地面的机械抛光,地毯的清洗,这些工作一般安排在夜间进行,因为那时来住的人员减少,对宾客的影响较小。每天夜间 12 点以后打薄蜡一次,并用磨光机磨光,使之光亮如镜。大厅内有地毯处每天要吸尘 3～4 次,每周清一次。大堂地面清洁要仔细,不能有任何遗漏点。拖擦过程中应及时取下清洁工具上的灰尘杂物。操作过程应尽量避开客人或客人聚集区。打蜡或水迹未干区应有标示牌,以防客人滑倒。

二、门庭清洁

白天对玻璃门窗、门框、指示牌等的浮尘、指印和污渍进行擦抹,尤其是大门的玻璃应始终保持一尘不染。夜间对门口的标牌、墙面、门窗及台阶进行全面清洁、擦洗,对大门口的庭院进行清扫冲洗等。

三、家具的清洁

白天勤擦拭休息区的桌椅、服务区的柜台及一些展示性的家具,确保干净无灰尘。及时倾倒并擦净立式烟筒,更换烟缸。更换烟缸时,应先将干净的烟缸盖在脏的上面一起撤下,然后将干净烟缸放上,以免烟灰飘扬洒落。随时注意茶几、台面上的纸屑杂物,一经发现,及进清理。

四、扶梯、电梯的清洁

电梯和自动扶梯电梯是使用率很高的设备,对它的清洁要经常和及时。

如果是自控电梯,客人究竟如何使用,保洁员是难以控制的,不用说箱内的卫生被破坏或墙面被行李撞坏,仅恶作剧者或故意破坏的人就会使电梯轿箱内的地面、墙面和门面破相,所以要求保洁员要进行经常的清洁和检查。清扫电梯要注意以下几点。

（一）夜间清洁

由于白天电梯使用频繁,电梯不能得到彻底的清扫,夜间清扫就显得尤为重要,以保证第二天以清洁的面貌为宾客服务。

（二）保证日常的随时维护

一般较大的宾馆和酒店为保证电梯在一天的使用过程中始终处于清洁状态,可安排一名员工轮流清洁电梯,主要是去擦客人留在门上、镜上或金属壁面上的手印,拾起掉在地面上的碎屑,擦拭扶手和脚踏板上的灰土,检查电梯内的设备,如有损坏及时报修等。

（三）选择适当的时间进行日常清洁

白天电梯使用频繁,但为保证电梯内处于清洁美观的状态,应及时进行清洁。清洁应避开客梯使用的高峰时间,各酒店住的客人不同,其使用电梯的高峰时间也不同,一般情况是早6点至9点、中午11点至下午2点、下午5点至11点都属于客梯使用的高峰时间,不应在这些时间内对电梯进行清洁。清洁电梯时不应在大堂的平面处进行,应选择客人出入不多的楼层,减少噪音,一般应选择在行政办公层或会议层,但也应视会议和宴会的情况而定。

（四）电梯内地毯的保养

电梯内的地毯整天被踩踏容易受损和不洁,要定期进行清洗,而电梯的空间狭小封闭,地毯清洗后不易干透,新的踩踏落在未干的地毯上,易造成地毯表面不美观,没有起到清洁作用。建议购置备用的地毯,以解决地毯清洗与使用的矛盾。

（五）自动扶梯的清洁

自动扶梯与电梯一样,除日常的保洁外,细致的清洁应安排在夜间进行。自动扶梯的缝隙中沾上的油污、口香糖和烟头等必须及时去除,金属表面和玻璃墙面都应仔细擦拭,扶手应擦净手印和灰土,对灯箱进行检查,更换损坏的灯管或灯泡。严禁利用自动扶梯运桌椅、大件物品或大包装箱等,以免造成对自动扶梯的破坏。

五、餐厅不锈钢、铜器的清洁上光

不锈钢、铜器等金属装饰物为酒店大厅增添了不少光彩,这些器件每天都要清洁,否则会失去光泽或沾上污渍。擦洗这些器件时注意要使用专门的清洁剂,若用其他的清洁剂会造成对器件的严重损坏。

大堂广告架牌、指示标牌、栏杆、铜扶手及装饰用铜球等是大堂清洁保养的主要对象。铜器分为纯铜和镀铜两种,擦拭方法也不同。擦拭纯铜制品时,先用湿布擦去尘土,然后用少许铜油进行擦拭,直到污迹擦净,再用干布擦净铜油,使其表面发光发亮。擦拭后铜制品表面不能留有铜油,以免在使用过程中弄污客人的手或衣物。

镀铜制品不能使用铜油擦拭,因为铜油中含有磨砂膏,经过擦磨后会损坏镀铜的表面,不但影响美观,也会减少使用的寿命。

▊▊ 知识拓展 ◀

酒店大堂钛金制品怎么清洁保养

酒店大堂所使用的钛金制品属于金属类型,在清洁与保养过程中,各个酒店或者餐饮、会所使用的方法不同。因为是金属制品,长期清洁方法不得当,就会造成产品表面生锈、色泽暗淡,严重影响使用效果和产品的使用寿命。

1. 钛金制品的日常清洁

一些酒店常使用清水擦拭,这是一种比较常见的、简单的方法。但是,清洗钛金制品所使用的抹布最好适用刚从洗衣房取出来的那种纯棉布,而且清洗之后,用干棉布把水渍抹干。

用工业酒精干布擦拭,不要用酸或强碱性清洁剂,平时清洁可用中性清洁剂,擦拭完后用干布擦干。如果有绣迹,用金属光亮剂擦去。

2. 钛金制品保养的忌讳

所有含有酸性和强氧化性的药水都会让钛金制品褪色,所以切不要让此类药水接触钛金制品。

任务二　烟灰箱、缸的清洁与保养

烟灰缸是盛烟灰、烟蒂的工具,产生于 19 世纪末。纸烟问世后,烟灰、烟蒂随地弹扔,有碍卫生,烟灰缸就应运而生了。最初,有人称烟灰缸为烟碟,以陶、瓷质为多见,也有以玻璃或金属材料制作的。其形状、大小均无固定,但都有明显的标记,那就是烟灰缸上均有几道烟支粗细的槽,是专为放置烟卷而设计的。烟灰缸除了具备实用功能之外,还是一种艺术品,具有一定的艺术欣赏价值。

一、烟灰箱、缸的更换

(1) 准备工作:发现公共区域客用烟灰缸内烟蒂数达到最高限额,立刻从工作间取出清洁用品及干净的烟灰缸。

(2) 更换烟灰缸:托盘盛放干净的烟灰缸,用右手将一干净烟灰缸盖盖在脏烟灰缸上,一并拿起,同时左手将另一干净烟灰缸放回原来位置。如果烟灰缸较大,可先换上一干净烟灰缸,然后将专用盖板盖在脏烟灰缸上,两手拿起。如果有客人正在使用烟灰缸,先礼貌地征求客人意见:"对不起,打扰了,先生。我能更换您的烟灰缸吗?"

(3) 洗净脏烟灰缸:将脏烟灰缸送回工作间清洗,备用。

二、烟灰箱、缸的清洁

(1) 将干净的烟灰缸用左手托着,右手拿一块干净的抹布。

（2）将干净的烟灰缸叠在脏的烟灰缸上，同时把烟灰缸拿到自己的身体右侧。

（3）将干净的烟灰缸放在原来的位置。

（4）用热水冲洗干净，如特别脏的可用清洁剂进行清洁，过水洗净。

（5）左手拿起抹布，将烟灰缸放在上面，右手提起抹布另一端，将烟灰缸擦干。

（6）将干净的烟灰缸放在工具箱内，以备下一次更换。

任务三　公共洗手间的清洁

酒店公共洗手间是顾客光顾最多的场所，通过那里的卫生与文化可以体现出酒店的档次与管理水平，顾客往往通过这个卫生间对酒店有个初步认识。所以说公共洗手间是酒店的"名片"。

公共洗手间是客人最挑剔的地方，如果有异味或不整洁，会给客人留下很不好的印象。因此，饭店要根据自己的档次、客流量的大小及洗手间的设备状况确定清扫频率，以保证公共洗手间清洁卫生、设备完好、用品齐全。公共洗手间一般要求每隔一个小时清理一次；每日下午3～4点及夜间客人活动低峰时，各安排一次彻底清洁，使公共洗手间始终保持清洁、干净、无水迹、无污渍。

一、公共洗手间的清理程序

（1）检查洗手间设备有无损坏，如果有，应及时报修。

（2）倒空所有垃圾容器。

（3）抹净台面、地面及恭桶上的水迹、污迹。

（4）擦净镜面和水龙头等镀铬物件。

（5）补充用品，如洗手液、擦手毛巾、衣刷、卷纸、梳子、针线包等（视情况替换鲜花）。

二、公共洗手间的彻底清洁程序

（1）检查洗手间设备有无损坏。

（2）倒空所有垃圾桶，换上干净的垃圾袋。

（3）放水冲净恭桶、便池等，倒入清洁剂。

（4）戴上橡胶手套，用经过消毒剂浸泡过的抹布擦拭面盆。

（5）先用清水冲净、漂清消毒剂残留液，再用抹布抹干，不留水迹、污迹。

（6）用柔软的平纹抹布擦净、擦亮镜面、金属器件。

（7）用恭桶刷清洁恭桶，用经过消毒剂浸泡的抹布擦拭恭桶座圈、外壁、水箱，再洗净、抹干、抹净，并用同样的方法洗刷地面。

（8）配齐物品，如洗手液、擦手毛巾、衣刷、卷纸、梳子、针线包等，女洗手间还应配好卫生袋。

（9）拖净或擦净地面，使地面无水迹、无污渍。

星级饭店公共洗手间，除了做好以上的清洁保养工作以外，还可配备专职的洗手间服务员，为客人提供周到的服务。一般要求服务员主动向客人问好；当客人洗手时，为客人调好水温，打开水龙头，并向客人提供洗手液，客人洗完手后应递上小毛巾；如客人衣服上有灰尘等脏物，应用衣刷为客人刷净；客人用过的恭桶、便器应随时冲洗、擦干净；客人离开时，应主动使用告别语言。

任务四　电梯轿厢的清洁与保养

电梯轿厢的清洗和保洁工作主要包括电梯门、轿厢内壁、轿门内槽、轿厢地面的清洗等，一般为每日清洗一次，并进行每日的巡回保洁，每日巡回保洁次数可根据人流量的大小和具体标准要求而定。

一、清洗程序

准备工作—清洗轿厢内壁—清洗轿门内槽、轿厢地面—清洗电梯轿厢门—检查、整理。在电梯轿厢的清洗过程中，一般应从上到下、从里到外依次进行。

二、清洗方法

电梯轿厢的清洗工作应安排在晚间或人流量较少的时间内进行，一般应在相连的楼层清洗前进行，操作方法如下。

（一）准备工作

（1）准备好所需的工具和用具，如抹布、干毛巾、水桶、清洗剂、扫把、拖把、吸尘机和按要求需要更换的地毯等。

（2）通知电梯工停止电梯运行，切断电源。

（二）清洗轿厢内壁

（1）将抹布浸入配制好清洗剂的水桶中，拿起后拧干，沿着轿厢内壁从上往下用力抹擦。

（2）若壁上沾有较顽固的污垢或污迹，可用铲轻刮或直接喷上清洗剂后用抹布用力来回抹擦。

（3）用另一块抹布浸透清水后，拧干抹擦。将抹布过清水后用力拧干，再彻底清抹一遍。

（4）用半干湿毛巾抹净电梯按钮及显示屏。

（5）轿厢天花板可每周清洗一次，除照明灯饰镜面和摄像探头要用半干湿毛巾轻轻清抹外，其他部位的清洗方法与轿厢内壁清洗方法相同。

（三）清洗轿门内槽、轿厢地面

（1）用铁钩将轿门内槽的杂物勾起，亦可用吸尘机吸净轿门内槽的沙粒。

（2）若轿厢地面铺有每天更换的地毯，则只需将旧地毯掀起，用半干湿拖把将轿厢地面拖净，待湿气挥发后再铺上干净的地毯。

（3）若轿厢地面为固定地毯，则可用吸尘机吸干净地面的沙粒、杂物，每周一次用洗地机（地毯机）配合清洗剂清洗一遍。

（4）若轿厢地面为木质或合成塑料，则可先用湿地拖配合清洗剂拖抹，再用清水拖抹，最后用干地拖将水迹抹干。

（四）清洗电梯轿厢门

（1）电梯轿门材料一般是不锈钢，清洗时先喷上少许不锈钢喷剂，然后用棉质软布由上而下抹净，使电梯轿门洁净光亮。

（2）清洗作业完毕，应环视整个电梯轿厢一遍，检查是否有遗漏和清洗不彻底之处，如有应立即补做，最后通知电梯工重新启动电梯。

（五）巡回保洁

在电梯正常运转的情况下，用夹子夹起电梯间地面上的垃圾或杂物，用干毛巾抹擦按钮、显示屏及脏污印迹。

任务五　后台区域的清洁与保养

除了客人活动区域以外，每家酒店都有后台区域，后台区域主要包括员工走廊、电梯、更衣室、卫生间、食堂、厨房、库房及各部门的办公室等。

后台区域的清洁卫生状况对员工的精神状况和酒店的服务质量有重要影响。搞好后台公共区域的清洁卫生，可为员工创造一个良好舒适的工作、生活环境，有利于员工保持舒畅的心情。

一、清洁整理办公室

办公室的清洁一般安排在上班前或下班后，中午倒一次垃圾。复印室要有专人负责，因为那里使用率高，来往人员多，各种纸张多，最容易积累垃圾和灰尘。有些办公室由于保密和安全的需要，不便在无人的情况下清洁，客房部应与办公室相关人员沟通协调，妥善安排清洁时间。

二、清洁整理员工更衣室、浴室

（1）员工卫生间、员工更衣室、浴室每天都需要清洁，派专人负责。

（2）员工走廊、安全消防梯和员工电梯是员工经常使用的，大清洁的时间应安排在夜间。

（3）员工电梯间白天使用率高,在白天正常清洁的基础上,夜间要进行彻底的清洁,以保证员工电梯间的卫生。

三、其他清洁整理

（1）后台区域不同的地面材料应采用不同的清洁方法,如地砖类的地面,清洗工作通常在夜间进行。白天需安排人员检查拖扫地面,随时清理掉在地面的各类碎屑或洒落的饮料汁或菜汤等。天然大理石的地面,应视其使用情况,定期安排地面打蜡工作,白天只需要用尘推将地面推净。

（2）后台区域的各通风口、空调口、电灯,应定期在夜间安排清洁和除尘。

（3）后台区域的通道内有许多消防栓和灭火器等,需要经常擦拭,保证消防栓内干净无杂物,灭火器上无灰尘。

复习与思考

一、不定项选择题

1. 大厅内有地毯处每天要吸尘（　　）次。

    A. 1～2　　　　　　B. 2～3　　　　　　C. 3～4　　　　　　D. 5～6

2. 大堂地面每天夜间（　　）点以后打薄蜡一次,并用磨光机磨光,使之光亮如镜。

    A. 20　　　　　　　B. 21　　　　　　　C. 22　　　　　　　D. 24

3. 一般情况是客梯在早6点至9点,中午11点至下午2点,下午5点至11点都属于客梯使用的高峰时间,不应在（　　）点对电梯进行清洁。

    A. 6～9　　　　　　B. 11～12　　　　　C. 5～11　　　　　D. 12～15

4. 公共洗手间一般要求每隔（　　）小时清理一次。

    A. 1　　　　　　　　B. 2　　　　　　　　C. 3　　　　　　　　D. 4

二、简答题

1. 简述扶梯、电梯清洁程序。

2. 烟灰箱、缸的清洁要注意哪些事项?

3. 公共洗手间的彻底清洁程序包括哪些?

4. 电梯轿厢的清洁与保养的方法有哪些?

三、案例分析题

客人的巾类丢失

某日,1611房台湾客人致电服务中心,反映她自己带的浴巾一条、中巾两条共三条巾类不见了,客人说她因有洁癖,用不惯酒店配备的巾类,所以自己带了几条出门用,现找不到自己的巾类,要求酒店调查此事并给其回复。

房务管家接到此投诉后,马上对此事展开调查,原来该楼层服务员小杨当天在整理1611房时,将客人的巾类连同布草一起撤出送洗（客人自带的巾类和酒店客房的巾类颜色是一样的）,后将此情况告知1611房客人,客人的意见是,她的巾类混同酒店布草一起洗了她就不要了,酒店决定去外面超市买来给其赔偿,但客人又讲酒店买的她可能也不会满意,坚持要求照价赔偿,浴巾 499 元一条(为新台币)、中巾 199 元一条。经过对此事的调查,按照客人的要求给其现金赔偿,督导培训方面也负有连带责任,最后决定服务员小杨赔偿 100 元,酒店房务部赔偿 110 元。

根据以上案例,回答以下问题:

针对以上案例,谈谈酒店的做法是否合理?

项目二　面层材料的清洁与保养

学习目标 ◀

通过本项目学习,你要……
◆ 掌握面层清洁保养的基础知识;
◆ 掌握面层清洁保养的基本方法;
◆ 掌握面层清洁保养的工作程序;
◆ 了解面层清洁保养的基本内容;
◆ 了解每个日常清洁保养的工作方法。

知识概览 ◀

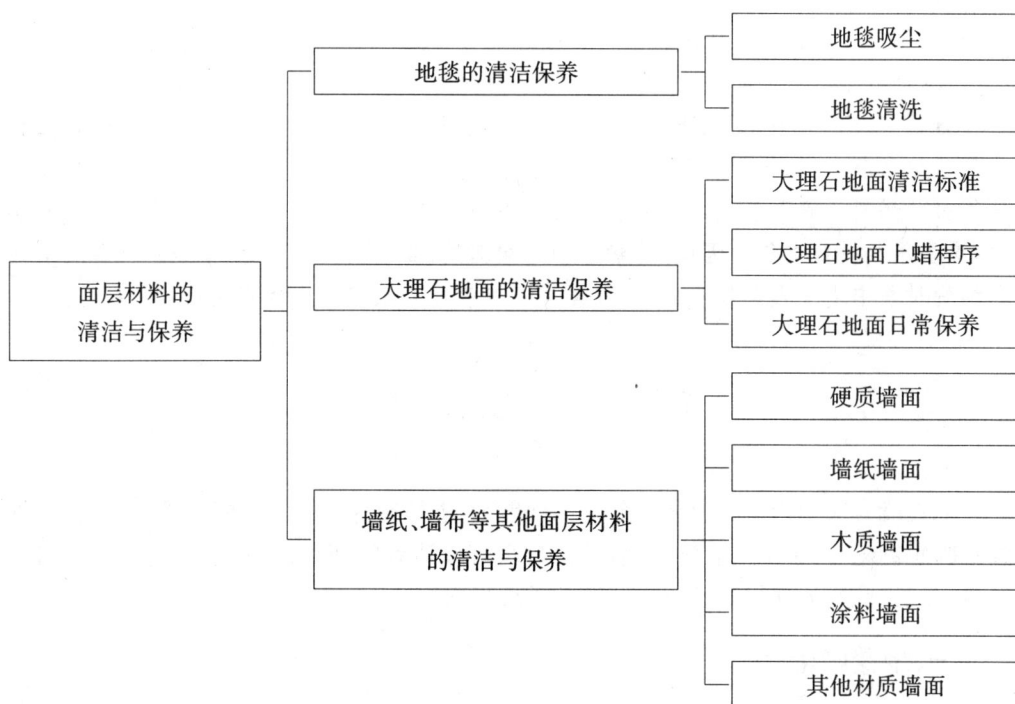

面层材料的清洁与保养
- 地毯的清洁保养
  - 地毯吸尘
  - 地毯清洗
- 大理石地面的清洁保养
  - 大理石地面清洁标准
  - 大理石地面上蜡程序
  - 大理石地面日常保养
- 墙纸、墙布等其他面层材料的清洁与保养
  - 硬质墙面
  - 墙纸墙面
  - 木质墙面
  - 涂料墙面
  - 其他材质墙面

📌 案例导入 ◀

地面湿滑导致顾客摔伤,宾馆酒店应当担责

2012年2月,外地的王女士在一家宾馆住宿,由于一楼大厅地面刚刚被工作人员打扫过有些湿滑,王女士准备外出买东西途径大厅时不慎摔伤,后被送往医院救治。经鉴定,王女士左臂尺骨骨折,伤情属于九级伤残。后多次与宾馆协商赔偿事宜,但终未达成一致。2012年5月份,王女士以侵犯身体健康权为由,将该宾馆告上法庭,要求赔偿医疗费、误工费、护理费、精神损害赔偿等15万余元。

法院审理认为:事故发生时,宾馆在大厅内虽然设立"小心地滑"的警示牌,但对地面湿滑的情况并未采取任何防范措施,没有尽到安全保障义务,应当承担与其过错相适应的赔偿责任。王女士对"小心地滑"警示牌重视不够,具有一定过失。综合以上因素,最终判决宾馆承担70%赔偿责任。

📌 任务驱动 ◀

1. 王女士酒店摔倒责任归结于酒店还是自己?
2. 酒店怎样才能减少客人地面摔倒事件发生?

分析:"安保义务"是从事经营活动或者社会活动的主体(包括酒店、宾馆、商场)应尽的法定义务。根据《侵权责任法》第三十七条的规定:宾馆、商场、银行、车站、娱乐场所等公共场所的管理人或者群众性活动的组织者,未尽到安全保障义务,造成他人损害的,应当承担侵权责任。因此,消费者如果在宾馆、商场、银行、车站、娱乐场所等公共场所消费过程中遭受人身损害的,可以要求经营管理者承担相应的责任,依法维权。

任务一　地毯的清洁保养

地毯既有实用价值又有艺术装饰的效能,它能隔热保温、隔声防噪、抗风湿、富于弹性且脚感舒适,且于室内装饰,具有其他材料难以达到的那种高贵、华丽、美观、悦目的气氛。地毯已成为现代酒店室内装饰的重要材料。

一、地毯吸尘

若要延长地毯的寿命,必须建立一套正确的清洁标准。在保养过程中,吸尘是保养地毯最重要的程序,吸尘工作做得越好,地毯需要清洗的次数就越少,其使用的寿命就越长。另一方面,有了污迹应尽快清除,否则,时间长了便会很难清除。

二、地毯清洗

（1）用吸尘机对地毯进行吸尘处理。

（2）用地毯除迹剂清除地毯上的各类污迹及香口胶。

（3）按比例将地毯水兑水后加入电子打泡箱内。

（4）将150转/分钟的洗地机套上地毯刷，接上电源。

（5）打开泡箱开关，将泡沫均匀地擦在地毯上。

（6）控制擦地机的走向，由左至右，保持40米/分钟的速度为宜。

（7）操作机械在地毯上来回洗刷3～4次，上下行距互叠10厘米。

（8）用毛刷擦洗边角位，抹干地毯上的泡沫。

（9）用地毯吹干机吹干地毯。

（10）工作完毕后，用清水冲洗泡箱和地毯刷。

任务二　大理石地面的清洁保养

　　酒店大理石地面由于是公共场所，磨损程度会比较大，必须定期进行维护保养。常规的方法是清洁表面，晾干之后用底蜡、面蜡进行打蜡护理。有专业的大理石护理蜡，能够确保亮而不滑的效果。一定要请专业的保养公司进行专业保养，在进行大面积保养之前需要进行局部测试，测试效果好再进行全面清洁保养。

一、大理石地面的清洁标准

（1）大理石地面应避免受潮，避免使用酸剂、强碱，忌油脂。

（2）必须上水性底蜡，以封闭其细微的缝隙和提高牢度。日常清洁保养应使用水性抛光蜡。

（3）避免使用粗糙东西磨擦，以免造成永久性损伤。

（4）避免使用砂粉或粉状清洁剂。

二、大理石地面清洁上蜡程序

（1）准备工具。

① 拖把（湿拖、落蜡拖）；

② 油灰刀；

③ 吸尘器；

④ 地湿防滑显示牌；

⑤ 中性清洁剂；

⑥ 打蜡车（双桶拖把绞干器）；

⑦ 水性底蜡、面蜡；

⑧ 抛光机(1 500 转/分钟);

⑨ 扫帚;

⑩ 簸箕。

（2）用扫帚和簸箕将地面上大的建筑垃圾、脏物、尖利的物品清理掉,吸光。

（3）湿拖。操作时应注意:

① 先用中性清洁剂、拖把和带拖把绞干器的桶。

② 立起"地湿防滑"警示牌。

③ 将拖把头浸入清水桶中,湿透、绞干抖开后使用。

④ 用后退式拖地方法,注意不要擦到墙上,待中间完成后再沿墙周拖净。

⑤ 注意经常清洁拖把,并及时更换清水。

（4）除渍:用抹布、油灰刀、中性清洁剂去除痂结在地面上的污渍、泥、水泥等,尽量使用清水和抹布擦洗,若除不掉,则用油灰刀轻轻铲除。

（5）用拖把或抹布拖干、抹净地面。

（6）待地面彻底干透后,开始上底蜡。

（7）上底蜡。操作时应注意:

① 用落蜡专用拖把(落蜡拖)在干净地面上布蜡,由远及近,左右循环地进行。手法要一致,幅度要大,上蜡要簿且均匀。

② 待蜡层干后(约半小时),用抛光机配软盘轻轻打磨,以使蜡层更为坚硬和平滑。再上第二遍蜡,底蜡。完全干硬需 12～16 小时,再用抛光机轻轻打磨。

③ 打底蜡时,最好迎着光线操作,以看清蜡道。一般使用水性底蜡。

（8）上面蜡。方法与上底蜡基本相同,应使用水性面蜡。

（9）待面蜡干透后,用抛光机(1 500 转/分钟)进行高速抛光。

三、大理石地面日常保养

（一）尘推

尘推是利用尘推与地面摩擦产生的静电将灰尘吸起,达到除尘的目的。尘推的正确姿势应该是握杆的手靠在腹部,尽量保持直线向前,从一头开始推进,平行地来往往复,行进中尘推紧贴地面,不能抬起,以免灰尘飞扬;拐弯时,尘推应做 180 度转向,始终保持将尘土往前推。当尘土积到一定程度时,应将尘土推到一边,并用吸尘器将其吸走去。尘推积尘过多应及时更换,以达到较好的推尘效果。尘推用好后应拿到工作间及时处理干净,推头向上挂放。

（二）喷磨

对尘推去除不掉的蜡面局部脏迹和一些走动较多的有磨损印或鞋跟印的地面,喷上蜡后,用单擦机加粗细合适的尼龙百洁刷盘进行喷磨,它可以将落下的蜡屑打入圆百洁刷盘内,而且喷磨后,会在地面留下一层薄薄的新蜡,起到光洁地面的作用。喷磨时,操作人员应先对机器前方地面喷蜡,然后再用机器磨。注意调节好喷嘴,不要将喷蜡喷得太远,以免机器磨到时蜡已干掉。还需注意不要喷到墙上、家具上,一般喷至离墙、家具 70 cm 的地方即可。在进行喷磨时,当百洁刷盘沾满脏物时,应及时更换或翻转刷盘。喷磨完成后,用尘推将磨散的蜡屑或尘土推走,在工作间对刷盘进行彻底清洗。若刷盘有重污或已变硬,可将其浸泡在起蜡水溶液中洗涤,洗涤干净后晾干备用。

(三) 清洗、打蜡

当推尘和喷磨无法去除地面的脏迹和磨损或不能使地面恢复光泽的状态时,可进行彻底的清洗和打蜡。

(1) 清洗前的准备工作:将所有物件撤离,准备好适用的清洁器具和清洁剂,并拉警示线或树立警示牌,提醒行人注意安全。

(2) 推尘除去地面浮尘。

(3) 除去旧蜡:先将起蜡水按要求的比例稀释后,装入洗地机容器中,再用洗地机擦洗。擦洗后,应迅速用吸水机或拖把将起蜡溶液吸去。否则,地上溶液会很快变干,而且去除难度相当于重新起蜡。因此,若洗涤面积较大,可分区域起蜡。注意起蜡水不可过量使用,或停留时间过长,以使其碱性破坏地面的颜色,或溶液渗入使地面受损。旧蜡必须完全去除,可采用侧面对着光线查看法进行。若有斑迹,可使用点清洁方式而不必再大面积起蜡,如用钢丝绒擦除墙角边陈蜡。地面旧蜡完全去除后,地面上仍留有一层薄薄的清洁剂,要用清水反复漂洗过地面后,用吸水机或拖把吸走,从而为打蜡提供真正干净的地面。

(四) 打蜡、抛光

大理石、花岗石地面所用的封蜡和面蜡应为水基蜡。待地面完全干透后(否则蜡面上会出现水泡印,蜡面光泽不好,容易起皮),用干净的棉拖或专用的落蜡工具将第一层蜡(封蜡)均匀涂于地面。操作中应避免前后动作,以免使蜡起泡,影响蜡面美观。最好使用压水器,挤压蜡拖,使蜡面薄而均匀。等蜡层风干 20～30 分钟后,用抛光机轻度打磨,使蜡面平滑牢固。等其完全干透(需 1 小时左右),再上第二层蜡(通常为面蜡)。在第二层干透后(需 4～8 小时左右)后上第三层蜡并抛光(面蜡)。

打蜡过程中应注意:必须等第一层蜡完全干透后再上第二层,否则可能会使第一层蜡再浮化,轻则使地面色泽暗淡,严重时地面会起泡或变成粉状。刚上过蜡的地面不宜立即踩踏,最好在上完最后一层面蜡两小时后再让人行走,可能的话,最好过 12 小时再进行抛光,这样的效果更好。地面打蜡后要防止水的溅滴或冲洗。日常清洁只能用溶剂型清洁剂。全部完成后一天左右,撤除防滑警示牌,家具物件复位。及时检查并清洁各种清洁器具,妥善存放以备用。

大理石是多孔性材料,因此容易染污,清洁时应少用水。正确的方法是:

(1) 定期以微湿带有温和洗涤剂的布擦试,然后用清洁的软布抹干和擦亮。

(2) 磨损严重的大理石家具难以处理,可用钢丝绒擦拭,然后用电动磨光机磨光,使它恢复光泽。

（3）用柠檬汁或醋清洁污痕也是很好的方法,但应注意柠檬汁停留的时间最好不要超过两分钟。必要时可重复操作,然后清洗并弄干。

（4）对于轻微擦伤,可用专门的大理石清洁剂和护理剂。

（5）大理石上沾有水果汁、咖啡、饮料及尼古丁等污点时,用加了几滴醋的洗衣粉水就可将其擦掉,擦完后再用清水认真冲洗干净。

（6）要除去大理石上的烟灰,可用肥皂水擦洗。

（7）用汽油可洗去大理石上的油垢。

（8）大理石上沾有墨水等污点时,可在用 20 份水兑 1 份双氧水的水中加几滴氨水,用软布蘸此溶液擦拭,然后再用软布揩干磨光。

案例分析

酒店聚餐摔伤,在病床上过春节

临近春节了,南京的黄先生把家人请到离家不远的一家酒店聚会。点完餐之后,他路过酒店大堂返回餐桌时,脚下一滑,摔跪在地面。他发现地面上有些油腻潮湿,认为这才导致自己滑倒。见状,服务员未怠慢,赶紧把他扶了起来。

当时,黄先生的左膝就肿胀疼痛,无法行走。酒店的一个领班建议他到医院检查,并称如果有问题,酒店一定会负责任。

看到酒店这么诚恳,黄先生当时没有再提具体要求。当日在家人的陪同下,黄先生到医院就诊。原以为到医院门诊简单处理一下就可以了。医生见状认为没有那么简单,建议他做个检查。结果显示,他被摔成了膝盖附近撕裂伤、左膝前韧带损伤,需要住院治疗。他就在医院病床上度过了春节。

黄先生住院前后花去了 2.5 万余元医疗费,除去医保报销的部分,自己还承担了 8 000 元。但当他拿着医疗费的票据找到该酒店,要求其赔偿时,却遭到对方拒绝。酒店不但不愿意赔钱,还不承认黄先生是在酒店用餐时受的伤。交涉一段时间,酒店只愿赔 1 000 元了事。黄先生认为,就是因为酒店未履行安全保障义务,才把自己摔成这样。眼看协商无果,黄先生把酒店告上法院,请求法院判其赔偿医疗费、精神抚慰金等共计 5 万余元。

【分析提示】

客人在酒店内受伤,酒店究竟负有什么样的责任呢?二审法院的刘法官解释,法律规定公共场所的管理人有安全保障义务,也就是对于进入其管理的公共场所的人员,负有保障他们的人身和财产安全的义务。未尽到安全保障义务,造成他人损害的,应当承担侵权责任。餐饮店的地面积水没有及时拖干,往往是引发纠纷的导火索。

但刘法官也称,不能把责任都往管理人身上推,并不能要求其超越自己的能力范围,无限制地承担义务。比如一些老年顾客在公共场所突发疾病,这已经超出了管理人能力范围。只要管理人在发现后第一时间采取了相应的报警或者急救措施,损害再严重,也不能归咎于管理人的安全保障义务。

任务三　墙纸、墙布等其他面层材料的清洁与保养

墙面(包括柱面)是室内空间的垂直面,通常是人们视线首先接触到的部位。因此墙面清洁卫生工作的好坏直接影响到整个环境的优劣。

随着社会的进步和经济的发展,墙面的装饰日新月异,使用的装修材料品种繁多,有涂料类墙面、硬质石材类墙面、木质墙面、贴墙纸墙面、镜面金属墙面、文化石墙面等。下面介绍酒店常见墙面面层材料的清洁保养方法。

一、硬质墙面

酒店常用的硬质墙面有瓷砖墙面和大理石墙面。前者多为厨房和卫生间墙面的装饰材料,一般经过施釉,且花形图案较多。后者多为大厅墙面的装饰材料,一般经过抛光处理。硬质墙面具有防水、防污、防火及一定的装饰性能。

硬质墙面受到的摩擦少,主要污染为灰尘、水珠等。如果是大厅墙面,则主要为灰尘。

清洁保养工作主要有:

(1) 用掸子掸除表面的灰尘和蜘蛛网。

(2) 用浸过清洁剂的半干毛巾,沿着墙面从上往下来回擦拭,再用清水抹布湿擦,彻底擦净。

(3) 定期用喷雾蜡水清洁,这种蜡水具有清洁功效,并能在墙面表面形成透明的保护膜,使墙面光洁不易污染。

(4) 定期用碱性清洁剂清洗,洗后须用清水将清洁剂漂净。

二、墙纸墙面

墙纸是酒店常见的墙面装饰材料,大多用于客房、会议室和餐厅等场所。

墙纸墙面的清洁保养工作主要有:

(1) 用掸子掸除墙面表面的浮尘和蜘蛛网。

(2) 定期吸尘,将吸尘机换上专用的吸头,依次全面吸尘一次。

(3) 耐水墙纸墙面上的污迹可用浸过清洁剂的湿抹布擦洗,再用清水抹布擦净,最后用干抹布擦干水迹。

(4) 不耐水的墙纸墙面的污迹,则可尝试用橡皮、细砂纸等轻擦去除。

三、木质墙面

木质墙面一般采用柚木板、水曲柳板、榉木板、胶合板等粘贴而成,其表面常刷有硝基清漆。清洁保养工作主要有:

(1) 用干抹布沿墙面从上而下擦拭。

（2）对局部的轻度污迹,可用浸过清洁剂的半干抹布在表面用力反复擦拭,然后用清水湿抹布彻底擦净。

（3）定期上家具蜡,以保证墙面的光洁度。

（4）防止硬物或尖锐物刮坏墙面,如有破损,应请维修人员及时修复并补漆。

四、涂料墙面

涂料类墙面是室内墙面装饰中最原始和最普通的一种墙面,涂料墙面色彩丰富,易与家具色彩搭配,价格低廉、无毒无气味、不易燃、透气性较好、施工简单,但在潮湿环境中或天气过分潮湿时会发霉。由于各种涂料(漆料)种类繁多,有着不同的特性,进行清洁时应采用不同的方法。

（一）不具耐水性的涂料类墙面的清洁

（1）用掸子掸除墙面的灰尘和蜘蛛网,应特别注意边缘和角落位置的处理。

（2）用干毛巾清擦墙面上的污迹,若擦不掉则可用橡皮、细砂纸轻轻擦掉,要注意掌握技巧,否则会留下擦迹。

（3）墙面沾上泥浆、痰迹等凸起的厚污渍,可尝试用铲刀轻轻铲掉。

（4）清洁因清洁墙面而污染的地面。

（二）耐水性的涂料类墙面的清洁

（1）用掸子掸除墙面的浮尘和蜘蛛网,应特别注意边缘和角落位置的处理。

（2）将毛巾浸入放有中性清洁剂的水盆中,用中等力度拧干,沿着墙面从上往下来回擦拭。

（3）仍有污迹的地方再用短柄刷刷洗。

（4）对凸起的厚污渍,则可尝试用铲刀轻轻铲掉。

（5）用另一毛巾浸透清水后,用中等力度拧干,对墙面彻底擦拭一次。

（6）清洁因清洁墙面而污染的地面。

五、其他材质墙面

（一）镜面金属墙面(柱面)

镜面金属墙面(柱面)一般是采用玻璃、不锈钢、紫铜、金箔等装饰而成,在进行清洁保洁工作时应谨慎小心,以免损伤墙面而留下痕迹。

（1）镜面金属墙面(柱面)的清洁方法与玻璃的清洁方法基本相同。

（2）不锈钢的饰面,应用绒布擦拭,并用不锈钢光亮剂定期上光。

（3）紫铜、金箔等饰面,一般只需用掸子轻轻掸几次即可,若仍有污迹,可用清水喷洒在其表面,再用绒布根据需要轻擦,最后擦上相应的光亮剂。

（二）文化石墙面

文化石墙面是目前较为时尚的一种用各类文化砖装饰而成的墙面,其特点是墙面凹凸不平,易于藏尘,日常可用掸子掸除污尘,清洁时要细心,切忌遗漏。

（三）软墙面

软墙面是用锦缎等覆盖的墙面,内衬海绵等物。此种墙面高雅、华贵、温暖,立体感强、吸音效果好,是一种高级墙面装饰方式。软墙面内衬海绵等填充物,用水擦后难以干透,处理不好还会留下明显的水印,故软墙面不能经常用清洁剂擦拭。为了便于清洁保养,又不影响装饰效果,在进行室内装潢时,最好在距地面1 m以下的地方用木板贴面,1 m以上处再用软墙面装饰。

复习与思考

一、不定项选择题

1. 大理石地面日常保养包括(　　)环节。
   A. 尘推　　　　　B. 喷磨　　　　　C. 清洗、打蜡　　　D. 抛光

2. 抛光机正常转速为(　　)。
   A. 1 500 转/分钟　　　　　　　B. 1 200 转/分钟
   C. 1 300 转/分钟　　　　　　　D. 1 400 转/分钟

3. 在进行室内装潢时,最好在距地面(　　)以下的地方用木板贴面,(　　)以上处再用软墙面装饰。
   A. 4 m　　　　　B. 3 m　　　　　C. 2 m　　　　　D. 1 m

4. 文化石墙面是目前较为时尚的一种用各类文化砖装饰而成的墙面,其特点是墙面(　　)。
   A. 凹凸不平　　B. 易于藏尘　　C. 比较平滑　　D. 不易藏尘

二、简答题

1. 简述地毯清洗的基本流程。
2. 大理石地面清洁标准有哪些?
3. 木质墙面的清洁保养工作有哪些?
4. 简述墙纸墙面的日常保养环节。

三、案例分析题

如何维护好酒店形象,同时又服务好客人

在某酒店的大堂,有两位客人正在办理入住手续,突然,其中一位"噗"的一声,吐了一口浓痰在刚擦干净的地板上。说时迟那时快,一名服务员及时赶到用拖把擦去,同来的客人看在眼里,记在心中。

在接下来办手续约10分钟的时间里,那位服务员提着拖把始终在离他们不近不远的地方。正在此时,背后又有"噗"的一声,只见那位服务员旋即转身去擦。两位客人办完手续乘上电梯,电梯里贴着一张"请勿吸烟"的标识,可是他们谁都没有掐灭手中正在燃烧的香烟,照抽不误。就在这个时候,旁边一位身着酒店员工制服的员工悄然无声地伸过一个烟灰缸,在电梯运行的这段时间里,他始终托着烟灰缸,直到两位客人走出电梯。

刚才乘电梯的客人在房间里稍微休息了一会儿,再乘电梯下一楼,此时,这两位客人手中不再拿香烟了。

根据以上案例,回答以下问题:

一位优秀的服务员应该怎么应对以上客人的行为?

四、实践与训练

1. 实训项目:大理石地面清洁保养。

2. 实训目的:通过对大理石地面清洁保养知识的讲解和实训项目的训练,使学生了解大理石地面的种类,掌握大理石地面的清洗、打蜡及晶面处理的操作技能,达到操作规范的目的。

3. 实训方法:老师在课堂讲授大理石地面清洁保养的基本知识,观看相关视频。然后到学院宾馆去现场参观大理石地面清洗或打蜡的过程,回来后师生一起总结经验。

4. 所需实训设施的准备:准备一间可容纳30人左右并有大理石地面的教室,联系一家日常经营的实体宾馆。

5. 实训要求:掌握大理石地面清洗和打蜡的程序和方法。

6. 学习评价。

被考评小组				
考评地点				
考评内容	大理石地面清洁保养			
项目	操作要求	配分	自我评价	实际得分
听课认真程度	认真听讲,做好笔记,跟上上课节奏	15分		
观看视频认真程度	认真观看视频,并积极练习	10分		
模拟练习效果	能根据各模块要求,正确实施对客服务	60分		
参与实训认真程度	能正确了解小组角色,积极参与实训	15分		
合　计		100分		

项目三 室外公共区域的清洁

学习目标

通过本项目学习,你要……
◆ 掌握庭院绿化布置程序;
◆ 掌握庭院绿化清洁养护程序;
◆ 了解停车场清洁的区域及程序;
◆ 了解垃圾的清运、处理。

知识概览

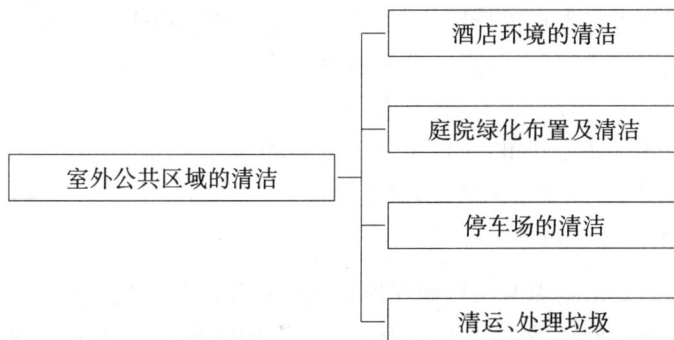

室外公共区域的清洁
- 酒店环境的清洁
- 庭院绿化布置及清洁
- 停车场的清洁
- 清运、处理垃圾

案例导入

停车场内车被撬,房客损失饭店是否担责?

某饭店的两个停车场经常有车辆进进出出,已多次有车辆被盗窃,还发生过轿车被偷走的情况。他们在停车场内张贴有"停车须知",顾客车内物品被盗和车辆被撬坏,他们不负责赔偿被盗物品,只对被撬坏的部分进行修复。但饭店保安部经理承认,他们保安部共有20人,24小时有人值班,并且没有口头告知进来停车的顾客,因此饭店有相应责任。对于饭店方只承担很轻微的责任,车辆被盗者极为不满,表示将通过有效途径讨回公道。饭店方表示:如果相关执法部门判决他们承担更大的责任,饭店方将承担责任。

任务驱动

1. 以上饭店的做法是否合理？
2. 饭店应怎样处理客人车辆被盗事件？

一、酒店环境的清洁

这里的环境是指酒店外、属酒店负责清洁的区域和地段以及酒店周围。酒店负责的区域，每天须多次清扫，保持整洁。酒店外墙应定期进行清洗，酒店可根据自身资金状况、规模等实际情况，配置专门的清洁设备，安排公共区域员工进行清洁，也可委托专业清洁公司进行清洗。

二、庭院绿化布置及清洁

（一）绿化布置程序

（1）按照规划对客人进出场所的绿化花草进行布置和安排摆放位置。

（2）根据规定的调换时间，定期调换各种花卉盆景，给客人一种时看时新的感觉。重大任务前，如接待贵宾或举行圣诞晚会，则要根据饭店的通知进行重点绿化布置。

（3）接到贵宾入住通知单，应根据客人等级和布置要求，准备好摆放的鲜花，按房号送至楼面交服务员，切记客人所忌讳的花卉。

（二）绿化清洁养护程序

（1）每天从指定的地点开始按顺序检查、清洁、养护全部花卉盆景。

（2）拣去花盆内的烟蒂杂物，擦净叶面枝杆上的浮灰，保持叶色翠绿、花卉鲜艳。

（3）对喷水池内的假山、花草进行清洁养护，对池内水中的杂物要及时清除并定期换水。

（4）发现花草有枯萎现象，应及时剪除、调换，并修剪整齐。

（5）定时给花卉盆景浇水，操作时溅出的水滴及弄脏的地面应用随身携带的抹布擦干净。

（6）对庭院内的树木花草，应定期进行修剪整理和喷药打虫，花卉盆景应按时调换。

（7）养护和清洁绿化区时，应注意不影响客人的正常活动。遇到客人礼貌问好。

三、停车场的清洁

（1）每天清扫停车场地面，保持地面无垃圾。必要时，应用拖把拖净停车场地面。

（2）一天数次清理烟灰筒内外。

（3）擦拭各种指示牌及装饰物件。

（4）每天清理沙井、沟渠、花槽等处。

（5）每天清倒垃圾,洗净垃圾桶。

四、清运、处理垃圾

（1）酒店里所有的垃圾,包括定期从垃圾管道里清除的垃圾,都要集中到垃圾房,统一处理。

（2）将垃圾中有用的物品(如餐具、用具、设备零件等)分拣出来,做好登记,移交给有关部门处理。移交时要办好登记和签收手续。

（3）清理垃圾时,若发现客人遗弃的黄色书刊,不得私自藏匿,必须交安全部处理。

（4）经过清理的垃圾,喷洒药物后装进垃圾桶加盖,以便杀灭虫害和细菌。

（5）定时将垃圾运往垃圾工厂或垃圾处理场。若酒店有焚烧垃圾的设施,可先将垃圾焚烧后,再运往垃圾场处理,一定要在当天处理完。

（6）保持垃圾房的清洁卫生,垃圾桶要排放整齐,保证地面无遗留垃圾,尽量减少异味。

（7）垃圾房是处理垃圾的场所,无关人员不得进入。

复习与思考

一、简答题

1. 简述绿化布置程序。
2. 绿化清洁养护程序主要包括哪些?
3. 停车场的清洁程序主要有哪些?

二、案例分析题

意大利大理石有了擦痕

春天的某个早晨,上海某五星级大酒店里有几位住客坐在大堂酒吧温文尔雅地喝着饮料,轻声交谈。

就在此时,一位美国老年客人从二楼匆匆走下,他见到一楼大堂里两位朋友已经在酒吧里坐下,就加快了速度。也许是他刚打完高尔夫球归来,脚上还穿着特殊的运动鞋,底下有几枚铁钉,现在看到朋友在等他,一时心急,走到最后第三阶楼梯时滑了下来,一直滑到地上。客人感到浑身疼痛,又在朋友面前丢了面子,十分恼怒。酒吧服务员见状连忙起到现场,搀客人起来,扶他到椅子上坐下,问他是否有伤,客人生气地埋怨楼梯太滑,要求酒店派人陪他去医院检查。

服务员看到客人没什么严重的问题,便去报告大堂副理。然后连忙检查楼梯是否有积水,再检查是否有瓜皮之类的东西,这些都被否定后,大堂副理告诉客人一切正常。接着服务员发现楼梯口的一块意大利进口大理石被划出两道不浅的擦痕。大堂副理对客人和颜悦色地说,他十分愿意陪他去医院检查,但由于酒店楼梯没发现任何异物,因此造成这次不幸的根由不在酒店,而在于客人脚下的鞋子,所以医疗费用应由客人自己负担。这一说,客人自知理亏,火气消了一半,而且也因为自己没有严重的伤害,就不再坚持去医院,打算离去了。

大堂经理走前一步说:"先生您一定理解,此次不幸源于您的鞋子。您年纪大,走路要慢。另外,这块大理石现在有了擦痕,也是由于您的鞋子所致,按照酒店的惯例,我们希望先生赔偿酒店的损失。"大堂经理用一种很亲切又是摆事实讲道理的口气慢慢地说道。

客人一听,火气又大了起来,他断然拒绝大堂经理的要求。大堂经理仍然心平气和地对客人解释,如果他穿的是普通皮鞋而发生此类事故,酒店不仅不需要客人负责大理石伤痕的赔偿,还要向客人道歉。穿了那双带钉的鞋子在酒店内走动,造成的损失自然要客人负责。

大堂经理的话入情入理,客人无言以对,大堂经理马上请来了工程部经理。考虑到折旧因素,并选择了一种耗费最少的修补办法,提供100美元赔偿费。客人虽然很不高兴,但找不出理由反驳,便同意计入房价中。

根据以上案例,回答以下问题:

酒店大堂副理的做法是否合理?

三、实践与训练

分别参观两家星级酒店的公共区域,考察其公共区域的清洁保养状况,找出不足之处,提出改进措施。

模块六　布草房业务

项目一　洗衣业务

学习目标

通过本项目学习,你要……
◆ 掌握洗衣业务的基础知识;
◆ 掌握洗衣业务的基本方法;
◆ 掌握洗衣业务的工作程序;
◆ 了解洗衣业务的基本内容;
◆ 了解洗衣业务的工作方法;
◆ 掌握洗衣设备的维护与保养。

知识概览

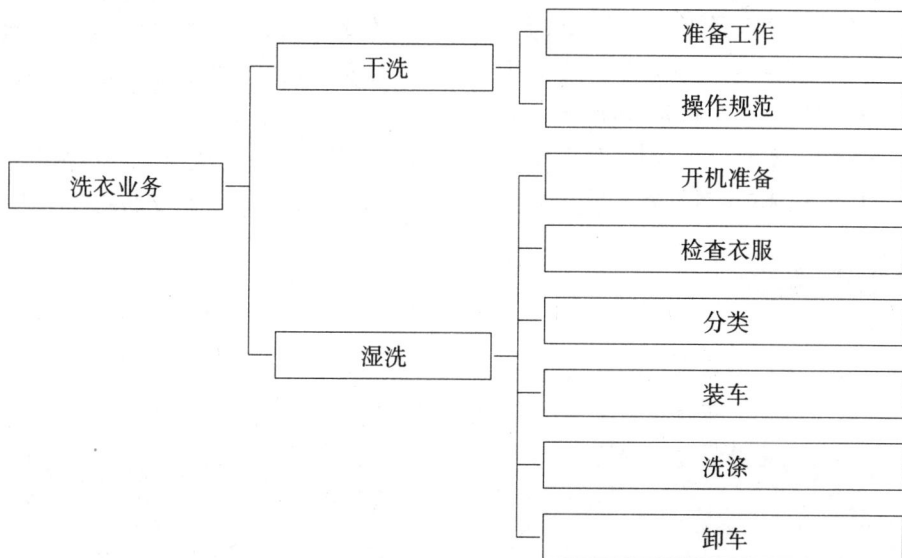

```
                                                    ┌─────────────────┐
                                      ┌──────────┐  │   污渍的辨别    │
                          ┌───────────┤ 污渍的消除├──┼─────────────────┤
                          │           └──────────┘  │   去渍化学品    │
              ┌───────────┤                         ├─────────────────┤
              │  洗衣业务  │                         │   污渍的去除    │
              └───────────┤           ┌──────────┐  ├─────────────────┤
                          │           │   熨烫   │  │   准备工作      │
                          └───────────┤          ├──┼─────────────────┤
                                      └──────────┘  │   操作步骤      │
                                                    └─────────────────┘
```

案例导入 ◀

我的衣服哪儿去了?

早上 8:40 左右,808 房的巴基斯坦客人光着膀子非常生气地寻找洗衣房,服务员焦急地告诉我:"拦也拦不住,不知道说些什么。"待我遇见他时,这位客人直奔洗衣房而去。了解得知,他要找昨日交给服务员的待洗的衣服。他要参加当天 9:00 的商务会议,可是到现在找不到他的衣服。从 8:00 寻问,寻找到现在无果,只好自己亲自寻找。我问洗衣员衣服下落,洗衣员说:"昨天下午 2:00 左右已返还客房中心。"再问客房中心,回答:"有衣服,但不知是要洗的还是待返还的。"我告知如果是衬衫,请速送至 808 房。当我告诉 808 房客他的衣服已送回他的房间时,这位客人还不相信,仍然在洗衣房的挂衣架上找自己的衣服(此时我的心情十分沉重,认识到问题的严重性)。

当务之急是尽快了解情况并道歉。与督导主任一同去 808 房间。道歉之后,808 的另一位客人说:"早上起来我们打电话找衣服,直到 8:30,现在你们说对不起,我们可以接受道歉。今天早上我要熨衣服务,可单子没有了,请问:我送去的一套民族服要求熨一下,怎么到现在还没送来? 是不是也要我去洗衣房找啊? 现在已超过了会议时间,我们俩人的衣服还没找齐,你说怎么办?"

真是一波未平一波又起,预感到事情不妙,我赶紧下楼直奔洗衣房寻问民族服装的下落。此时已晚,洗衣服务员因不知洗衣要求,也未见洗衣单,已将衣物浸泡水中……

任务驱动 ◀

1. 为什么客人要自己去洗衣房?
2. 衣服为什么滞留在客房中心没有送进客房?
3. 如何避免类似过失发生?

任务一 干 洗

干洗是用有机化学溶剂对衣物进行洗涤,去除油污或污渍的一种干进干出的洗涤方式。由于在衣物洗涤过程中水不直接接触衣物,所以称之为干洗。干洗的主要特点就是避免水洗对衣物面料造成伤害,不缩水、不变形、色泽保护性好,不易造成衣物褪色、手感柔软,便于熨烫并能彻底清洗衣物上的油污或污渍。洗后衣物还有消毒、灭菌的特殊功效,不易虫蛀,便于保存。

一、准备工作

准备不同类型、不同程度轻、中、重度污染的衣物,衣物登记表单,洗涤设备等。

二、操作规范

(一) 开机准备
(1) 打开电源、空气压缩机、冷却水及蒸汽开关。
(2) 确认干洗机1号、2号缸有足够的干洗油(不可低于最低液位)。
(3) 确认干洗机可以工作。

(二) 检查衣服
(1) 衣兜内是否有未掏净的钱物。
(2) 衣服是否破损、花柳、褪色、缺扣、饰物不全等。如有,应向传送询问是否有授权书;如无应退回,由客人签授权书后,方能洗涤。
(3) 不能干洗的衣扣、饰物要拆下,确认衣服可以干洗(如不确定,应用干洗油先试一下,然后用蒸汽枪打一下,看是否有融化现象)。
(4) 色彩鲜艳的衣服先试验其是否掉色,如掉色较严重与客人联系后,经客人同意后再洗。须单独洗涤。

(三) 分类
(1) 按颜色分成深、浅两类。
(2) 按面料分成厚、薄两类。

(四) 装车
(1) 不能超载。
(2) 不能将衣服夹住。

(五) 洗涤
(1) 不同类别的衣服要分别洗涤。
(2) 有污渍的衣服先行去渍处理。

（3）易损坏的衣服（如领带、丝绸、羊绒衫等）要装入网袋内洗。

（4）不同类别的衣服采用不同的洗衣时间：

非易损衣服洗涤 5～8 分钟；

易损衣服洗条 2～3 分钟。

（六）脱液

排液一分钟后，进行一分钟脱油。

（七）烘干

温度一般在 50 ℃～60 ℃，烘干时间根据情况而定（约 45 分钟，衣物厚或多则需相应延长）。

（八）取出衣服

待机器完全停转后方可取衣。

（九）质量检查

（1）检查先前污渍是否去除，如仍有污渍须返洗。

（2）衣服如有损坏立即上报。

（3）其余立即熨烫。

案例分析

酒店洗衣房内灯火通明，员工正在繁忙地为客人洗涤、熨烫衣物。当一件玄色双排扣西装送回客房中心时，验收员张某发现西服少了一粒扣子。张某查看洗衣单，上面并没有少钮扣的记载。相干职员找遍了洗衣房，但是依然找不到钮扣。因而张某只好坦诚地面对西装的主人王先生。王先生不高兴地说："幸亏我的西服里子上还有一粒备扣，否则我这件上档次的西装就没法见人。"为表示酒店的歉意，客房中心免去了王先生的客衣洗涤费用。

【分析提示】

一件高级的西服不明责任地丢失了扣子，缘由在于酒店接受客衣的各个环节均未严格按洗衣程序检验细节。这类情况多是原来就少一个扣子，但客房收衣员没有在洗衣单上记载，也可能在洗衣房的收发处没有进行检验，因此也没有在洗衣单上记载。虽然问题最后还算解决了，但假如没有备扣，即便西服其他部位完整，也不是免去洗涤费就可以解决的了。

任务二 湿 洗

以水为介质洗净织物统称湿洗，主要依靠水对污垢的溶解、漂洗与搓捣等机械作用洗涤织物。湿洗的益处需与其缺陷一块加以考虑。益处是，可以更好地去除水基污垢，如汗渍、血渍、咖啡渍、茶渍和尼古丁渍。缺陷是，可能变形和走形、皱褶（增加整烫难度）、夹层分离、掉色以及延长烘干时间。多数缩水、走形、皱褶都有是由洗涤过程中的机械作用导致的。降低滚筒的转速、增加水对织物的冲洗能力都可极大地降低这些缺陷。

一、开机准备

（1）打开电源、冷热水管、蒸汽管、空压管。
（2）做好水洗机四周及顶部的清洁工作。
（3）试机。

二、检查衣服

（1）衣兜里是否有客人未掏净的钱物。
（2）衣服是否可以水洗。
（3）不易机洗的要挑出进行手工洗涤。

三、分类

（1）按颜色分成深、浅、白三类，分别洗涤。
（2）有重度污染的衣服和衣领处，在洗涤前专门刷洗去污。
（3）小件（袜子、内裤等）装入网袋内洗涤。
（4）需上浆的衣服单洗。

四、装车

（1）不能超过规定的洗衣容量。
（2）关门时不要将衣服夹住。
（3）衣服装入时，防止互相勾连。

五、洗涤

（1）根据衣服的颜色深、浅选择不同的程序进行洗涤。
（2）根据衣服的污染程度，选择不同的加料方法（轻、中、重）。
（3）根据要求添加中和剂、浆粉、柔顺剂。
（4）确保达到洗衣房制定的水洗标准。

六、卸车

（1）取出衣物装入干净的专用布巾车。

（2）检查衣服时候洗净，如未洗净需复洗。

（3）检查是否有衣服搭色，如有应立即采取补救措施。

（4）洗好的衣服立即送烘干机处烘干。

注意事项：

（1）仔细检查水洗机运作情况，发现异常情况及时报告。

（2）注意洗涤剂的用量。

（3）做好一天的水洗记录，上交洗衣房主管审阅。

案例分析 ◀

香港客人吕先生住在了某三星级酒店。这天早晨，吕先生从房间出来时，把要洗的衬衫放在了客房的洗衣袋里，并填好了洗衣单。客房服务员在清扫房间的时候把衣服取走送到了洗衣房。

下午五点钟，洗衣房的员工将洗完的衬衫送到了吕先生的房间。晚上吕先生回来后，发现衬衫的领子洗坏了，便打电话到客房服务中心。由于客房中心的值班员不知道此事而无法答复客人，于是又打电话到洗衣房。洗衣房知道此事后，洗衣工来到吕先生的房间，向客人解释原因。说由于这件衬衫比较旧，有些糟了，不结实。吕先生没等洗衣工解释完就发脾气了："你们把我的衬衫洗坏了，也不跟我说一声，就放在我房间了。如果我没发现，你们跟不跟我讲？回来我找你们问一问，你倒说是我的衬衫不结实。照你那么说，不是你们的错，反到是我的错了？不行，你们得赔我的衬衫。"

洗衣工一看这样，不知如何是好。这是一件名牌衬衫，很贵。洗衣工就向吕先生说好话，请求客人原谅。她对吕先生说："如果要让领导知道了这件事，不但得让我赔，还得扣我的奖金，我们的收入本来就不高。"吕先生一听更加生气："你们洗坏了我的衣服，还怕领导知道，怕扣奖金，对你们应该是同情和原谅，那么谁应该对我负责？行了，你出去吧，我不和你讲了，我要找值班经理。"

吕先生找到了值班经理投诉，值班经理代表酒店向客人道歉，而结果正像洗衣工自己说的那样，不光赔了吕先生的衬衫，还被扣了奖金。

【分析提示】

在这个案例中，洗衣工犯了四个错误：

（1）洗坏了客人的衬衣是由于洗涤的操作不当造成。所有的衣物在洗涤前都应仔细地检查，如发现有破损应在洗衣单上注明，并在洗涤当中倍加小心。这说明洗衣工的责任心不够，没有按照工作程序去做。

（2）洗坏了客人的衣服应首先向领班、主管汇报，主动向客人讲清楚，向客人道歉，并听取客人的意见，寻求适当的解决办法。而不应存有侥幸心理，在不告诉客人的情况下,悄悄将衣服放进房间。等到客人自己发现后,在问题的解决上,酒店便处于被动,而且酒店的信誉度会受到影响。

(3) 洗衣工不应私自到客房去向客人解释,想方设法推脱自己的责任。面对客人,总是在找客观原因,说客人的衣服不结实,等于是把责任推到了客人一方,而这样必定会激怒客人。正确的方法应当是由客房服务员和领导出面。

(4) 在客人生气以后,洗衣工依然没有向领导汇报,而是向客人诉苦,试图求得客人的同情。客人住酒店需要得到的是优质的服务,至于自己受处理、扣奖金之类则是酒店的事,没有跟客人讲的必要。而工作出现问题,受到处理、被扣奖金也是必然的。对客人负责、对酒店负责才是最根本的。

任务三　污渍的消除

通常,酒店的客人会将需要清洗的衣物送到洗衣部,有些衣物会意外地沾上一些外来的污渍,让客人心爱的衣服受到污染,同时也为洗衣部的工作人员带来工作难度。这些污渍将如何清洗呢?

一、污渍的辨别

(1) 食物、盐、糖、色素。
(2) 饮料、咖啡、茶、巧克力、焦糖。
(3) 酒类。
(4) 水果、单宁酸。
(5) 油漆、涂料、润滑油。
(6) 青草、绿色植物。
(7) 染色。
(8) 血渍、牛奶、蛋白、体液。
(9) 化妆品。

二、去渍化学品

(一)"GO"系列

(1) BON GO(黄色瓶)。
去除饮料、食物渍,用后需要清洗。
(2) RUST GO(红盖白瓶)。
去除绣渍、熨烫黄渍,用后及时清洗。
(3) TAR GO(深色玻璃瓶)。
去除沥青、圆珠笔油、油漆、溶剂类化学品污渍,易造成落色。如用于干洗衣物可以不清洗直接洗涤,水洗类要先清洗。

（4）QWICK GO(红色瓶)。

去除蛋白质类污渍,用后需要清洗,对陈旧血迹无效。

（5）YELLOW GO(黄色大瓶)。

黑色液体,去除染色污渍,有强烈的褪色作用,慎用。

（二）洗涤清洁剂

（1）养漂剂——用于轻度染色。

（2）氯漂剂——用于染色。

注意:仅用于白色布草上沾染的颜色,不可用于有色布草。

（3）乳化去渍剂——用于白色布草上沾染的香波/浴盐(硬化成透明状)。

（4）除锈中和剂——用于锈渍。

（三）其他化学品

（1）酒精——用于去除圆珠笔油等。

（2）香蕉水——用于去除油漆、沥青等。

（3）四氯乙烯(干洗油)——用于去除口红等。

（4）高锰酸钾——用于去除陈旧血黄斑等,但需要同草酸配合使用。

（5）保险粉——用于去除染色。

三、污渍的去除

污渍不是在硬表面上,常常渗透到纤维里面,尽快去除,应不使污渍渗入纤维。做好准备工作,研究工作对象。

准备工作包括:干净桌面、干净抹布、刮片、刷子、去渍台、一桶清水或水槽、方便使用的去渍化学品(打开包装、调配、兑制)。

去渍工作中的几个要点:

预防污渍溶解后渗入反面或沾染到别处,如用漂白剂,要预防别处褪色,摩擦时要顺着表面纤维的纹理走向。

先做试验,(在不显眼的边角)轻、慢、稳,不可急躁,用刮刀的圆口。

如大面积易扩散的污渍,建议多做几次。不是每一种污渍都能除掉,应当以不破坏衣服为原则。

任务四 熨 烫

经过洗染的服装,多会变形走样,出现褶皱。熨烫的主要目的就是消除这些变形,回复原有的平整的样式。除此之外,熨烫还能起到保护衣物,防止污染等作用。

一、准备工作

准备需熨烫的衣服,客衣登记表单,熨烫机等。

二、操作步骤

(一) 初步整理

(1) 将衣服套在人像机上。

(2) 用袖弓将两袖撑开,用压板压紧前身,后身如开叉用夹子夹紧,衣兜盖要翻出。

(3) 打开开关,在放蒸汽时,应同时两手将衣服下拉。

(4) 整形后的衣服应大体恢复原来尺码与形状。

(二) 熨烫

(1) 使用万能熨烫机依次熨烫左前襟、左下摆、右前襟、右下摆、后身、衣领各部位。

(2) 使用熨斗手工处理不到之处。

(三) 质量检查

将衣服挂起,依据标准自我检查是否符合标准,若有不符合之处应重新熨烫。

■■ 案例分析 ◀

被洗衣房"洗小"的衣服

某日,住在某酒店的英国客人史密斯先生送洗了很多件衣服。当天晚上他临睡以前从已经洗好的衣服中拣出一件 T 恤衫,准备在洗澡后换上,但一眼望去,觉得这件衣服好像不是自己的。莫非是和别的客人调错了?经过仔细检查,确定衣服的确是他的,但经过洗涤后明显缩水了,已经无法再穿。

史密斯先生十分恼火地拿着那件 T 恤衫,向酒店值班经理投诉道:"这件衣服是我最近在意大利用 1 800 里拉买的,第一次由你店洗过就变成了'童子衫'!我要求你们照原价赔我。"

值班经理回答客人说:"请你稍等,我去查一下洗衣单。"

值班经理在洗衣房里找到了史密斯先生的洗衣单,只见上面洗衣类别栏内填的是湿洗,但非客人填写,而且没有签名。他拿了洗衣单去问客人:"您是否事先提出过要求,如是烫洗、干洗还是湿洗?"

客人听罢更加不高兴了,大声说:"我只知道要洗衣服,至于是怎么洗,我不懂而且没有必要去弄懂。你们酒店的洗衣工每天都在为客人洗衣服,该怎么洗,难道都不知道吗?"

值班经理耐心地回答道:"我并无责怪您的意思。我们把您的衣服洗坏了,首先要向您道歉,当然还应当对此负责。"

"那么你打算如何解决呢?"客人问。

"根据本店规定,按照洗衣费的标准,酌情予以赔偿。"值班经理说。按酒店规定,至多赔偿洗衣费的 10 倍,但值班经理故意留有余地,没有具体和盘托出。

客人接着说:"你说的办法我不能同意,我要求你们按照原价赔偿。"

值班经理思考片刻,断然决定采用冷处理的办法。他征求客人的意见说:"按照具体情况,我提出一种变通办法供你参考。请您抽空到商店去走走,见到满意的 T 恤衫就买一件,费用由酒店给予报销;如果在回国以前仍购不到合适的 T 恤衫,到时酒店可考虑按原价折合人民币赔偿现款。"

由于给客人留有余地,客人便接受了值班经理的建议。果然,客人在离店前在外面商场买了件花纹基本上和洗坏的那件差不多的 T 恤衫,由酒店报销,圆满解决了这一事件。

【分析提示】

在酒店内,客人送洗的衣物通常有烫洗、干洗和湿洗三种方法。当班服务员必须核对送洗衣服的件数,检查口袋内有无遗留物,纽扣有无脱落,有无严重污迹或褪色,布质是否脆弱不堪洗涤,有无破洞等。另外,在送洗衣服时,洗衣单应由客人自己填写后再签名。如果客人让服务员帮助填写单子,应由客人签名确认,以避免发生类似上述事例中的问题。

本事例的起因在于酒店洗衣程序的不严密和洗衣房的不负责。不管洗衣单是客人自己填写,还是服务员代填,单上没有客人的签名,便将衣服贸然下水总是不对的。

▮▮ 复习与思考 ◀

一、多项选择题

1. 干洗的主要特点除避免水洗对衣物面料造成伤害,不易造成衣物褪色,便于熨烫并能彻底清洗衣物上的油污或污渍外,还包括(　　　)。

    A. 不缩水　　　　B. 不变形　　　　C. 色泽保护性好　D. 手感柔软

2. 衣服干洗烘干时,温度一般在(　　　)较为适宜。

    A. 40 ℃～50 ℃　　　　　　　　B. 50 ℃～60 ℃

    C. 60 ℃～70 ℃　　　　　　　　D. 70 ℃～80 ℃

3. 衣服湿洗的益处是,可以更好地去除水基污垢,如汗渍、血渍、咖啡渍、茶渍和尼古丁渍。其缺陷主要包括(　　　)。

    A. 可能变形和走形　　　　　　B. 皱褶(增加整烫难度)、夹层分离

    C. 掉色　　　　　　　　　　　D. 延长烘干时间

4. 使用万能熨烫机除依次熨烫左前襟、左下摆外,还包括(　　　)。

    A. 右前襟　　　B. 右下摆　　　C. 后身　　　　D. 衣领各部位

二、简答题

1. 简述干洗的操作规范。

2. 湿洗的基本程序主要有哪些?

3. 污渍的辨别要领主要有哪些?

4. 简述熨烫的基本程序。

三、案例分析题

客人的纽扣

2012年8月1日,有位客人入住某酒店,要求送洗客衣,当服务员在为其熨烫时,发现有一粒衬衫的纽扣掉了。因为是件名牌衬衫,所有的纽扣都有图案与衬衫的颜色相匹配。酒店洗衣房未配有此物。在征得客人意见时,客人豪爽地说:"不碍事。"虽然客人说不碍事也并没有要求服务员做什么,但是洗衣房的员工却利用下班之余,在市场上寻找着同样款式与颜色的纽扣。"皇天不负有心人",在找了数十家的专卖店后,终于买到了同样的纽扣。当再次将清洗的衣服送还客人时,客人惊讶地发现衣服已经挂在衣柜内,包括那排整齐的纽扣。此时,他马上致电房务经理,连声称赞,说:"有种回到家的感觉。"

根据以上案例,回答以下问题:

酒店怎样做才能让客人有回到家的感觉?

四、实践与训练

1. 实训项目:洗衣服务。

2. 实训目的:通过对洗衣服务项目的学习和训练,使学生掌握洗衣服务的程序及相关服务标准,达到能够按照规范要求正确熟练操作的服务能力。

3. 实训方法:根据洗衣服务的程序和相关标准及洗衣服务中经常遇到的问题设置不同的情境,进行情境模拟训练,示范教学、全真实训。

4. 实训设施:联系一间实体酒店洗衣房及相关洗衣设备。

5. 实训要求:掌握客房洗衣卫生的程序、标准和方法。

6. 学习评价。

被考评小组				
考评地点				
考评内容	客房洗衣服务			
项目	操作要求	配分	自我评价	实际得分
听课认真程度	认真听讲,做好笔记,跟上上课节奏	15分		
观看视频认真程度	认真观看视频,并积极练习	10分		
模拟练习效果	能根据各模块要求,正确实施对客服务	60分		
参与实训认真程度	能正确了解小组角色,积极参与实训	15分		
合 计		100分		

项目二　布草管理

学习目标

通过本项目学习,你要……
◆ 掌握酒店布草管理的基础知识;
◆ 掌握酒店布草管理的基本方法;
◆ 掌握酒店布草管理的工作程序;
◆ 了解酒店布草管理的基本内容;
◆ 了解酒店布草管理的工作方法。

知识概览

布草管理
- 布草的收发与管理
  - 脏布草的送洗
  - 干净布草的收发
  - 布草的控制管理
- 布草盘点、报废与再利用
  - 布草的盘点
  - 餐厅布草的盘点
  - 布草的报废与再利用
- 布草的补充与更新
  - 申领
  - 填写申领单
  - 领取与核实
  - 洗熨

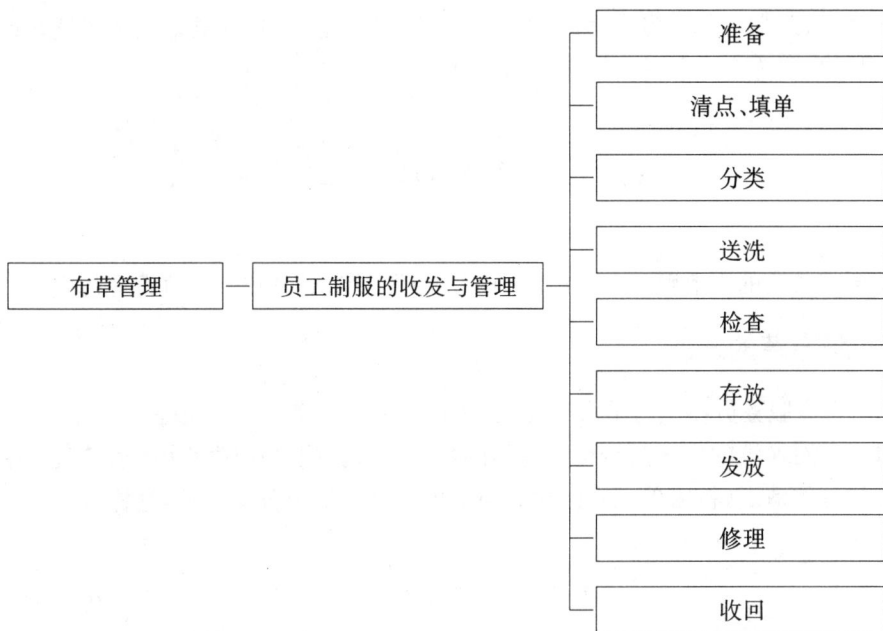

```
                                    ┌─────────────────────┐
                                    │         准备         │
                                    └─────────────────────┘
                                    ┌─────────────────────┐
                                    │      清点、填单      │
                                    └─────────────────────┘
                                    ┌─────────────────────┐
                                    │         分类         │
                                    └─────────────────────┘
                                    ┌─────────────────────┐
                                    │         送洗         │
┌──────────┐    ┌──────────────┐    └─────────────────────┘
│          │    │              │    ┌─────────────────────┐
│ 布草管理 │────│员工制服的收发与管理│────│         检查         │
│          │    │              │    └─────────────────────┘
└──────────┘    └──────────────┘    ┌─────────────────────┐
                                    │         存放         │
                                    └─────────────────────┘
                                    ┌─────────────────────┐
                                    │         发放         │
                                    └─────────────────────┘
                                    ┌─────────────────────┐
                                    │         修理         │
                                    └─────────────────────┘
                                    ┌─────────────────────┐
                                    │         收回         │
                                    └─────────────────────┘
```

案例导入

地毯烧了一个烟洞

　　张先生是某针织厂的厂长,因公务常来省城出差。某三星级酒店距离他办事的公司较近,因此张先生每次都住在该酒店。有一次,张先生办完事后去总台结账退房,前厅服务员王小姐一边熟练地为他办理离店手续,一边热情地同客人寒暄。说话间张先生拿出一根烟点上,王小姐赶紧送上烟灰缸。正在这个时候,电话响了,原来是客务中心打来的,说张先生所退房间的地毯上烧了一个烟洞。王小姐当即询问客人,但客人矢口否认自己在房间里抽过烟。王小姐看看客人手上的烟,觉得处理此事有点为难。

任务驱动

　　假如你是服务员,发生此类事件的你应该怎么办?

　　告知客人,酒店的查房制度是非常严格的,在上一个客人退房时和你入住前,服务员都经过了检查,在房间物品没有任何问题的情况下才让您入住,现在地毯上有烟洞,应该是在您不经意间弄出来的,因为您不是故意的,所以让你赔偿的也仅仅是此地毯的部分价格。由于这块地毯的破损,酒店就要把此房列为维修房。等到新的地毯完全铺好起码要几天时间,这几天时间此房就卖不出去了,所以酒店的损失就不止是这块地毯的价格了。希望您能理解酒店的难处,协助共同维护酒店的制度,会给您一个常住客人的优惠价,以此也能弥补您这次的损失。此方法合情合理,既能让客人接受这次赔偿的事实,同时也能为客人着想,维护客人权益的。

任务一 布草的收发与管理

布草是酒店的重要财产,必须做好相关管理工作,尽量减少布草管理的成本。

一、脏布草的送洗

(1)客房服务员在做房结束后要认真填写"客房服务员工作报表"(见表 6-1),并不定时地核对换洗的数字是否与工作间的数字相符。同时在做完房间后负责集中存放脏布草并分类清点(将床单、被套、枕套与浴巾、布巾、地巾分类存放,这样可以避免差错及第二次污染)。

表 6-1 客房服务员工作单

楼层: 　　　　　　　　年　　月　　日　　　　　班次:

房号	房态	时间	用品数量													房态	备注
			牙具	梳子	浴帽	香皂	浴巾	面巾	方巾	地巾	拖鞋	茶包	床单	被套	枕套		

制表: 　　　　　　　　　主管:

（2）客房服务员如在做房时发现存在洗涤不干净或洗涤损坏的布草应单独打结处理或另外存放，洗涤公司人员收取布草时要求其返洗或做退回处理，同时须让洗涤公司人员签字确认。客房服务员对于需做特殊处理的布草（血迹、鞋油、红酒污染等）要与其他脏布草分开堆放，并在洗涤公司收布草时说明，请其做特殊处理。

（3）洗涤公司人员到达楼层收取脏布草时，楼层服务员应先核对当天脏布草数字并分类记录在"楼层布草洗涤交接表"（见表6-2）上。客房服务员应和洗涤公司工作人员一起清点好脏布草并与"楼层布草洗涤交接表"上的记录进行核对，无误后由对方开具布草送洗单并双方签字确认，客房服务员收取送洗单第2联。如有需回洗的须在"布草洗涤交接表"中另外注明类别及数量。有洗涤损坏的必须退回，让对方人员出据欠条，用作到总布草房换取布草和酒店协调赔偿的依据。

（4）与洗涤公司人员清点布草无误后，客房服务员应监督对方人员将脏布草分类，用布草袋封装并及时运离楼层。根据酒店相关要求，楼层服务员不允许拖拉布草或堆放在电梯口及客房走廊。

表6-2 楼层布草洗涤交接表

日期： 年 月 日　　　　　　　楼层：　布草管理员：

名　称	规　格	固定数	客　房	布草柜	工作车	脏布草	洗涤厂	合　计	备　注
床单	1.8								
	1.5								
	1.35								
被套	1.8								
	1.5								
	1.35								
保护垫	1.8								
	1.5								
	1.35								
枕套									
面巾									
浴巾									
地巾									

二、干净布草的收发

（1）客房服务员凭当日洗涤公司确认的布草送洗单及欠条（包括洗涤公司和总布草房）到总布草房或洗涤公司领取相应数量的干净布草。如总布草房或洗涤公司无法补充足够数量的布草，应要求总布草房或洗涤公司出具欠条，并在"楼层布草洗涤交接表"中"总布草房或洗涤公司欠"一栏做好记录,以便次日补齐。

(2) 客房服务员、领班、主管根据收回的布草送洗单和欠条,做好汇总后,填写"楼层布草洗涤交接表",如有洗涤公司欠条的应在报表中"洗涤公司欠"一栏中做好相应统计。

(3) 客房(中班)服务员、领班、主管根据前一日"楼层布草洗涤交接表"中布草类别和数量收取和清点洗涤公司送回的干净布草,并初步检查洗涤质量。存在数量缺少或洗涤损坏的,应要求对方出据欠条,签字确认,并在当日"楼层布草洗涤交接表"中"洗涤公司欠"一栏做好统计和记录。记录严禁数字的涂改。

三、布草的控制管理

(1) 如有住客损坏赔偿的布草,客房员凭总台杂项收费单(一式三联,白联客房、黄联客账、红联财务)或值班经理以上酒店管理人员确认的免赔单到总布草房或仓库领取相应数量的布草作为补充。

(2) 客房主管或领班等酒店管理人员应每周不定期对楼层布草间进行抽查,发现缺少的,及时由员工按成本价作赔偿处理,须开据杂项收费单,流程同客赔流程。

(3) 对正常损坏的布草,楼层服务员须填写报损单,由客房主管确认后,报总经理及财务审批,凭报损单和报损布草到总布草房或仓库领换相应的布草。

(4) 客房服务员必须至少每月轮换楼层,轮换楼层时须相互进行布草清点。客房主管须对总布草房进行盘存,统计月度布草洗涤、缺失等数据。

(5) 次月 2 日前客房主管须将上报洗涤公司的布草欠条进行汇总后上报酒店财务和总经理,以便酒店及时和洗涤公司进行赔偿协商。双方确认的赔偿金额在当月洗涤费中扣除,必须做到当月损失在当月洗涤费中赔偿。

(6) 需报损的布草,由客房主管进行分类存放,填写报损单,上报酒店总经理和财务审批。

(7) 客房主管根据月度布草库存量和赔偿、报损数量在每月 2 日前上报总经理"布草申购表",酒店在 5 日前上报运区总经审核后向公司采购部申购。

(8) 由客房主管保存好各类原始单据,并根据财务需要进行汇总。

(9) 酒店的总经理、财务及客房主管每月必须对酒店的布草进行盘点,填写"棉织品盘点表"。

(10) 报损布草时,每月须由店长及分管客房的值班经理和会计同时确认是否达到报损条件。报损布草须建账目和做正常使用的布草有明显区别的标识,以便各部门正确使用,并填写"棉织品报废报损表"。

(11) 报损布草流向,须由领用人签字(附"报损棉织品使用流向表")。

(12) "楼层布草洗涤交接表""楼层布草配备表"要张贴在工作间/总布草间,不得涂改,按要求签字。

任务二　布草盘点、报废与再利用

一、布草的盘点

（一）客房布草的盘点

1. 通知

预先通知有关部门及人员做好准备。

2. 清点

对所有布草进行清点，包括储存在楼层工作间、工作车和洗衣房、布草房的布草。根据不同的规格，在同一时间段内对所有项目进行清点。清点时，需停止布草的流动，防止漏盘和重盘。

3. 记录

将全部盘点结果填写在盘点表上。

（二）餐厅布草的盘点

1. 通知

预先通知餐饮部和洗衣房、布草房做好准备。

2. 盘点

检查餐饮部存放的脏布草和干净布草。根据不同的规格、颜色，在同一时间段内对所有项目进行盘点，盘点时要停止布草的流动，防止漏盘和重盘。

3. 记录

将全部盘点结果填写在布草盘点分析表上（见表 6-3）。

表 6-3　布草盘点分析表

日　期	物品名称	数　量	备　注	盘点人

续　表

日　期	物品名称	数　量	备　注	盘点人

二、布草的报废与再利用

布草到了使用期限或其他原因,需做报废处理,报废后的布草可以再加工处理,用作其他用途。布草报废程序如下。

(一) 提出申请

下列情况下布草房可以申请报废:

(1) 布草破损或有无法清除的污迹。

(2) 使用年限已到。

(3) 统一调换新品种、新规格等。

通常由布草房主管核对需报废的布草,并填写报废单。

(二) 审批

布草的报废由洗衣场经理或客房部经理审批。

(三) 报废布草的处理

报废布草应洗净,做上标记,捆扎好集中存放。

任务三　布草的补充与更新

一、申领

根据布草的报废情况,确定需申领的种类和数量。

二、填写申领单

将布草申领单上各栏目填写清楚,如数量、规格、颜色等。申领单交客房部经理审批。

三、领取与核实

凭申领单到总库房领取所需补充的布草,提取布草时,应仔细检查布草数量、种类、规格等是否与领用单相符,质量是否合乎标准要求。

四、洗熨

领回的布草需全部拆封,送洗衣场洗熨后再使用。

任务四　员工制服的收发与管理

员工制服的收发主要是管理及控制员工的制服,确保所有员工得到清洁及整齐的制服。操作程序如下。

一、准备

准备布巾车及制服洗涤单。

二、清点,填单

将员工换下的脏衣服按颜色、按洗涤种类分别清点。根据不同种类将需洗涤制服的数量填入洗涤单。

三、分类

将衬衣、干洗制服、需特殊洗涤的衣物分别装在布巾车内,应特别留意将厨师制服单独放在一个车内,避免油污及异味污染其他衣物。

四、送洗

洗涤单一式两份,与洗涤员交接衣物时应清点数目,共同签字认可,将其中一份交给洗涤员。

五、检查

根据洗涤单的件数取回洗净的制服。检查时如发现有洗涤不合格的制服,需送回洗衣房重新洗涤,并做相应记录。检查时如发现制服有开线、掉扣及需要修补之处,应立即进行相应修补。如发现不应有的污渍和损坏严重而且无法修补的制服时,应立即上报领班。将报废的制服按种类记录,定期向上级汇报。

六、存放

将干净、完好的制服挂在规定的衣架上,按种类、部门、编号分类挂到规定的位置。将叠好的制服及领带等饰物放在规定的挂架上。

七、发放

根据人力资源下发的入店通知单,由专人负责进行制服的编号和发放。员工领取制服时须在制服档案卡上签字。每位员工两套制服,厨房部员工四套制服。

八、换洗

员工应在规定的时间用脏制服换取干净的制服。布草员工应对换洗制服进行检查、登记。

九、修理

检查制服时,应立即进行修理。

十、收回

根据人力资源部下发的离店通知单,收回员工的制服。确认员工制服已交齐后,制服及布草房员工在通知单上签字。

■■ 案例分析 ◀

无用心服务之过

一次客房服务员小张去布草房,经过办公室时,被王主管叫住了,她说:"小张,你的衣服掉线了,脱下来给布草员缝上吧!"当时,我就佩服她的眼力,在那短短的一刹那,一闪而过的时间被她看到了。

小张试想一下自己,十二月份发生的客衣事件,想起来无地自容,就一间房的客衣,她将4035房的客衣送到了4036房去了。直到第二天,客人找衣服时,小张都没想到衣服被她送错房了。当领导问到她时,她还那么肯定自己是送到了4035房了,但经理问她衣服的颜色和布料时,小张一点也答不上来。因为小张根本就没有留意这些,只是从管家办公室将衣服取出来,自以为很熟悉房号却误送到了4036房,开门时她连房号都没有看一下,就把衣服送进去了,导致4035房客人的一系列投诉。

想想王主管一瞬间就能发现问题,而小张本人不应该发生的问题却发生了,而且在同类事件发生不止一次,她却没有引以为戒。

【分析提示】

在给客人送客衣或送物时,一定要看清房号再敲门进去,否则后果不堪设想。第一,客人不满可能会导致失去酒店生意;第二,当事人还要接受酒店的处罚。其实要避免这些问题,解决方法只有两个字"细心"。

复习与思考

一、多项选择题

1. 客房布草的盘点主要包括(　　)环节。

　　A. 通知　　　　　　B. 清点　　　　　　C. 记录　　　　　　D. 分发

2. (　　)等情况布草房可以申请报废。

　　A. 布草破损或有无法清除的污迹　　B. 使用年限已到

　　C. 统一调换新品种、新规格等　　　　D. 客人需要

二、简答题

1. 简述餐厅布草盘点的基本程序。

2. 员工制服的收发管理基本程序有哪些?

3. 布草补充与更新环节主要有哪些?

三、案例分析题

酒店布草如何管理更有效?

　　某饭店的客房部,一直感到布件管理是件头疼的事。根据正常周转量设定的布件,在每3个月一次的盘点中,发现投入数与盘点数总是不相符。特别让客房部经理不解的是,除了有一些损坏的布件有数可查外,其他布件丢失数量惊人。

　　客房布件周转量是按四套来配备的:一套在房间,一套在工作间,一套在洗衣房,一套备用。该饭店通常的做法是:楼层服务员将房间使用过的布件收出,装入工作车布件袋里,再从每层的布件通道扔下去。按照原来的设计,接布件的地方不在洗衣房内,是在员工电梯旁边的一间小房子里,所以需要洗衣房员工每天负责运送。布件掉下来的地方是水泥地,放一辆车接着布件,但该车很快会被抛下来的布件装满,有时堆积的布件太多,在撤换布件时,上面的会掉在水泥地上。有时洗衣房的工作人员会踩在布件上进行撤换。楼层布件的补充,是由布件房员工根据楼层领班填写的每日布件需求数量送到楼层。为了解决布件管理问题,减少丢失和破损,客房部经理在思考解决办法。

　　根据以上案例,回答以下问题:

　　该饭店在布件管理中存在什么问题? 应该如何改进?

四、实践与训练

1. 实训项目:房务工作车准备。

2. 实训目的:通过实训,学生掌握备车的要求和标准。

3. 实训方法:教师演示、学生训练。

4. 实训设施:房屋工作车、物品。

5. 实训要求:能够按照要求和标准进行房屋工作车的准备。

6. 实训要点提示:

(1) 装车前留意车辆有无损坏,车内外尚没干时,切勿摆放布巾及用品。

(2) 较贵重物品不要暴露在当面处,以防他人取走。

（3）切勿放置过多或不充足的清洁用品于桶内。

7. 学习评价标准。

房务工作车准备

编号：　　　　　　　　姓名：　　　　　　　　日期：

序号	考核内容	考核要点	评分标准	配分	得分
1	准备工作	1. 布草物件是否齐备； 2. 操作前准备动作是否规范	1. 铺床物件是否按规范摆放； 2. 准备动作是否符合操作要求	5	
2	仪容仪表	1. 职业要求考核； 2. 走姿、坐姿、站姿	1. 精神面貌佳，着装、发型等符合职业要求； 2. 注重礼节礼貌，微笑操作、服务； 3. 手势、走姿、站姿、蹲姿自然，大方，优雅	5	
3	清洁工作车	清洁工作车	是否按照要求对工作车进行清理	15	
4	安装布草袋	安装布草袋	是否按照要求将垃圾袋和布草袋安装在相应的位置	15	
5	摆放布草	摆放布草	1. 将床单及枕袋放在下格上，将布巾置于上格上； 2. 将房间用品放置架中，大件物品放在后，小件物品放在前； 3. 将清洁用品置于清洁工桶内（清洁剂、百洁布、手套、家具腊、空气清新剂及尘布）	40	
6	整体效果	是否符合整体审美效果	操作过程规范，动作娴熟、敏捷、姿态优美，体现岗位气质	20	
合　计				100	

实际得分：　　　　　　　　　　　　　　教师签字：

模块七　客房服务质量管理

项目一　客房清洁保养质量控制

学习目标 ◀

通过本项目学习,你要……
◆ 理解客房服务质量的构成;
◆ 了解客房质量管理制度的组成部分;
◆ 掌握客房服务质量控制的主要环节。

知识概览 ◀

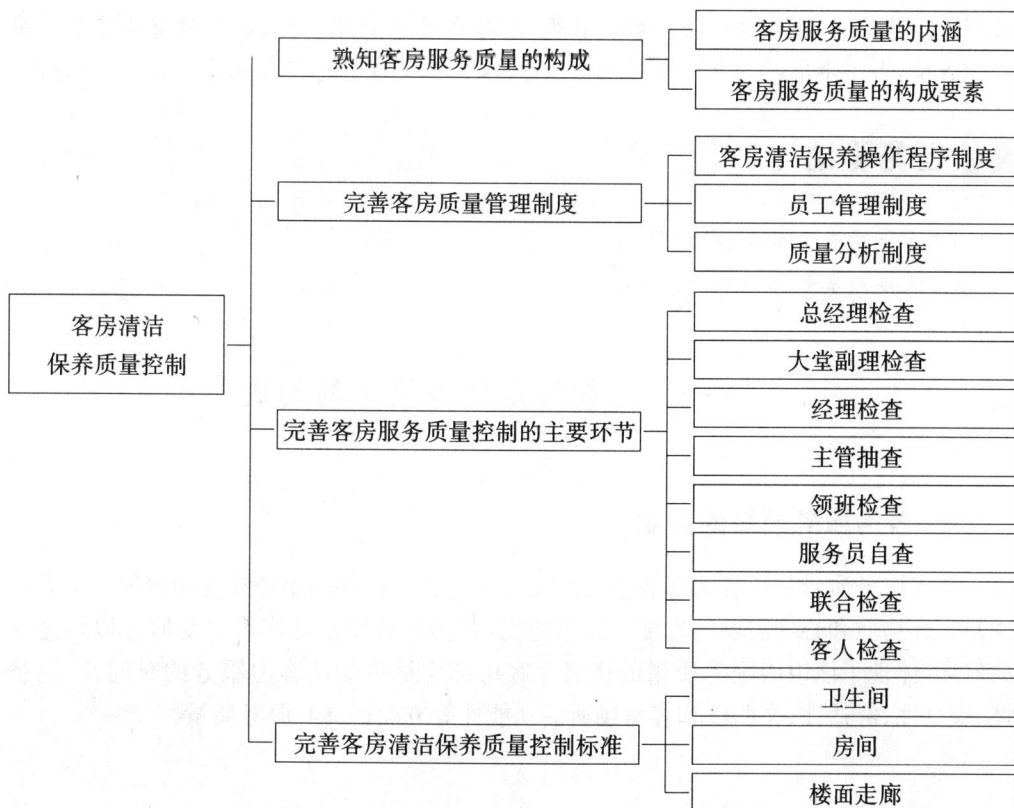

▪▪ 案例导入　◀

有求必应——凌晨两点的客衣洗熨

凌晨两点，1716房的客人打电话到服务中心要求送洗客衣，服务员小李立刻上房收取衣物。让小李吃惊的是，客人张先生递过来的衣服淌着泥水，散发着臭气，还有一双同样被污水浸透的长筒皮靴。看到小李疑惑的表情，张先生说："我是从厦门台资工业区来的，今天去澄海朋友家，晚上回酒店时因下雨路太滑半途出事，车子驶入路边的污水沟。"还没等小李说明酒店洗衣服务的时间和要求，张先生接着恳切地说："我知道这么晚了，你们酒店洗衣房已下班，但我现在只剩下身穿的内衣裤。小伙子，不管你想什么办法，请你帮我在明早7点前把这些衣物洗净、熨平交给我，因为我急着赶回厦门。"虽然小李自己的衣服平时都是母亲帮忙洗的，但看着张先生那疲惫又充满期望的脸，小李微笑地说："请您放心，我会想办法的。"小李下决心自己动手干，他先花了半个多小时用水冲掉衣物上的污泥，再用洗衣粉水浸泡、搓洗，然后过水、拧干，接着放在工作间热水器旁烘了3个小时，最后用熨斗熨平，挂在衣架上。长筒皮靴不能烘，小李就用吹风筒一点点把里面吹干，并用鞋油把鞋面擦得光亮。这期间，小李还要负责其他的服务和巡楼等工作。从凌晨两点多一直忙到天亮，他将西装、领带、衬衣、袜子、毛衣、长筒皮靴洗净、烘干、整熨，足足折腾了一个通宵。小李腰酸腿痛，胳膊也直不起来了，但他望着干净笔挺、摸起来还暖烘烘的衣服，几分成就感油然而生，也不觉得辛苦了。早上七点整，当小李准时把衣服交到张先生手中时，张先生露出了满意的笑容，连声称谢。

▪▪ 任务驱动　◀

1. 案例中客人的要求是否合理？
2. 客房服务员小李的行为说明了什么？

任务一　熟知客房服务质量的构成

一、客房服务质量的内涵

客房服务质量是指客房部凭借设施设备为宾客所提供的服务在使用价值上适合和满足宾客物质和心理需要的程度。简单地说，客房服务质量即宾客享受服务以后感受的好坏，体现了该饭店服务质量的优劣。客房部应尽可能从客房服务的时间性、经济性、安全性、舒适性、文明性和客房场所的功能性等方面提高其服务质量。

二、客房服务质量的构成要素

客房服务质量的构成要素一般有六个方面。

（一）服务态度

服务态度是提高服务质量的基础。它取决于服务人员的主动性、积极性以及创造性，取决于服务人员的综合素质、职业道德和对本职工作的热爱程度。在客房服务实践中，良好的服务态度应为热情服务、主动服务和周到服务。

（二）服务方式

服务方式是指饭店采用什么形式和方法为客人提供服务，其核心是如何方便客人，使客人感到安全、方便、舒适。服务方式随客房服务项目而变化。客房服务项目大体上分为两类：一类是常规服务项目，即在服务指南中明确规定的、对每个宾客几乎都发生作用的那些服务项目；另一类是超常服务项目，是指由客人即时要求的服务项目，不是每个宾客必定需要的服务项目。服务项目反映了饭店的功能和为顾客着想的程度。因此，客房服务质量管理必须结合每个服务项目的特点，认真研究服务方式。客房服务员必须从住店客人的活动规律和心理特点出发，有针对性地提供服务，如客人入住时登记的手续是否方便客人，客房清扫的顺序和时间安排等。总之，每一项服务项目都要根据实际需要选择服务方式，以提高服务质量为根本出发点。

（三）服务技巧

服务技巧是提高服务质量的技术保证。它取决于服务人员的技术知识和专业技术水平。

客房服务员在为宾客提供服务时总要采用一定的操作方法和作业技能。服务技巧是指在不同场合、不同时间对不同对象灵活而恰当地运用操作方法和作业技能，从而取得最佳的服务效果。服务员只有熟悉业务、掌握服务规程和操作程序、不断提高接待服务技术、具备灵活的应变能力，才能把自己的聪明才智和饭店服务工作有机结合起来，为客人提供高质量、高效率的服务。服务技巧作为服务质量的重要组成部分，关键是抓好服务员的专业技术培训。其基本要求是：加强专业知识培训和实际操作训练，不断提高技术水平和接待艺术，全面提高客房服务质量。

（四）服务效率

服务效率是服务工作的时间概念，是提供某种服务的时限。等候对外出旅行的人来说是一件很头疼的事情，因为等候使人产生一种心理不安定感，本来旅客离家外出就存在不安全感，而等候则强化了这种心理。所以，客房服务要尽量减少等候，要讲究效率。效率把服务过程和时间联系在一起，成为影响服务质量的又一因素。

服务效率有三类：第一类是用工时定额来表示的固定服务效率，如打扫一间客房用0.5小时等；第二类是用时限来表示的服务效率，如总台登记入住每人不超过3分钟，客人衣服洗涤必须在若干小时内送回等；第三类是指有时间概念，但没有明确的时限规定，是靠客人的感觉来衡量的服务效率，如日光灯坏了报修后多长时间有专人来修理等。服务效率在客房服务中占有重要的位置,饭店要针对这三类情况,用规程和具体时间来确定效率标准。

(五) 礼节、礼貌

礼节、礼貌是提高服务质量的重要条件。礼节、礼貌是以一定的形式通过信息传递向对方表示尊重、谦虚、欢迎、友好等的一种方式。礼节偏重于礼仪,礼貌偏重于语言行动。礼节、礼貌反映了一个饭店的精神文明和文化修养,体现了饭店员工对宾客的基本态度。饭店礼节、礼貌的内容丰富,同时也具有很大的灵活性。礼节、礼貌主要表现在:仪表仪容即个人形象、态度、礼仪、服务方式、语言谈吐、行为动作。具体来说,要求服务员衣冠整洁、举止端庄、待客谦恭有礼;尊重不同客人的风俗习惯;坐、立、行要讲究姿势,动作要优美,语言要文雅动听;各种礼仪要运用得当;坚持微笑服务等。

知识拓展

酒店客房服务的礼貌用语示例

(1) 一位客人在服务中心结账,而客房内还有几位客人未离开,服务中心通知去查房。服务员礼貌用语示例:

答:"对不起,先生/小姐,因为在你们离店时,我们必须看一下客人是否有东西遗忘,你们是否需要延长住宿时间?如果你们还需要在客房多待一会,麻烦请你们到服务中心办理手续,服务中心会通知我们暂不查房的。对不起,打扰您了!"

(2) 一位客人由于同住客把钥匙带走而无法进入房间,在楼面碰到服务员叫她开门。服务员礼貌用语示例:

① "对不起,先生/小姐,请稍等一会儿,请告诉我您的姓名。"

② 打电话到总台核对无误后:"对不起,先生/小姐,让您久等了。"

③ 立即开门:"先生/小姐,如还有什么事需要我帮助的话,请打服务中心电话8123或8456,我们随时为您服务,再见!"

(3) 当客房服务员在走廊里推着手推车准备打扫客房时,而此时房间里还正住着客人。服务员礼貌用语示例:

① 规范敲门:"我是客房服务员,可以进房打扫房间吗?"

② 如果同意打扫:"对不起,打扰您了,我会很轻地打扫,不会妨碍您的,马上就好。"

③ 如果客人不同意打扫:"对不起先生,我问一下,您等会出去吗?如果您出去的话,我等您出去以后再来打扫,好吗?"

④ 如果客人说出去:"那我过两小时再来打扫,好吗?"

⑤ 如果客人说不出去:"对不起,先生/小姐,您需要打扫的时候,请打服务中心电话8123或8456电话,我们随时为您服务,对不起,打扰您了,谢谢,再见。"

(4) 客房服务员将客衣送到客人的房间,客人发现衣服上有油渍未洗干净,觉得不高兴。服务员礼貌用语示例:

① 规范敲门:"我是客房服务员,可以进来吗?"

②"您好,先生/小姐,这是您昨天送洗的衣服,请您检查一下。"

③ 客人发现有油渍:"非常抱歉,先生/小姐,我们会试着重洗一遍,我会特别关照洗衣工,让他们尽力除去这块油渍,您现在还有衣服要洗吗?"

④ 如客人说有:"先生/小姐,请您填好洗衣单,单上请填清件数、干洗还是湿洗,明天早上服务员打扫房间时,会把衣服收出来的。"

⑤ 如客人说没有:"先生/小姐,打扰您了,如需要帮助,请打服务中心电话8123或8456,我们随时为您服务,再见。"

(六) 清洁卫生

客房的清洁卫生体现了饭店的管理水平,也是服务质量的重要内容。客房的清洁卫生要求高,必须认真对待。首先要制定严格的清洁卫生标准,岗位不同,接待内容不同,清洁卫生标准也不同;其次要制定明确的清洁卫生规程和卫生操作规程,并要健全检查保证制度。

任务二 完善客房质量管理制度

贯彻预防为主的质量管理原则,必须重视相关制度的建设,使客房清洁保养做到有章可循。

一、客房清洁保养操作程序制度

(1) 客房日常清洁保养制度,包括进房制度、各类客房清洁整理制度等。

(2) 客房专项清洁保养制度。

(3) 客房卫生制度。

(4) 客房检查制度。

二、员工管理制度

(1) 员工安全生产制度。

(2) 员工培训、考核、评估制度。

(3) 奖惩制度。

三、质量分析制度

(一) 质量信息录入制度

客房部对当日发生的质量事故、服务案例、安全巡检及质量情况必须于次日中午12:00之前内录入电脑。

（二）质量分析报告制度

客房部每月对发生的质量问题进行汇总统计、分类解析、定量说明，并形成质量分析报告。

（三）典型案例通报制度

对客房部重要的、典型意义的事件应进行核实调查，并制作成典型案例内部通报。

（四）质量档案管理制度

质量档案是酒店改善服务、提高水平的一项重要的基础工作。客房部应建立和完善档案管理制度，实行专人专管和定期检查制度。

制定质量制度时需注意结合本酒店的情况，要具可操作性。另外，能定性、定量的标准尽可能量化，便于员工对标准的掌握和日常检查考核。

制定了制度，关键是落实执行。例如，员工培训制度，每家酒店都有，但有些酒店执行力度不够，制度流于形式，影响了服务质量。

任务三　完善客房服务质量控制的主要环节

要保证客房清洁保养工作的质量，有关人员必须加强检查督导，完善客房服务质量控制的主要环节。

一、总经理检查

酒店总经理虽然工作千头万绪，但还是应该抽出一定的时间对客房楼层工作进行检查。这一方面是对客房工作的重视，另一方面也是了解酒店客房的现状、客房员工的思想和业务状况的措施之一。这对于加强沟通、收集信息、掌握决策依据、改善管理和提高质量都是非常有益的。

二、大堂副理检查

大堂副理也要经常到客房楼层进行检查，尤其要对所有的贵宾房进行检查。很多酒店规定贵宾房必须经大堂副理检查认可。

三、经理检查

客房部经理每天都应安排一定时间到客房楼层进行巡视和检查，这是了解楼层工作状况、控制楼层工作质量最为可靠的有效办法。对于经理来说，通过检查可以加强与基层员工的联系和交流以及掌握第一手资料，这对于改善管理和服务都十分有益。

四、主管抽查

由于主管所管辖的范围比较大，客房数量比较多，主管通常是对客房进行抽查，抽查的数量一般不得少于其所管客房数的 10%。主管抽查的作用是：一方面可以了解基层员工的工作情况；另一方面是对领班的一种监督和考察。

五、领班检查

通常领班要对所辖区域的客房进行全面检查，以确保客房的质量。领班检查是服务员自查后的第一道检查关口，往往也是最后一道检查关口，领班有权决定客房是否合格。所以领班的责任重大，须由训练有素的员工来担任，领班查房的作用有四个。

（一）拾遗补漏

服务员在工作中有疏漏和差错，领班通过检查可以发现并加以补充和纠正。

（二）帮助指导

对于业务尚不熟练的服务员来说，领班的检查是一种帮助和指导。如果领班的工作方法得当，这种检查可以成为一种有效的岗位培训。

（三）督促考察

领班检查是对服务员的一种督促和考察，能有效地防止客房服务员在工作中违反操作规程、消极怠工等现象，并可对客房服务员的工作表现和实绩进行考核和评估。

（四）控制调节

领班通过检查可以了解很多的基层情况，并反馈到上层管理人员，为他们提供决策依据。酒店通过领班检查来实现管理者的意图，并实现全方位的控制和调节。

案例分析

OK 房不 OK

某酒店，大堂副理接到 612 房一位老太太打来的电话，投诉客房内马桶水箱里无水。大堂副理答应马上派人前去修理。不到 5 分钟，一个工程维修人员出现在 612 房间。他先代表酒店向客人道歉，接着便熟练地动手修起来。一支烟工夫，故障就全部排除了，水箱里很快便注满了水。

大堂副理做出修理安排后又立即与客房部联系，了解该房情况，后查明此系一领班的责任，查房不仔细，将卫生间水箱给疏忽了，把非 OK 房报了 OK 房。

【分析提示】

酒店领班身兼服务员、指挥员和检查员数职，是酒店第一线基层的管理者，责任非常重大。本例中由于领班的失误给客人带来了不便，酒店有关部门一定要以此为鉴，加强对基层管理者的培训工作，培训内容包括敬业精神、检查客房清洁质量的程序和方法等。

六、服务员自查

每一个员工都必须对自己的工作负责，客房服务员在每次客房清扫整理完毕后，都应进行自我检查,防止疏漏和差错。自查以后再报上级督导人员检查。这种做法有利于加强员工的工作责任心,提高工作的合格率和减轻上级督导人员的工作量,可以充实丰富服务员的工作内容,促进工作环境的和谐与协调。

七、联合检查

酒店定期由总经理室召集各有关部门,如工程部、保安部、前厅部、营销部等对客房的清洁保养工作进行联合检查。这种联合检查有利于加强相关部门之间的沟通协调和解决实际问题。

八、客人检查

酒店客房是提供给客人使用的,所以,对于客房的清洁保养质量的评价要重视客人的意见和建议。因此,酒店常在客房内摆放征求意见书,管理人员等也常主动当面征求客人的意见,收集和了解客人的意见和建议。

任务四 完善客房清洁保养质量控制标准

客房清洁保养质量控制标准如前所述,与整理客房的标准基本一致。客房清洁保养质量控制的内容一般包括四个方面:清洁卫生质量、物品摆放、设备状况和整体效果。质量控制项目和标准如下。

一、卫生间

(1)门:正反面干净无划痕,把手洁亮,状态完好。

(2)墙面:清洁完好,无松动、破损。

(3)镜子:无破裂和水银发花,镜面干净无迹。

(4)天花板:无尘无迹,无水漏或小水泡,完好无损。

(5)地面:清洁无迹、无水、无毛发,接缝处完好无松动。

(6)浴缸:内外清洁,镀铬件干净明亮,皂缸干净,浴缸塞、淋浴器、排水阀和开关龙头等清洁完好、无滴漏,接缝干净无霉斑,浴帘干净完好,浴帘扣齐全,晾衣绳使用自如,冷热水压正常。

(7)脸盆及梳妆台:干净,镀铬件明亮,水阀使用正常,无水迹、毛发,灯具完好。

(8)便器:里外均清洁,使用状态良好,无损坏,冲水流畅,开、关自如。

(9)抽风机:清洁,运转正常,噪音低,室内无异味。

(10)客用品:品种、数量齐全,状态完好,摆放符合规范。

知识拓展

客房淋浴房、浴缸清洁程序

（1）将浴室清洁剂泡沫喷在淋浴房或浴缸墙面（调整发泡喷嘴至最佳位置），均匀喷洒。

（2）用海绵从上至下、从左到右均匀洗擦。

（3）等待2～5分钟，注意不可等泡沫干。

（4）洗擦清洁表面，将表面洗净。

（5）清洁水龙头及管道组合件和浴帘。

（6）自上而下彻底过水。

（7）用干布擦干、擦净，无水迹、无污迹。

二、房间

（1）房门：无指印、划痕，锁完好，安全指示图、请勿打扰牌、餐牌完好齐全，安全链、窥视镜、把手清洁完好。

（2）墙面和天花板：无裂缝、漏水或小水泡现象，无蛛网、斑迹，无油漆脱落和墙纸起翘等。

（3）护墙板、地脚线：清洁完好。

（4）地毯：吸尘干净，无斑迹、烟痕，如需要，做洗涤、修补或更换标记。

（5）床：铺法规范，床罩干净，床下无垃圾，床垫按期翻面，床单更换，位置端正，无破损、毛发。

（6）硬家具：干净明亮，无刮伤痕迹、无木刺，坚固无松动，位置正确。

（7）软家具：无尘无迹，如需要则做修补、洗涤标记。

（8）抽屉：干净无污迹，推拉灵活自如，把手完好无损。

（9）电话机：无尘、无迹，指示牌清晰完好，话筒无异味，功能正常，电话线整齐有序。

（10）镜子与挂画：框架无尘，镜面明亮，位置端正。

（11）灯具：灯泡、灯罩清洁无尘，功率正确，接缝面向墙，开关使用正常。

（12）垃圾桶：状态完好清洁，位置端正。

（13）电视机与音响：接收正常，清洁无迹，位置正确，频道设有播出时间最长一档，音量调到偏低。

（14）壁柜：衣架品种、数量正确且干净，门、橱底、橱壁和格架清洁完好，柜内自动开关灯正常。

（15）窗帘：干净、完好、无破损，位置正确，操作自如，挂钩无脱落。

（16）玻璃窗：清洁明亮，窗台与窗框干净完好，开启轻松自如。

（17）空调：滤网清洁，工作正常，温控符合要求。

(18) 小酒吧:清洁无异味,物品齐全,冰箱温度开在低档。

(19) 客用品:数量、品种正确,无涂抹、褶皱,状态完好,摆放合格。

三、楼面走廊

(1) 地毯:吸尘干净,无斑迹、烟痕、破损,地毯接缝处平整。

(2) 墙面:干净、无破损。

(3) 照明及指示灯:使用正常,无尘、无迹。

(4) 空调出风:清洁无积灰。

(5) 落地烟灰缸:位置摆放正确,清洁无迹。

(6) 消防器材:消防器材、安全指示灯正常完好,安全门开闭自如。

各个酒店由于设施设备条件不一,检查标准和项目会略有差异。随着酒店业的发展,检查表的内容会更丰富。在检查过程中做好检查记录是保证客房清洁卫生质量的有效方法。

复习与思考

一、多项选择题

1. 客房部应从客房服务的时间性、经济性及( )方面提高其服务质量。

    A. 安全性　　　　B. 舒适性　　　　C. 文明性　　　　D. 客房场所的功能性

2. 服务态度是提高服务质量的基础。它取决于服务人员的( ),取决于服务人员的综合素质、职业道德和对本职工作的热爱程度。

    A. 主动性　　　　B. 积极性　　　　C. 创造性　　　　D. 专业性

3. 通常领班要对所辖区域的客房进行全面检查,以确保客房的质量。领班查房的作用主要体现在( )。

    A. 拾遗补漏　　　B. 帮助指导　　　C. 督促考察　　　D. 控制调节

4. 客房服务员在每次客房清扫整理完毕后,都应进行自我检查。自查的作用主要体现在( )。

    A. 有利于加强员工的工作责任心

    B. 提高工作的合格率

    C. 减轻上级督导人员的工作量

    D. 可以充实丰富服务员的工作内容,促进工作环境的和谐与协调

二、简答题

1. 客房服务质量主要由哪些方面构成?

2. 客房清洁保养质量控制制度主要有哪些?

3. 简述客房清洁保养质量控制标准。

三、案例分析题

五楼服务班工作点滴

5楼服务员发现,不少客人在退房离店时,晾在卫生间的衣服还没干,不得不湿着放进行李箱带走。为了解决这个问题,她们在日常工作中就自觉增加了一项内容:把客人晾在卫生间的衣服夹上编号拿到楼顶天台上晾晒,晒干后叠好送回房间。

有一段时间,5楼住进好几批经当地政府批准来当地福利院领养婴儿的外宾,服务班专门安排英语水平高的员工接待。除了一丝不苟地做好常规服务外,她们还主动帮助那些初为父母、生手生脚的外宾喂、哄婴儿,晾晒衣物。有些婴儿因一下子不适应西式饮食,出现轻度腹泻,她们找来医师为婴儿诊治。虽然每批外宾只住几天时间,但这几天当值的服务员和他们都相处得很熟。

根据以上案例,回答以下问题:

1. 案例中的服务员行为体现了酒店什么服务?

2. 酒店客房服务员做好规范化服务同时,还要做好哪些服务?

四、实践与训练

1. 实训项目:酒店客房服务质量标准评估。

2. 实训目的:通过实训,了解客房服务质量标准。

3. 实训内容:通过参观三家以上四星级酒店客房,对酒店客房服务质量进行总体评估。

4. 实训准备:当地三家以上四星级酒店客房。

5. 实训方法:讲解、示范、参观。

6. 学习评价。

姓名				
考评地点				
考评内容	酒店客房服务质量标准评估			
项目	操作要求	配分	自我评价	实际得分
听课认真程度	认真听讲,做好笔记,跟上上课节奏	15分		
观看视频认真程度	认真观看视频,并积极练习	10分		
模拟练习效果	能根据各模块要求,正确实施对客服务	60分		
参与实训认真程度	能正确了解小组角色,积极参与实训	15分		
总分合计				

项目二　对客服务质量控制

学习目标

通过本项目学习,你要……

◆ 熟悉服务体系基本内容;

◆ 了解科学服务流程与标准;

◆ 掌握客房服务关键时刻主要环节;

◆ 掌握对客服务细节。

知识概览

```
                    ┌─ 服务信息体系的建立 ─────┬─ 客人需求信息的收集
                    │                          └─ 酒店信息的传递
                    │
                    ├─ 设计和制定科学的服务 ───┬─ 科学设计服务流程
                    │   流程和服务标准          └─ 制定相关标准
                    │
                    │                          ┌─ 关注服务接触点
  对客服务            │                          │
  质量控制  ─────────┤                          ├─ 态度与效率并重
                    ├─ 加强关键时刻的管理 ──────┤
                    │                          ├─ 提供个性化服务
                    │                          │
                    │                          └─ 实行走动管理
                    │
                    ├─ 重视服务细节
                    │
                    └─ 质量问题的处理 ─────────┬─ 客房质量问题的类型
                                              └─ 质量问题的处理
```

案例导入

商务客房物品设置

下面是某五星级酒店对商务客人客房物品设置的细节调查结果：

大多数商务客人对客房的 VIP 设置的态度是 65%的持无所谓态度,30%的客人看到有水果会有一种满意的感觉,但随后发现有部分水果须处理后才能食用,尤其是这些商务客人经过一天公务之后返回酒店发现无法立即食用这些水果时,随即改变了态度,转为不满。另有 5%的人对于水果品种、搭配一开始就不满意。

今天的商务客人显现出一个显著特点,即这个群体越来越年轻化,也喜欢追求时尚,追求品位,追求温馨享受。统计表明,90%的商务客人关注客房是否具备满足现代商务客人的多功能特点,是否可以在客房内足不出户就能满足其商务活动的要求。因此传真机、电话、宽带是必备条件,同时客房灯光也是一个重要考核因素,客房内需要有一块光线充足的区域以供商务客人公务或阅读。几乎每位受访的商务散客都对酒店客房内布件有要求,希望可以拥有全棉织品、织品、巾类的纤维支数要高,这样会感觉舒适,大多数人喜用被子,而反感毛毯。80%的商务客人对客房内摆放水果、矿泉水这一类物品认为是应该的,但对于摆放的内容有不同意见,多数人并不喜欢也没有时间将水果洗净、削皮后再吃,他们宁愿酒店提供给他们的是巧克力、精致俏皮的点心或饼干、盒装牛奶,甚至还有口香糖。他们更喜欢浴室内有一支娇艳欲滴的玫瑰,尤其是女性商务客人。

任务驱动

这样的调查资料可以给酒店管理者哪些启示?

任务一　服务信息体系的建立

服务信息体系是做好对客服务工作的风向标,有句俗话说:要想钓到鱼,首先要问问鱼儿爱吃什么。服务不是蒙了眼睛蛮干,而是要去了解宾客内心的真正需求信息。信息也不会自动送上门来,积极主动地收集客人信息,建立全方位的服务信息体系,是提高客人满意度、提升服务品质的关键所在。

一、客人需求信息的收集

宾客需求信息的收集通常有以下几个途径。

(一)"宾客意见书"

"宾客意见书"是被酒店广泛采用的一种获得信息的方式。具体做法是将设计好问题的意见征求表放于客房内或其他营业场所易于被客人取到之处，由客人填写，投入酒店的意见箱内或交至大堂副理处。

许多酒店对宾客需求信息的收集大多还只仅仅依赖于"宾客意见书"和客人的投诉，有关调研资料显示，酒店"宾客意见书"的回收率极低，有些酒店一个月甚至收不到一份"宾客意见书"。国际酒店业做过专门的调查后发现，绝大多数不满意的客人是不提意见的，只有刺激到一定程度的两种客人会填写"宾客意见书"和投诉，即极度不满意和太过满意太感激的客人，再加上有些酒店对宾客意见的消极态度，使客人提供意见的热情大大减小。

此外，酒店"宾客意见书"的设计也存在不少问题：一是栏目太烦琐，不便于填写；二是内容太笼统，反映不出具体问题；三是放置位置不显眼，客人不留意。为提高"宾客意见书"的返回率，"宾客意见书"需精心地研究设计，栏目清晰，方便填写，表明诚意。

(二) 专项调查

专项调查是针对客人的一种专门调查，以有的放矢收集某些信息，如"长住客人需求征求表""客房质量意见表""客人对房间打扫的特别要求"。专项调查一般事先设计好调查表，放置在客人容易看到之处，如床头柜、餐桌等。这种专项调查更有针对性，更能获取客人对某一服务的需求。

(三) 员工意见反馈

一线员工是与宾客接触最多、对宾客的需求及满意情况最为了解的人，他们的信息来源最丰富、最快捷、最直接、最可靠。国际上流行的、行之有效的员工信息反馈系统(Employee Feedback System)充分反映了国际酒店对员工信息的重视程度。一位基层的员工肯定比管理者更经常地听到类似这样的信息："你们的毛巾太硬了，用得非常不舒服""房间空气不好"。员工当中往往有许多的信息、想法与建议，如能通过科学的渠道加以收集、反馈，其效果将是十分显著的。

管理者要培训员工学会收集信息，对信息要有敏感性。另外，酒店要从制度上提供保证，建立一个快速反馈机制。保证员工广泛收集意见并及时反馈，使之成为员工工作的一个组成部分。

(四) 现场访问

现场访问是抓住与客人会面的短暂机会，尽可能多地获取宾客的意见、看法。现场访问是酒店业获得宾客意见的一种最重要的方法，一名成熟的管理者应善于抓住并创造机会，对宾客进行现场访问调查。事实上，现场访问可以利用的机会很多，如对 VIP 客人在迎来送往中的现场访问，每天选择几间客房带上名片、鲜花对住客进行拜访等。

现场访问掌握得好，是一种沟通感情的方法，如掌握得不好，则对客人无疑是一种打扰。因此，客房部管理者一定要掌握好一个"度"的问题，要注意区分时间、场合、气氛、对象是否适合进行现场访问，并要把握好谈话的时间与分寸。

二、酒店信息的传递

客人在酒店消费需要知晓很多的信息,酒店在传递信息时要做到以下几点。

(一) 主动告知

许多酒店对客服务中有这样的要求:有问必答、百问不烦、百答不厌。其实有问必答并非是优质服务的表现,与客人相关的信息,酒店为什么不能主动地告知客人呢? 让客人提问本身就给客人带来了麻烦。

通常酒店的结账退房时间是中午 12 时,过了这个时间,如果当天预离店的客人还未退房,回房时会发现房卡打不开房门了,很多客人不清楚其中的缘由,就会问客房服务员,并叫服务员为他开门,而服务员还须向总台核实该客人的身份,客人等得不满意,也影响了客房服务员的工作。其实,对此类客房,到了酒店规定的退房时间,可以在门把上挂个告示,提醒客人已到退房时间,如果需要续住,可与总台联系。

又如同行人员租用酒店几间客房,往往不清楚其他人员的房间号,有时容易记错。为方便同行人员的联系,有预定的客人,可以提前准备好"同行人员住房表"并放入客人房间;无预定的客人,则可等客人登记入住后,再将此表放进客房,以方便客人联系。

(二) 要有亲和力

不论是口头还是书面传递的信息,在表达上都应注意要有亲和力,拉近与客人的距离。

案例分析

客房的三张环保卡片

在某酒店的客房里放有三张环保卡片,很有亲和力。

其一,是一张非常具有人情味的卡片,上面写着:

"尊敬的宾客:

如果您在打点行李时忘了带洗漱用品(牙刷、牙膏、剃须刀、须后膏、梳子等),只要给客房部打个电话(分机 55),我们将立刻免费给您送来。"

其二,是放在卫生间的一张卡片,上面写着:

"尊敬的宾客:

您可曾想过,每天世界各地的酒店有多少吨毛巾毫无必要地更换洗涤,因此而耗用的数量巨大的洗涤剂对我们的水资源造成多大的污染? 为了我们共同的环境,请您做出决定,将毛巾投入浴缸表明您要求将其更换;否则则意味着您愿意继续使用,我们将为您挂放整齐。谢谢您对环保的支持!"

其三,是放在床头柜上的卡片,上面写着:

"尊敬的宾客:

通常我们每天都对客人的床单进行换洗,如果您觉得没有必要时,请于清晨将此卡放在床上,这一天您的床单将不再更换。感谢您对酒店绿色行动的支持。"

任务二　设计和制定科学的服务流程和服务标准

一、科学设计服务流程

服务流程是指宾客享受到的、由酒店在每个步骤和环节上为宾客所提供的一系列服务的总和。这些步骤和环节有些宾客能感知到,有些宾客感知不到。根据宾客是否直接参与流程,可以将一个服务流程分成两个部分,一部分是宾客亲身参与的流程即外部流程(前台部分),另一部分是与宾客分离的流程即内部流程(后台部分),后台工作的好坏,会对服务质量产生间接的影响。因此,要提高服务质量,就必须研究服务流程的每个步骤、每个细节。走客房的查房可能是国内酒店所特有的服务流程,这个流程客人并不能感知到,客人能感知的就是退房速度,他的要求是便捷和高效,因为客人赶着要出发。酒店如果能改进查房流程,实现快速查房,就能明显提升宾客的满意程度。一部分高星级酒店在充分信任宾客的基础上,设计出免查房工作流程,即酒店给部门一定额度的免查房损失授权,前台员工在客人退房时,充分相信客人的申报,即予以结账,这样一来就缩短了楼层服务员查房的时间,提高了客人的满意度。

下面是迪斯尼排队流程的设计个案,从中我们可以学习如何设定科学的流程,从而有效提高服务质量。

▣ 案例分析 ◀

迪斯尼排队流程

众所周知,迪斯尼是世界上非常有名的一个娱乐综合性公司,这个公司近几年发展迅猛,产品众多。迪斯尼最具代表性的产品莫过于它的主题公园,每年都有大量的游人前往。

但是,当人们到了主题公园的时候,最令其厌烦的事情莫过于排队等待了。在人们最想玩的项目面前,队伍排得最长,这些队伍能为迪斯尼带来巨大的利润。可是,排队会影响人的心情,如果等待时间过长,许多人就会选择放弃。为了解决为游客更好服务的问题,迪斯尼对自己的服务流程做出了一系列调整,甚至对自己的岗位设计都采取了变通的方式。

起初,迪斯尼设计了小丑这个岗位。当人们排着长队心情烦躁的时候,队伍的旁边就会蹦出一个小丑,他为游人提供各种滑稽的表演。小丑的出现,在一定程度上改善了游人焦急等待的心情,尤其可以吸引小朋友的注意力。

但是,一直看小丑表演也会心生厌烦,于是,迪斯尼又设计了第二个岗位。这个岗位的产生来源于对宾客需求进行的深层次的分析。迪斯尼充分利用宾客排队等待的这段时间,为宾客办理各种需要事项,比如预订酒店、安排后续的旅行路线、预订机票等等,这个岗位可以被称作"杂事处理岗"。这些问题的有效解决,在很大程度上缓解了游人的焦急情绪。

【分析提示】

经过观察,迪斯尼又发现,排队等待的人群中最烦恼的就是站在队伍最后的那个人。为了解决这个问题,迪斯尼确定了这样一个程序,即每过 5 分钟广播一次最后一名游客到达售票处还需要的时间。人最害怕的就是没有确定感,一旦有了确定性,最后一名游客的心情也就平和了许多。

二、制定相关标准

(一) 服务程序标准

服务程序标准是服务环节的时间顺序标准,如送茶水服务程序、擦鞋服务程序等,即在服务操作上先做什么、后做什么。该标准是保证服务全面、准确及流畅的前提条件。

(二) 服务效率标准

服务效率标准是对客服务的时效标准,如接到客人要求送茶水电话后,3 分钟之内将沏好的茶水送至客房。这项标准是保证客人能得到及时、快捷、有效服务的前提条件,也是客房服务质量的保证。这项标准的制定,要视各个酒店的具体情况进行,且要有专业管理人员的参与。

(三) 服务设施、用品标准

服务设施、用品标准是酒店为客人所提供的设施、用品的质量、数量标准。这项标准是控制硬件方面影响服务质量的有效方法。它是从质量、数量、状态三个方面去制定的标准。例如,在质量上四星级酒店要求每间客房备冰桶一只,并配冰夹;状态上要求提供 24 小时的冷热水服务。

(四) 服务状态标准

服务状态标准是对服务人员言行举止的标准。

知识拓展

喜来登酒店客人满意标准(SGSS)

标准一:遇见客人时,先微笑,然后礼貌地打个招呼。

标准二:以友善热忱和礼貌的语气与客人说话。

标准三:迅速回答客人的问题,并主动为客人找出答案。

标准四:预计客人需要,并帮助解决问题。

(五) 服务技能标准

服务技能标准是对客房服务人员应达到的服务操作水平所制定的标准,如铺床标准、走客房清扫整理标准、开夜床标准等,只有熟练掌握服务技能,才能提供优质的服务。

(六)服务规格标准

服务规格标准是针对不同类型宾客制定的不同规格标准,如在贵宾的房间放置鲜花、水果,根据贵宾的不同级别还需布置其他物品,根据长住客人的客史档案记录布置房间等。

(七)服务质量检查和事故处理标准

服务质量检查和事故处理标准是对上述各项标准贯彻执行情况的检查标准,也是衡量客房服务质量是否有效的尺度。此标准重点由两方面内容构成:一是对员工的奖惩标准;二是对宾客补偿及挽回影响的具体措施。

任务三　加强关键时刻的管理

酒店业的一个基本特征是员工及酒店其他资源和宾客之间发生服务接触。服务提供和消费过程通常是同时发生的,即员工提供服务给宾客的时刻,也正是宾客消费服务的时刻,员工以及酒店资源和宾客之间发生的这种接触时刻就是酒店服务过程(Moments Of Truth,MOT)。

"Moments of Truth"这一词语是由北欧航空公司前总裁詹·卡尔森创造的。卡尔森在 1981 年进入北欧航空公司担任总裁的时候,该公司已连续亏损且金额庞大,然而不到一年的时间,卡尔森就使该公司扭亏转盈。卡尔森认为,关键时刻就是宾客与北欧航空公司的职员面对面相互交流的时刻,放大之,就是指客户与企业的各种资源发生接触的那一刻,这个时刻决定了企业未来的成败。MOT 理论被西方学者认为是提高服务质量的有效办法,主要是针对营利性企业的研究而提出的,当然也同样适用于作为服务业代表的酒店企业。

酒店的关键时刻是指在特定的时间和特定的地点,员工借助这个机会向宾客展示酒店服务,以获取宾客的满意。在这个关键时刻,服务人员的服务技巧、态度和宾客的期望、感知共同构成了服务的传递过程。MOT 决定了宾客头脑中对服务质量优劣的评价。管理好这些关键时刻,必定会为酒店带来良好的口碑,创造出更大的效益。

一、关注服务接触点

美国酒店伙伴管理公司根据卡尔森的 MOT 观点,研究确定了宾客逗留酒店期间通常会有 39 个关键时刻,酒店需训练员工对关键服务点的程序和诀窍的掌握运用。酒店不仅要重视关键点,训练员工对关键服务点的程序和诀窍的掌握运用,而且要鼓励员工多创造一些新的关键点,比如客房服务中一句亲切的问候、一杯香浓的红茶等。客房部每个员工都要把每个接触都看作是一次服务机会,为客人创造良好的服务体验,使客人有物超所值的感觉。

二、态度与效率并重

通常宾客对效率的要求是很高的,酒店在注重服务效率的同时必须关注服务态度。态度决定一切,友好、热情、积极的态度才能让宾客感觉到被尊重,良好的态度会让宾客心情舒畅。态度中最重要的是"关心",在对客服务的接触过程中,应注意察言观色,了解宾客的需求,并及时予以帮助。如果一位自驾车的宾客需要一张当地地图,客房服务员不仅送来了,还为客人提供了行车路线的参考意见,这样的服务接触必然会令客人满意。

三、提供个性化服务

提供规范化的服务是保证客房服务质量的基本要求,但不应仅仅满足于此,因为每一位客人都是不同的,都有自己的个性与特色,必须为其提供相应的个性化服务,才能使客人满意加惊喜。著名武侠小说家金庸先生下榻在国内某五星级酒店,对这里无微不至的服务倍感满意。一天清晨,他刚出门,遇上服务员小沙,她轻声称呼道:"早晨好,大师兄。"精神矍铄的金先生为之一愣,旋即开心地笑了。因为这是他最喜欢的称呼,但他不明白服务员是如何知道的。原来为了接待好金庸先生,服务员花了两个晚上时间上网查询他的资料,得知他笔下的"大师兄"均是集高强武艺、侠肝义胆、乐于助人为一身的英雄人物。这就是超值的个性化服务,也许仅仅是这一点体贴,就会为酒店培养一批忠诚的宾客。

四、实行走动管理

酒店提供服务的同时,整个服务过程是呈现在宾客面前的,在服务接触中,可能会由于种种原因导致关键时刻失控,引起宾客对酒店服务的不满甚至投诉。目前国内酒店业普遍对员工"授权"不够,员工在遇到宾客对服务不满及投诉时,往往第一反应就是上报,但这中间就会出现一个时间差,宾客在心情不愉快的情况下,再经过时间差可能会对酒店产生更大不满。管理人员应加强走动管理,特别是上午客人退房的高峰时段、下午客人登记入住进房时段,工作相对紧张,容易出现问题。加强走动管理,可以及时发现问题,处理投诉或安抚客人。

如果酒店把与客人的每次接触都看作关键时刻,员工具有"随时都是 MOT"的高度紧张感,提高服务质量、提升宾客的满意度是自然而然的事情。

任务四　重视服务细节

一流的酒店,都非常注重服务的细节。时时处处事事从客人角度考虑,为客人提供方便。在浦东香格里拉酒店客房窗边的小桌上,都摆放着一架望远镜,这是为了让客人更好地欣赏对岸外滩景色而准备的。望远镜的旁边还有一张示意图,上面印的正是对岸的风景。

酒店管理者说:酒店90%的客人都从国外来,他们不了解上海,站在这扇窗户面前,他们一定很想知道自己看到的究竟是什么建筑。在这份图上,我们把每栋建筑都标上名字,并在背后附上每栋建筑的历史的说明。这个小小的细节正是香格里拉酒店引以为荣的殷勤好客的香格里拉情的表现之一。

又如,欧洲的酒店一切为方便客人着想,浴室的淋浴喷头全是可以旋转的,刚入住时,酒店都会把喷头方向冲墙里,以免客人洗浴拨开关时被水激一下,同时也不致水喷向浴缸外。日本的酒店同样重视细节服务。

知识拓展 ◀

日本的细腻服务

文华大酒店开业几年来,以其"处处体现出对客人无微不至的关怀"的细腻服务一向受人关注。然而,我经过对日本酒店的细细考察,发现他们的细比文华还细,可以真正称得上无微不至。

(1)文华的客房卫生间采用了双层浴帘以防止洗澡时溢水,但是当水流大且直接冲刷浴帘,或沐浴人不小心碰到帘子时,也会将内层浴帘拖出浴缸外面。日本名古屋东急酒店,在浴帘底端卷边的里面缝入了一条尼龙绳,使浴帘因加重而下垂,有效地防止了帘子甩出浴缸。

(2)除上面这个办法防止洗澡水外溢外,他们还设了第二道防线,就是在浴缸和地面交接处有一条不深的明沟通向落水口,即使浴帘失效,溢出的水也能及时排掉,从而有效地保证了卫生间地面的干燥。

(3)客房窗帘两侧漏光是常有的事,有些高级酒店为解决这个问题而增加耳墙,加大了装修费用。我见到的一家日本酒店,是用雌雄贴将窗帘粘在两侧墙上,既解决了漏光问题,又便于拆洗,也省了钱。他们还在两块窗帘接合处的挂钩头上装了吸铁石,窗帘一拉拢吸铁石就吸在了一起,将中缝漏光的问题也解决了。

(4)大多日本酒店的客房卫生间里都有大瓶装的须后水、奎宁水和定型水供客人免费使用。

(5)我们常用的棉签两头都是棉花,日本的棉签一头是棉花,另一头是耳耙,我用了一下效果很好。

(6)日本非常注重国内的家庭旅游市场,处处为家庭出游着想。在旅游度假区的酒店里,客房的沙发都是两用的,需要时可作床用。有些酒店的客房还有不锈钢折叠式晾衣架,方便客人晾晒内衣内裤、袜子等小型衣物。

(7)客房里的保险箱是必不可少的,但当初文华筹建时,我始终找不到合适的安放位置。放在壁橱地上,客人要蹲或趴在地上才能使用。像文华一样垫一个小柜子,虽然使用方便了,但却占了半个壁橱。日本大阪的丽嘉格兰酒店客房保险箱的设计可谓匠心独具,床头柜的下半部是一个抽屉,抽屉里面是一个保险箱,保险箱的门是向上打开的,所有按钮都在门上,操作非常方便,对我这个老花眼的客人来说,真是感觉到非常"人性"。

日本酒店这些一切以方便客人为目的的服务理念,让我受益匪浅,很值得学习。

任务五　质量问题的处理

一、客房质量问题的类型

(一)客房硬件设施不达标准

客人都会有一种等值消费心理,即花了多少钱就应该得到相等的硬件和软件服务,而对房间设施设备的等值评估是最基本的。如果所住的房间家具、设施陈旧甚至损坏,影响到使用,一定会引起客人的不满。

(二)客房清洁卫生不达标准

据相关统计资料显示,客房部有关清洁卫生问题的投诉占了总投诉的30%左右。尤其是主要接待外宾的酒店,客人对卫生方面的要求相当高。房间整理要及时,卫生须符合标准,稍有偏差都会引起客人不满。

(三)服务员不礼貌

客人都有受到尊重的心理需求,尤其是当他花了钱的时候,如让他感到自己不受重视,抱怨乃至抗议便在所难免。

(四)客人物品丢失或被盗

这实际上是一个客房安全管理的问题。物品丢失或被盗,无论该物品的贵重程度如何,对客人来说都是不愉快的,影响很坏。

(五)服务员动用客人物品

客房服务员在服务工作中有意、无意地挪动或使用了客人物品,都会令客人反感,尤其是一些生活上非常仔细的客人。

(六)客房物品被带走或损坏而要求客人赔偿引起的投诉

客人因多种原因有意、无意带走或损坏了房间的固定物品,酒店要求客人赔偿,为此而引出的投诉纠纷也是很多的,尤其在一些中低档酒店。

(七)客衣洗涤服务中的投诉

这类投诉主要包括客衣丢失,衣物被破损,客衣口袋内的贵重物品丢失等。

(八)客人休息时受到干扰

客房主要是供客人休息的,服务员工作中的说笑声过高,房间隔音效果不好,相邻客房互相干扰等,都是此类投诉的根源。

二、质量问题的处理

(一) 对问题分类进行分析,找出主要问题

客房部应根据本酒店的具体情况,将搜集到的服务质量问题按其特点分成不同类别,统计归档。在归类的基础上,再根据投诉的频率找出部门的主要问题。一些酒店还运用图表,将主要问题直观地表现出来。此外,还有必要对问题出现的时间性进行分析,以找到各不同时间阶段的主要问题。

(二) 加强培训

客房部应针对质量问题有计划地进行培训。在培训中,管理人员应注重对典型案例的分析,通过分析提高员工的质量意识、预防理念和解决问题的能力。

(三) 与员工工作表现评估挂钩

服务质量的问题将在评估分中相对占较大比重。例如,客人投诉服务员服务态度不好,那么在考察该员工工作表现时,对服务态度一项的评估分将有很大影响。采取这样的措施后,员工们将特别注意改善对客服务态度,宾客对这方面的投诉势必会减少。

(四) 加强硬件的维护保养,改变不合理设计

据统计,宾客对酒店设施设备的投诉占相当大的比重。我国很多酒店的设施、设备已经陈旧,需要更新换代。但就宾客的投诉而言,大多数投诉是针对酒店的维修保养不善而提出,因此,酒店应将重点放在建立完善的维修保养计划和计划的实施上。

(五) 研究宾客需求

宾客之所以提出投诉是由于他们的某些需求没有得到满足,客人的最基本需求是食物和住所,一旦这些需求被满足,人们便开始寻求更高层次需求的满足,这些需求包括安全和被接受等方面。通常来到一个新环境,宾客对"安全"和"被接受"的需求尤为强烈。如果这些需求没有得到满足,他们就很可能会变得焦虑、忧郁,从而很难接待。

(六) 设计投诉处理程序

很多客人会向酒店一线服务人员直接提出投诉。因此,培训员工处理投诉的技巧可以避免更多、更严厉的投诉。客房部管理人员应为员工设计处理投诉的程序并就此进行培训。角色扮演能够帮助员工较好地掌握处理投诉的程序和技巧,在进行这种培训时,一个员工可以扮演遇到麻烦而投诉的客人,另一个员工扮演受理投诉的服务人员,表演结束后,双方再交换角色进行。其他员工则注意观察他们的表演,并对他们的处理方法加以评估。

知识拓展

为退房提速

随着酒店管理智能化进程的发展,酒店监控系统、酒店客房服务趋向于"隐形式"。许多星级酒店都不在每层楼设服务台了,取而代之的是客房服务中心或一键通服务制。客人退房时,传统的查房制度显然不符合当前的形势。我们常常看到有客人在前台结账时由于等候时间太长而怨声载道,客人在入住酒店期间所受的优质服务在这时打了折扣。目前国外一些知名酒店已经取消了查房制度,房间内小酒吧消费由客人自报,但这却不符合国内的现实状况。从实际的工作经验中,我们也可以从以下几个方面来提高退房速度。

一是熟记正确的查房程序。

按程序查退房就不会丢三落四,不会造成在客人已结账后才想起某物品还未查到。应先查洋酒类及饮料等价格较高的消费品,再查低值易耗品,最后再查衣橱、床头等客人会放置私人物品的地方,免去客人再回酒店取遗留物品的麻烦。整个过程就是短短一两分钟。

二是分类别查房。

团队房尽量团队与团队分开查,每个团队房整体查完后统一通知前台结账处。团队房和散客房一起退房时先查散客房,团队房账目较多,有时不在同一层楼,退房程序比散客房复杂,会让散客等得太久,甚至引起投诉。

三是提前准备长包房的退房工作。

长包房因为入住时间较长,客人物品较多,应在退房前一天做准备工作,清点好房间物品,以及查看客人消费账单是否都有签名,传到收银台也应提前将记账清单交客人核对。这样在第二天长包房的退房就较为简便了。

四是加强前台与客房的衔接工作。

客房中心接到总台的客人退房通知后,迅速传达到楼层服务员,楼层查房后将结果告知收银台。有时客人首先告知楼层将退房,楼层在查房后通知总台,总台应做好记录,避免重复查房。

五是调整退房时间。

传统的退房时间是中午12点,酒店有过时加收房费的规定,中午也是退房相对集中的时间。而这时也是员工轮换用餐时间,使得退房效率显得较低。如今,一些酒店已将退房时间改为下午2点或3点。这样,一定程度上分散了客人退房时间,减缓了中午退房服务过于忙乱的情况,一些客人还可以从容不迫地用完午餐后再退房。

复习与思考

一、多项选择题

1. 宾客需求信息的收集通常有( )几个途径。
   A. 宾客意见书　　B. 专项调查　　　C. 员工意见反馈　D. 现场访问
2. 客人在酒店消费需要知晓很多的信息,酒店在传递信息时要做到( )。
   A. 要有亲和力　　　　　　　　B. 主动告知
   C. 等待客人询问　　　　　　　D. 要严肃回答客人提问
3. 属于酸性清洁剂的是( )。
   A. 洗地毯剂　　　B. 家具蜡　　　　C. 马桶清洁剂　　D. 起蜡水

二、简答题

1. 服务信息体系主要包括哪些方面?
2. 简述客房质量问题类型与应对处理方法。
3. 客房服务细节主要包括哪些?

三、案例分析题

半夜闯进客房

在深圳一个三星级饭店,实习生小王正在客房某楼层值夜班。已经深夜 12 点多了,客人都已休息,楼内静悄悄的。这时他的一个朋友来到楼层找到正在值夜班的实习生小王说:"你给我找个地方住。"小王一听此情,想了想就说道:"我去给你找一床被子,你去我宿舍住吧。"

小王匆忙来到一个房间门前,也没有看这间房是不是空房,进房间前只是简单地敲了两下门,不管有无反应,拿着钥匙就打开了房门。客人一下子惊醒了,忙问小王:"你干什么?"小王一看房内有客人已慌了神,撒谎说:"我给您送开水。"客人不客气地说:"谁让你给送啦!我们早就睡下了,谁知你要干什么?我马上打 110 报警。"小王一看事情已经闹大,只好连声道歉,请求客人不要报警。客人说:"不报警就请你们总经理来解释解释。"

小王连忙请来客房部经理,客房部经理不停地道歉,客人们不干,非要求总经理出面。无奈,客房部经理与总经理取得联系,讲出此情,总经理从家中赶到宾馆来客人房间诚恳道歉,客房部经理也反复道歉,好话说尽,客人仍是不依不饶。最后总经理决定赠送客人一条高档皮带,客人这才罢休。总经理、客房部经理花了 4 个多小时才算把此事平息。小王夜闯客房,属于恶性违章,立即被店方辞退。

根据以上案例,回答以下问题:

案例中事件发生说明了酒店管理存在哪些问题?怎样才能避免类似事件的再次发生?

四、实践与训练

1. 实训项目:客房特殊问题应急处理。

2. 实训目的：通过实训，掌握客房特殊问题的应急处理方式。

3. 实训内容：学生分组扮演不同角色，处理客房特殊问题。

4. 实训准备：容纳 30 人左右的客房教室。

5. 实训方法：讲解、示范、操作。

6. 学习评价。

姓名				
考评地点				
考评内容	客房特殊问题应急处理			
项目	操作要求	配分	自我评价	实际得分
听课认真程度	认真听讲，做好笔记，跟上上课节奏	15 分		
观看视频认真程度	认真观看视频，并积极练习	10 分		
模拟练习效果	能根据各模块要求，正确实施对客服务	60 分		
参与实训认真程度	能正确了解小组角色，积极参与实训	15 分		
总分合计				

模块八　客房物资管理

项目一　客房费用预算

学习目标

通过本项目学习,你要……
◆ 了解预算的种类;
◆ 掌握编制预算的方法;
◆ 了解预算控制的主要环节以及预算控制的手段与方法。

知识概览

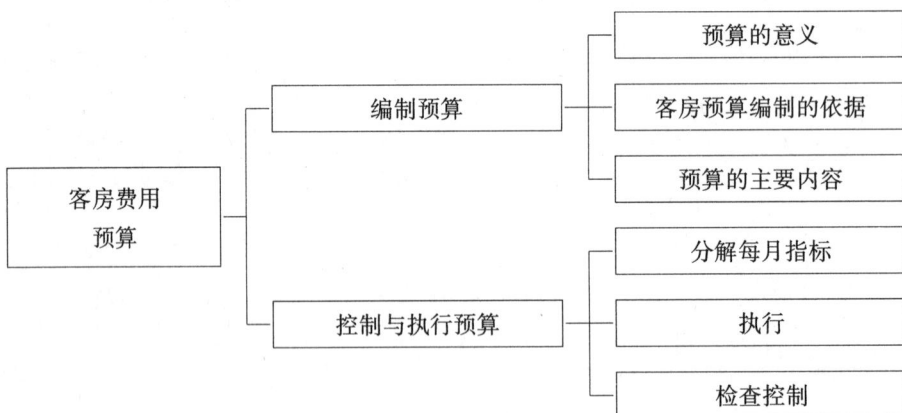

案例导入

进入淡季,A饭店的生意也冷淡起来。

由于营业状态不好,也影响到与员工收入相挂钩的服务费收入。该饭店从开业开始,饭店与员工一直实行服务费五五分账的管理模式。生意好,则员工服务费高;反之,则服务费降低。生意一下降,立即引起员工的关注。

许多员工和个别部门经理除了积极想办法增收节支外，不约而同地想到要降低饭店房价的方法，抢占更多市场份额。

任务驱动

1. 降低房价是抢占市场份额的最佳方法吗？
2. 员工的想法会给酒店带来哪些不利影响？

任务一　编制预算

作为经营部门，客房部经营管理的最终目的就是要实现一定的经济效益。科学地编制、严格地执行和控制预算，能使客房部经营过程中的各项费用开支得到有效的控制，最大限度地保证客房部利润目标的实现。而预算的编制与控制又是一项比较复杂的工作，因此，加强预算管理意识、掌握预算编制与控制方法，并用这些理论与方法指导实际工作是本节的重点。

一、预算的意义

预算就是以货币形式反映出来的计划，是企业对将来某经营周期内的经营活动和经济效益所做出的详细的、综合的计划。客房部预算就是以货币形式做出的客房部一定周期内经营活动和经济效益的详细的综合性计划。

客房部经营活动的最终目的是实现一定的利润，提高客房部乃至整个酒店的经济效益。为了保证利润目标的实现，客房部应加强对其经营活动的预算管理，编制客房部预算是确保客房部经营活动正常进行，以及对客房经营的成本、费用实施控制的重要手段。

编制客房部预算时，应优先考虑在预算期中必须购置或更新、改造的项目，再考虑增加营业项目所需要的投入；同时必须严格按照客房部的实际状况和经营需要实事求是地来确定。在编制预算时还应与相关部门充分沟通，认真听取相关部门的意见和建议，以便协商确定客房部与这些部门预算有关的统一开支款项。

二、客房预算编制的依据

客房部预算是控制客房设备用品、控制营业成本、提高设备完好率和加强客房部管理的重要依据。制定客房部预算的主要依据如下。

（一）客房出租率

客房出租率是客房部预算最重要的依据。客房出租率的高低决定着客房营业用品的需求量、员工的使用数量以及客房设备的损耗情况等，对客房的开支起着决定性的作用，因此，客房部必须根据酒店经营业务总计划、前厅部预测的未来一段时间内客房出租率情况来制定预算。

(二) 历史资料

客房部的各项支出和用品消耗量等历史资料,对客房部预算的编制极具参考价值。它不仅能够提供营业的一般状况,通过对比分析还能够对未来的发展趋势有明确的认识。因此,可根据客房部往年实际消耗的历史资料,在一般状况的基础上,考虑本年度特殊安排,如本地区是否有重大的节庆活动等并适当调整,即可制定出较为准确的预算。

(三) 日常工作记录

客房部各项有关员工操作、物品消耗和储存、设备维修保养记录等,都是制定客房部预算重要的参考依据。因此,应参考员工操作状况、设备维修保养情况以及物品储存的准确数据修正预算。

三、预算的主要内容

(一) 工资预算

客房部应根据人力资源部制定的人员编制,在确定员工使用数量的基础上,适当考虑物价上涨、出租率提高、需要补齐编制等因素,确定员工的工资预算。

(二) 布草预算

布草预算包括床单、枕套、被套、浴巾、面巾、方巾、地巾、浴衣、毛毯及其他织物,应根据其需要补充或更新的数量以及市场价计算出计划金额。

(三) 制服预算

制服预算包括全体员工制服更新购置及增加员工补发制服数量,结合市场价格计算出计划金额。

(四) 营业用供应品预算

营业用供应品预算包括宾客用低值易耗品和客房、公共区域、洗衣房清洁设备、清洁剂、洗涤剂等用品。应根据客房出租率、物品消耗率等进行计算。

(五) 客房设备预算

客房设备预算包括客房设备的保养、维修与更新费用,这是客房部预算的大项。客房部应根据酒店的更新改造计划以及客房设备的实际状况,制定出有关客房更新改造的费用预算。

(六) 其他

包括临时工工资、员工培训费、邮电通信费、办公用具、印刷品、奖金及劳保用品等。

任务二　控制与执行预算

对客房部预算加以控制,是确保实际开支与营业预算中的预计开支相一致的重要手段。客房部预算控制的方法如下。

一、分解每月指标

客房部工作随机性大、内容复杂,一年中每个月的经营活动都随着客情的变化而变化,对物资用品的消耗量也各不相同。因此,在年度总预算报批同意后,部门必须结合淡、旺季及设备维修更新情况,将年度预算分解到每月,落实到各个班组,并与奖惩挂钩,责权利相统一,更好地控制预算。

二、执行

每月预算的确定,要落实到客房部各个环节,要求各级员工认真遵照执行,并且可通过制定相应的工作规程来实现。具体方法如下:

(1)正确做好各项记录。客房部应对物品的使用情况、库存状况进行详细记录。

(2)制定有效的工作日程表。客房部应根据预测客房的出租情况对每周工作日程安排做调整,以确保服务质量。

(3)加强培训与监督。客房部管理者应严格监督员工操作过程中对标准的执行情况,发现存在的问题及时进行培训、纠正。

(4)加强采购环节的控制。

三、检查控制

预算是控制部门运作过程的有效工具。酒店财务部每月都会制作一份反映各项开支费用的经营状况表,此表的形式与预算表相似。实际发生费用栏目与预计发生费用栏目相对,便于客房管理人员将两栏目费用进行比较,随时掌握部门的经营状况。

控制客房部的费用意味着将实际发生费用与预计发生费用进行比较,然后对其差异进行分析,再采取相应的措施。在进行费用比较时,客房部经理应先看预计的客房出租率是否实现。如果出租率低于预计数,那实际发生费用就该相应的低于预计发生费用。同样,如果出租率高于预计数,客房部的成本也应该相应提高。无论费用增加或减少,它都应与出租率的变化成适当的比例,每月对部门的经营情况进行分析并采取相应的措施是客房部经理的一项重要工作。实际发生费用与预计发生费用有一些差异属正常现象,但如果差异很大就应做认真的调查,找出差异的原因。如果费用大大地超过预算,客房部经理需根据原因找到解决问题的具体措施,使部门的费用支出回到预算上。例如,人员排班是否需要进行调整,工作程序是否需要修改,所用的物品是否需更换厂家等。即使发现部门的费用远远低于预算,客房部经理也应查出其原因,也许部门没有达到酒店的服务标准。无论如何,只要有与预算有较大出入的情况发生,客房部就应认真对待,发现原因,向酒店管理层做出说明。

表8-1是一份客房部经营预算表,该表反映了在制作次年预算时当年的预算和实际发生的费用情况,两者比较有助于客房部判断前一年计划的可行性,从而对次年的情况预测得更加准确。每个项目给其编号,全酒店使用统一编号有利于沟通,也能在很大程度上节省时间。表中的百分比可以使管理者们对各项费用占总收入的比例一目了然。一般来说,该百分比应相应稳定,因为当出租率上升、营业收入增加时,支出也相应上升,其百分比应基本保持不变。

表8-1 客房部经营预算表

日期: 年 月 日

编 号	项 目	当 年		次 年		当 年		备 注
		实际(元)	%	实际(元)	%	实际(元)	%	

经营状况表从形式上讲与经营预算表大体相同。经营状况表或损益表反映了在某段时间内经营的实际结果,即在此期间内所获得的营业收入和所发生的费用支出。经营预算与经营状况表的不同点在于前者反映了对将来某一段时间的经营状况的预测,而后者是这种预测的结果。

表8-2是一份经营状况表样本。该表反映了当月各项费用支出的实际发生额、预算额以及当年的累计额。通过对当月预算与当月实际发生额的比较,客房部可以基本了解部门当月的经营是否按预计的计划进行。由于物品的采购不一定按月计算,其他一些费用的发生也不一定以月为单位,所以当月发生的费用并不能完全反映经营的实际情况。因此,需要对当年的累计额进行分析。

表8-2 客房部月度经营状况表

编 号	项 目	本月实际(元)	%	本月实际(元)	%	本月实际(元)	%	本月实际(元)	%

对经营状况表的分析是客房部经理每月的一项重要工作。实际发生情况与计划的出入主要表现在百分比上,对于百分比有较大出入的项目要认真研究,有些酒店要求部门经理对此做出口头和书面的解释。分析的目的是要求部门经理采取相应的措施,使部门的经营回到预算上来,从而达到控制的效果。

复习与思考

一、多项选择题

1. 制定客房部预算的主要依据是（　　）。
   A. 客房出租率　　B. 历史资料　　　C. 日常工作记录　D. 周围酒店数量
2. 客房预算的主要内容包括（　　）。
   A. 工资预算　　　　B. 布草预算　　　C. 制服预算
   D. 营业用供应品预算　　　　　　E. 客房设备预算
3. 每月预算的确定,要落实到客房部各个环节,具体方法有（　　）。
   A. 正确做好各项记录　　　　　　B. 制定有效的工作日程表
   C. 加强培训与监督　　　　　　　D. 加强采购环节的控制

二、简答题

1. 简述客房部预算的意义。
2. 客房预算编制的依据主要包括哪些?
3. 简述执行预算包括哪些程序。

三、案例分析题

给您七折已很优惠了

服务员结账处,一位香港客人在拉卡结账。因与饭店有一定的关系,他的房费按七折付款。可能总账金额超出预算,这位港客拿着账单自言自语道:"哎,这么贵呀!"结账员对客人冒出了一句:"给您七折已很优惠了。"这一说,客人像受了污辱似的发怒道:"你这是什么话,我又不是付不起。房费七折是你们老总给我的待遇。去,把你们总经理叫来,我不希罕这个七折优惠。"后来,饭店一位老总专程去赔礼道歉。

根据以上案例,回答以下问题:

案例中饭店老总专程去赔礼道歉的做法合理吗? 假如你是当班服务员你该怎么做?

四、实践与训练

1. 实训项目:客房预算方案制定。
2. 实训目的:通过实训,掌握客房预算制定的基本方法。
3. 实训内容:结合当地一家酒店实际情况,制定一份客房预算方案。
4. 实训准备:指定当地酒店。
5. 实训方法:讲解、示范、学生实训。
6. 学习评价。

姓名				
考评地点				
考评内容	客房预算方案制定			
项目	操作要求	配分	自我评价	实际得分
听课认真程度	认真听讲,做好笔记,跟上上课节奏	15分		
观看视频认真程度	认真观看视频,并积极练习	10分		
模拟练习效果	能根据各模块要求,正确实施对客服务	60分		
参与实训认真程度	能正确了解小组角色,积极参与实训	15分		
总分合计		100分		

项目二　客房用品管理

学习目标

通过本项目学习,你要……
◆ 了解客房设备内容及选择的基本原则;
◆ 理解客房用品的内容及选择的原则;
◆ 掌握客房设备使用和保养的基本方法;
◆ 熟悉客房周转用品与消耗用品的管理。

知识概览

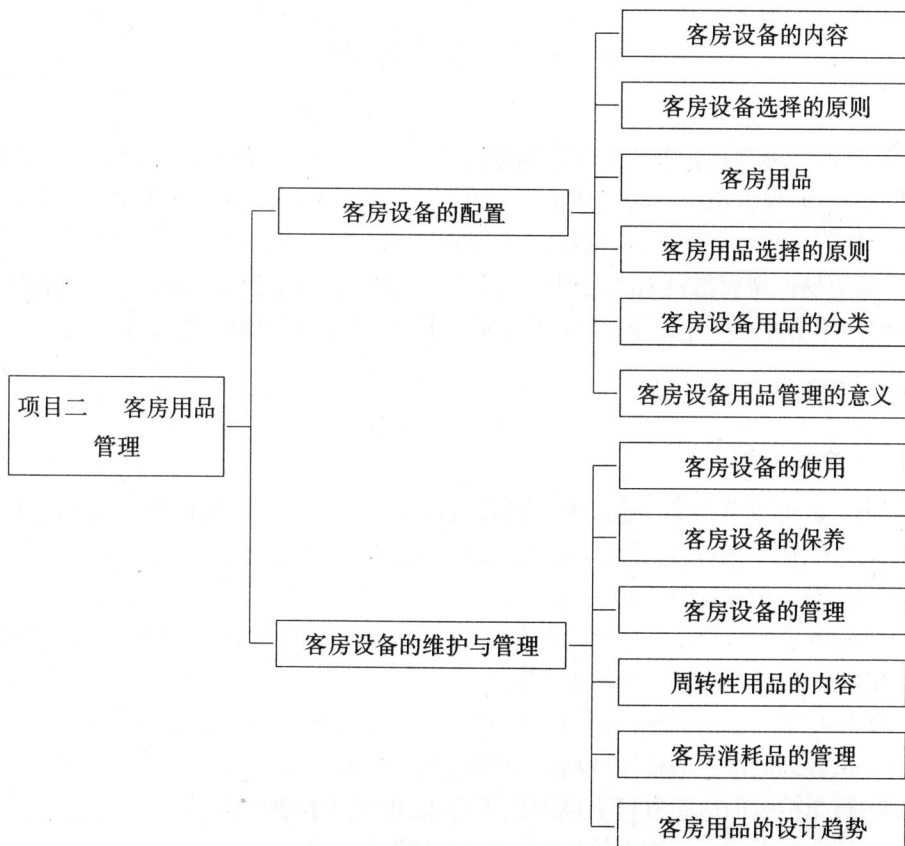

案例导入

客房室内照明设计的基本要求

• 舒适性：室内照明应有利于客人在客房内进行活动、阅读、会客和从事其他活动，即在生理上能保护人的视觉，在心理上能鼓舞或安定人的情绪。

• 艺术性，即有助于丰富空间的深度和层次，有利于强调空间的特色，能与空间的大小、形状、用途和性质相一致。

• 安全性：电源的线路、开关、灯具的设置都要有可靠的安全措施。

任务驱动

1. 客房照明设备的安全性主要体现在哪些方面？
2. 客房照明设备怎样从心理上给客人以安全感？

任务一　客房设备的配置

据统计，一座现代化饭店客房管理系统的基本设备和用品的种类有两三百种之多，为了便于管理，根据饭店的统一规定，目前的饭店设备及用品分为两大类：一是高值耐用品，即价值在 500 元以上，使用年限在一年以上的设备用品；二是低值易耗品和物料用品。低值易耗品和物料用品在使用年限上又有规定：价值为 5 元以上，500 元以下的物品，使用年限应在一年以上；价值为 5 元以下的物品使用年限应在一年以内。

一、客房设备的内容

(一) 家具设备

客房家具可以分为实用性家具和陈设性家具两大类。客房使用的家具以实用性家具为主，如床、床头架、写字桌、软坐椅、沙发、小圆桌、行李架，衣柜等。

客房家具的配备应注意以下几点：

(1) 家具表面应使用高密度、阻燃材料或涂料，坐椅扶手以木质为佳，写字台椅子应有软靠背以使客人坐着感觉更加舒适。

(2) 供写字的台面面积最小应不低于 0.6 cm^2，梳收台镜应能照出全身。

(3) 供客人放东西的抽屉或格架面积最小应不低于 0.7 m。

(4) 行李柜表面应贴有可更换的软毯面，防止家具表面损伤。

(5) 床头柜上应设计有电器控制面板，最好设计成斜面状。

客房家具设备的配置主要包括客房应该配置的家具设备的种类、家具设备的样式等内容。客房家具设备的配置情况直接影响客房的功能、档次和特色。因此，饭店必须从产品设计的角度来解决客房家具设备的配置问题。

（二）照明设备

客房照明设备主要是指客房过道灯、顶灯、吊灯、落地灯、台灯、地灯、床头灯等。客房各种灯具既是照明设备，也是客房的装饰品。客房灯具的设计和选用要注意：灯具的色调、款式要与室内的墙面、窗帘、床罩等相协调，与客房的建筑、家具的式样相统一。

（三）电器设备

客房电器设备包括空调、音响、电视、电冰箱、电话、传真机等。

（四）卫生设备

客房卫生设备主要包括洗脸盆、浴缸、马桶等卫生洁具。

（五）装饰用品

客房装饰用品所包含的内容多而杂（沙发套、椅套、花边垫布、靠垫等），具有很强的实用价值。例如，对饭店客房窗帘的要求是饭店需要配备两层窗帘，其中内层配置质地较薄的纱窗帘，外层配置质地较厚不透明的窗帘。纱窗帘的主要作用是调和光线、美化房间，一般不拉开，以便客人可以透过柔和光线眺望窗外的自然景色。外窗帘则白天拉开，傍晚开灯时再关闭，以保证客人休息、睡眠时不受窗外光线的干扰。外窗帘一般按季节更换，入冬时挂深色的厚窗帘，春末时挂上浅色的薄窗帘。

（六）安全设备

为了保证客人的安全，客房内必须配备安全装置。例如，消防报警装置有烟感器、温感器及自动喷淋，其他安全装置有窥镜和防盗链等。高档次客房在房内还配有小型保险箱。

二、客房设备选择的原则

在新饭店开业之前或是在客房设备更新改造之时，客房部的管理者，应参与其中，提出客房设备的采购和更新改造计划。

客房设备选择的基本原则有五个。

（一）协调的原则

（1）饭店购置的客房设备应该同饭店的档次相适应：饭店所购置的设备应该选择在同类级别饭店中设备性能较为先进、质量较为优秀的设备。高档次饭店购买低档次设备或低档次饭店购买高档次设备，都是不可取的行为。

（2）客房与设备相适应：设备的大小、造型、色彩格调等必须与客房的建筑面积、风格等相协调。协调美观的客房环境，会使客人感觉轻松、舒适。

客房家具设备的配置必须具有配套协调性，一方面，客房的家具设备必须与客房相配套、相协调；另一方面，一间客房内的家具设备之间要相互配套协调。在配置客房家具设备时，要考虑家具设备的规格、造型、色彩、质地、档次等诸多要求，不能东拼西凑、杂乱无章。

（二）经济的原则

客房的设备选择应该首要考虑设备的总体价格，设备的使用寿命，设备售后服务的便利程度和价格等。

（三）安全的原则

安全性是指客房设备的安全可靠性。如家具、装饰用品的防火阻燃性，冷热水龙头的标志，浴缸及卫生间地面的防滑设施，电器设备的自我保护装置等。

（四）适用方便的原则

客房内所配置的家具设备必须具有实用性。每一件家具设备都有其特定的功能，都必须能够满足客人的实际需要，坚固耐用，使用方便，并能使客人在使用过程中得到某种享受。

由于客房设备是直接提供给客人使用的，所以应选择使用方便、不易损坏的设备，同时还要考虑其清洁、保养和维修是否方便。

（五）节能的原则

节能性是指能源利用性能。客房设备的选择要考虑节能效果，要选择那些能源利用率高、效率高、消耗量低的客房设备。

节能环保是配置客房家具设备时必须考虑的市场因素，这一点也常被人们所忽视。随着人们节能和环保意识的增强、科学技术水平的提高，越来越多的节能和环保产品出现并投入使用。饭店在配置客房家具设备时，应该优先选择这类产品，一方能够有效减少消耗，降低成本；另一方面也可以为保护环境做出贡献。

三、客房用品

客房内除了各种设施设备外，还配备了各种用品，以便满足宾客的需求。客房用品可分为一次性消耗用品以及多次性消耗用品。

（一）一次性消耗用品

一次性消耗用品一般是指提供给宾客一次性使用的用品，如牙膏、牙刷、洗发液、沐浴露、信纸、信封等物。一次性消耗用品是可以让顾客带走的。

（二）多次性消耗用品

多次性消耗用品是指提供给不同宾客、重复使用的用品，如毛巾、床单、烟灰缸等物品。多次性消耗用品是不能让宾客带走的。对客租借用品也属于客房用品，如吹风机、电熨斗等。

四、客房用品标准

不同规格的房间，配备的客房用品标准也不一样。

五、客房用品选择的原则

（一）实用

客房的各种客用物品是为满足住客的各种实际需要而配置的，具有实用性。

（二）美观

客房内配置的客用物品要尽可能地制作得精美一些。客房里放置令人赏心悦目的用品，会使客房增色不少。

（三）适度

客房客用物品的档次和标准必须与客房本身的档次和标准相适应，使客人感到物有所值。

（四）具有广告宣传作用

客房客用物品除了能够满足客人的实际需要外，还应具有一定的广告宣传作用。一方面，客人在使用这些物品时，能够对饭店更加了解，留下深刻印象；另一方面，客人将某些可以带走的物品带走，或在外面使用，或作为纪念品保存，或赠送他人，能够起到很好的广告宣传作用。

（五）利于环保

目前市场上客房客用物品的品种很多，但饭店在选择时，必须考虑环境保护问题，尽量少用塑料制品，要尽可能选择使用对环境无破坏作用的"绿色"产品。

（六）价格合理

在保证以上各项要求的前提下，在选择购买客房客用物品时，必须考虑价格因素，尽量做到物美价廉，从而降低客房成本费用。

六、客房设备用品的分类

根据客房设备和用品使用性质分类，将其分为固定性客房设备和用品、周转性客房设备和用品、消耗性客房设备和用品三大类。

（一）固定性客房设备和用品

凡单位价值较高、品种少，使用年限在 1 年以上的机器设备、电器设备、娱乐设备、家具等均视为固定性客房设备和用品。此类用品品种占总数的 10％～20％，资金额占总数额的绝大部分。

（二）周转性客房设备和用品

周转性客房设备和用品指瓷器、玻璃器皿、布件、宾客租借物品等。此类用品品种占总数的 20％～30％，资金额占总数额的 30％左右。

（三）消耗性客房设备和用品

消耗性客房设备和用品指价值较低，使用周期短或一次性使用的物品，如清洁剂、一次性消耗用品等。此类用品品种占总数的 60％ 左右,资金额占总数额的一小部分。

七、客房设备用品管理的意义

(一) 保证饭店客房商品经营活动的正常进行

客房商品通过提供客房、客房内的设备用品及客房服务等要素来满足宾客的需要,如果客房设备用品处于损坏状态,客房商品的价值就会受到损失。因此,保证客房内设备用品的完好状态,为宾客提供基本的客房住宿条件,是客房设备用品管理的最基本意义。

(二) 提高客房服务水平的载体

客房服务质量不仅体现在服务态度及服务技能上,还体现在客房设备用品的使用上,没有客房设备用品,客房服务员的许多服务就无法提供。

(三) 提高饭店经济效益

客房内的设备利用品都需要花费一定的费用才能购置来,在饭店运转过程中,这些设备利用品会不断地折旧、损坏。如果客房设备用品管理工作做得不到位,就会加速设备用品的折旧和损坏,增加饭店运转的成本。而良好的客房设备用品管理工作,则可以在保证服务水平的前提下,减少浪费,降低能源消耗,节约成本,提高经济效益。

任务二 客房设备的维护与管理

一、客房设备的使用

客房设备的使用,主要涉及员工与客人两方面。

客房部要加强对员工的技术培训,提高他们的操作技术水平,使他们懂得客房部设备的用途、性能、使用方法及保养方法。

客房的设备是以租借形式供客人使用的。为了使用设备件件完好,客房服务人员在引领客人进房时,须按照服务规程介绍客房设备的性能和使用方法。客房服务员要按规程对客房设备进行日常的检查与维护保养,发生故障要及时和有关部门联系进行修理。如遇宾客损坏设备,要分清原因,适当索赔。同时,要培养客房服务人员爱护设备的自觉性和责任心,鼓励员工不仅要高质量、高水平地搞好服务接待工作,而且要高质量、高水平地把客房设备保养好、管理好。

二、客房设备的保养

(一) 床的保养

要经常注意检查床架各部件是否安全,有无响声,若发现异常,必须及时报修;床架各部分的活动走轮和定向轮由于使用频繁,容易出现脱落和破损的现象,应随时注意报修和更换；另外，床架同其他木质家具一样，需要注意防潮、防蛀、防水、防热，应注意经常保持清洁光亮；靠卫生间的床应注意与墙保持 4 cm 以上的距离，既可以防潮，又便于操作。

一般在床垫上加铺一床褥，定期翻转床垫；经常检查床垫弹簧的"固定钮"是否脱落；若发现床垫四周尚有积灰，及时用小扫帚清除；在客房使用率低时，可用吸尘器清洁床垫。

（二）沙发的保养

用清洁剂去除沙发面上的污点，经常翻转沙发坐垫，以保证坐垫受力均匀；经常对沙发吸尘，以保持其清洁；定期对沙发面料进行洗涤（干洗）。

（三）木质家具的保养

1. 防潮

要注意经常通风换气；不要把受潮的物品，如毛巾、衣服等搭放在木质家具上；擦拭家具的抹布不能带水，要用软质的干布轻轻擦拭，以保持家具的光洁度。

2. 防水

清扫房间时，不能在家具上留下水迹，若沾上难以擦拭的污垢，可用抹布蘸少许饭店多功能清洁剂或牙膏擦拭，然后用湿润的抹布去除；严重的污渍还可用掺有甘油酯的清洁剂擦除。

3. 防热

应避免在烈日下暴晒。

4. 防虫蛀

在家具中定期放些防虫香或喷洒防虫剂，以防止虫蛀。竹制家具用花椒水擦洗可以防止虫蛀。

5. 定期打蜡上光

使用时间长的家具会失去光泽，因此必须定期打蜡上光。保养的办法是将油性家具蜡倒些在家具表面或干布上擦拭一遍，约 15 分钟后再重复一次，第一遍是在家具表面形成一层保护层，第二遍则是为了达到上光的效果。

6. 小心轻放

如果家具需移动，必须轻搬轻放，切忌在地上硬行拖曳。搬动时还要注意不要碰撞到其他物品和墙面。

（四）陶瓷、玻璃器皿的保养

1. 新购进玻璃器皿、瓷器的消毒

凡新购进的玻璃器皿和瓷器，都必须洗涤干净和消毒后使用。上面贴有商标纸的，必须洗涤干净。

2. 使用与洗涤

凡有破损和裂纹的玻璃器皿和瓷器一律不准发往客房。使用时轻拿轻放，洗涤更换的瓷器和玻璃器皿应分别洗涤，防止瓷器碰坏玻璃器皿。同时，一次放入洗涤槽的器皿应适量,以免造成相互碰撞破裂。

擦干水迹时,应用专用杯布擦拭干净,其具体做法是:将杯布打开放在左手上,将湿杯正面放在左手杯布上,右手拿着杯布的另一端,将其推进杯内,以右手的拇指配合左手的杯布,顺时针方向转动,直至杯子内外全部干净;把杯子对着灯光照射,检查杯子是否干净。摆放在工作车里时应疏密适中。

(五) 电器的保养

1. 电视机

电视机在长期不使用时,夏季应每月通电一次,时间为两小时以上;冬季则三个月通电一次,时间在三小时以上,以驱逐湿气。用柔软的干布擦净机壳外表的灰尘,切勿使用稀释或挥发性汽油、香蕉水等强烈溶剂,以免失去外表光泽。发现图像或声音不清,应立即打电话通知工程部维修人员。

2. 电冰箱

长期不使用时,应拔下电源插头,切断电源,取出饮料、食品,并清洁干净;箱体内部应经常清理,以防异味产生,内部附件可用浸有温水或中性清洁剂的软布擦洗,但塑料件绝对不可接触开水、酸、苯、石油等有机溶剂,否则会使塑料体老化、变形;箱体外表可用柔软干布蘸上中性清洁剂擦拭,再用干布擦净;当蒸发器表面结有一定厚度(约5 mm)的冰霜时,应及时除霜,否则影响制冷效果。

3. 空调

空气滤尘网的清洁,滤尘网至少每两周清扫一次,保养时,停止机组运转,并拔下电源插头;用柔软的布,用温水沾湿,拧干后擦拭。切勿用开水、稀释剂、腐蚀性液体擦拭脏污的地方;也可用强烈溶剂来清洗滤尘网;切勿用水冲洗机组,否则将造成漏电和电击。

当停止使用时,要用半天时间转动电扇,以排除机械内的湿气,避免发霉和产生气味;停止空调器运转和拔下电源插头,使用空调器专用电路时,要先断开安全开关;清扫空气过滤网,按原样装上。

三、客房设备的管理

客房的设备用品是消费性质的,是供客人消费的。由于采用出租的形式,客人来自四面八方,因而使用者具有广泛的社会性。使用过程中,客房员工负责加工整理、维修保养,使其不断恢复使用价值。

(一) 客房设备的资产管理

1. 建立设备账卡

客房的设施设备购进后,首先要给主要机器和设备建立库存卡片,登记建档,在建账过程中要注意"账物相符""账账相符"。

2. 建立设备维修档案

客房设备在使用过程中发生维修、损坏等情况,都应在档案卡片上做好登记,记录相关信息:设备送修日期、什么问题、维修者姓名、修理情况、更换的部件、修理费用及该物品已停止使用的时间等。建卡的要求是"账卡相符",利于管理。

3. 建立设备历史档案

客房设备在日常使用和管理、设备的发放和归还手续都应该包括进设备的历史档案上。

4. 建立定期检查设备制度

(1)定期盘点,核实账物。客房部使用的所有设备和实物库存品,应每季度进行一次清点。清点时,应查看库存品卡片,并核实所有物件的准确储放地点;清点所有的附件与设备,并将结果记在相应的库存品卡上。对所有客房设备进行检验,了解客房设备的运行现状,有问题的要记录,以便改善和解决,确保客房设备处于良好的状态。

(2)专人管理,保证设备仓储的安全客房设备的存放,要建立专人负责管理制。设备闲置时,应将其妥善存放并关门上锁。不允许将客房部的设备携出饭店。设备借给其他部门使用时,客房部经理应做详细记录,并对借出设备进行跟踪,确保得以归还。

(二) 客房设备的更新改造

一切设备无论是由于有形磨损还是由于无形磨损,客房部都应按计划进行更新改造。在更新改造设备时,客房部要协助工程设备部门进行拆装,并尽快熟悉设备的性能和使用、保养方法。

为了保证饭店的规格档次和格调的一致,保持并扩大对客源市场的影响力,多数饭店都要对客房进行计划中的更新,并对一些设备用品实行强制性淘汰。这种更新计划往往有以下规律。

1. 常规修整

这项工作一般每年至少进行一次。其内容包括地毯、饰物的清洗;墙面的清洗和粉饰;常规检查和保养;室内修饰;窗帘、床罩的洗涤;油漆等。

2. 部分更新

客房使用达 3～5 年时,应该实行更新计划。它包括更换地毯;更换墙纸;沙发布、靠垫等装饰品的更新;窗帘、帷幔的更换;床罩的更换等。有的饭店几乎年年都在进行部分更新。

3. 全面更新

7～10 年左右进行一次。这种更新往往是彻底的改变。其项目包括橱柜、桌子更新;弹簧床垫和床架的更新;桌椅、床头板的更新;更换新的灯具、镜子和画框等装饰品;地毯的更新;墙纸或油漆的更新;卫生间设备的更新,包括墙面和地面材料、灯具和水暖器件等。

(三) 客房设备配置的新趋势

客房作为饭店出售的最重要的有形商品之一,设备设施是构成其使用价值的重要组成部分。科学技术的发展及宾客要求的日益提高促使饭店客房的设备配置出现了一些新的变化趋势,这些变化趋势主要体现在人本化、家居化、智能化和安全性等几个方面。

1. 人本化、智能化趋势

在现代化的饭店中,客人晚上睡觉时只需按一个按钮就可将室内所有需要关掉的电器、灯具关掉。而分体式单件家具使客房独具特色,而且住宿时间稍长的宾客还可以根据自己的爱好、生活习惯布置"家居",营造家的气氛。

而智能化趋势最为淋漓尽致地体现了人本化的理念。因为在智能化的客房中,宾客可以选择任何自己喜爱的娱乐活动;房间内的光线、声音和温度都可以根据客人的个人喜好自动调节。

2. 家居化趋势

家居化趋势主要体现在客房空间加大,尤其是卫生间的面积上。另外还可以通过客用物品的材料、色调等来增加家居感,如备有多用棉织品、手工织品和天然纤维编织品;普遍放置电熨斗、熨衣板;卫生间的浴缸与淋浴分开;使用由电脑控制水温的带冲洗功能的马桶。

度假区的饭店更是注重营造家庭环境,客房能适应家庭度假、几代人度假、单身度假的需要;儿童有自己的卧室,电视机与电子游戏机相连接等。

3. 安全性日益提高

在现代化的饭店中,客房门上设置无钥匙门锁系统,客房以客人的指纹或视网膜鉴定客人的身份;客房中安装红外感应装置,服务员不用敲门,只需在工作间通过感应装置即可知客人是否在房间,但不会显示客人在房间中的行为。

床头柜和卫生间中安装紧急呼叫按钮,以备在紧急情况下饭店服务人员与安保人员能及时赶到。

这些设施大大增强了客房的安全性,同时又不会过多地打扰客人,使客人拥有更多的自由空间又不必担心安全问题。

四、周转性用品的内容

(一) 客房供应品

客房供应品也即上面所说的一次性消耗用品。客房消耗性用品是客人可以带离饭店的东西,包括香皂、洗衣袋、礼品袋、鞋擦、文具、一次性拖鞋、洗浴液、洗发液、牙具、淋浴帽、梳子、卫生卷纸、火柴、面巾纸、茶叶、针线包、圆珠笔、明信片等。

不同饭店对客房供应品的范围做了不同的规定。有些豪华饭店的供应品还包括指甲具、一次性剃须刀、糖果、鲜花等。

(二) 客房清洁用品

客房清洁用品有清洁剂、一次性的清洁工具等。

五、客房消耗品的管理

(一) 客房消耗品的发放

客房用品的发放应根据楼层工作间的配备标准和消耗情况,规定使用周期和领发时间,一般是一周发放一次,固定在某一天。这样不仅可以方便库房的工作,也可使楼层日常工作条理化,减少漏洞。

(二) 客房消耗品的控制

这是客房用品控制工作中最容易发生问题的一个坏节,也是最重要的一环。客房部对客用品的日常控制,一般采取三级控制的方法。

1. 楼层领班对服务员的第一级控制

(1) 通过工作表控制服务员的消耗量:楼层领班通过服务员的做房报告控制每个服务员领用的消耗品,分析和比较各个服务员每房、每客的平均耗用量。服务员按规定的数量和品种为客房配备和添补用品,并在服务员工作表上做好登记。领班凭服务员工作表对服务员领用客用品的情况进行核实,防止服务员偷懒或克扣客人用品据为己有。

(2) 检查与督导:领班通过现场指挥和督导,减少客用品的浪费和损坏。领班督导服务员在引领客人进房时,必须按服务规程介绍房间设备用品的性能和使用方法,避免不必要的损坏;督导和检查服务员清扫房间的工作流程,杜绝员工的野蛮操作。例如,少数员工在清洁整理房间中图省事,将一些客人未使用过的消耗品当垃圾一扫而光,或者乱扯乱扔客房用品等,领班应及时对其加强爱护客用品的教育,尽量减少浪费和人为的破坏。

2. 建立客用品的领班责任制

(1) 楼层配备客用品管理人员,做到专人负责:楼层可设一名兼职的行政领班和一名专业领班。行政领班负责楼层物资用品的领发和保管,同时协助业务领班做好对服务员清洁、接待工作的管理。小型饭店则不设行政领班,而由楼层领班兼管物资用品的保管和领发工作。

(2) 建立楼层家产管理档案:平时如有家产增减或移动,必须由楼层主管或经理批准,并由楼层主管在家产登记卡上进行更改,以加强客房部对客用品的控制。

3. 客房部对全饭店各楼层客房用品的控制

客房部对全饭店各楼层客房用品的控制:一是通过客房中心库房的管理员负责整个客房部的客用品领发、保管、汇总和统计工作;二是楼层主管应建立相应的规范和采取措施,使客用品的消耗在满足业务经营活动需要的前提下,达到最低限度。

(1) 中心库房对客用品的控制:设立客房部中心库房的饭店,可由中心库房的物品领发员或客房服务中心对客房楼层的客用品耗费的总量进行控制,负责统计各楼层每日、每周和每月的客用品使用损耗量。结合客房出租率及上月情况,制作每月的客用品消耗分析对照表。

(2) 楼层主管对客用品的控制:楼层主管或客房部经理对客用品的控制主要通过制定有关的管理制度和加强对员工的思想教育来实现。客房用品的流失主要是员工造成的,因此加强管理、做好员工的思想工作很重要。楼层领班要通过服务员每日清扫房间的数量来控制。饭店要给员工创造不使用客房用品的必要条件,如在工作间、更衣室及员工浴室配备员工用的挂衣架、手纸、香皂等,以免员工拿用客房的用品。楼层闲杂人员、住客及其他部门的员工也有拿取客房用品的现象,所以楼层库房门要随时上锁;工作车最好能装门柜,以便上锁,或者用布将物品罩住;控制闲杂人员及饭店无关人员进入楼层。

(3)制定相应的制度:如员工上班不能带包到工作岗位,上下班必须走员工通道,主动向值班保安人员展示自己的包。防止客人的偷盗行为。这就要求饭店实行访客登记制度,尽可能少设置出口通道,对多次性消耗用品,如烟灰缸、茶杯、茶叶盒等可以标上饭店的标志,管理好工作车,将衣架固定起来等。

(三)客房消耗品的管理

1. 正确存放

客房用品有很多是印刷品或是纸盒包装的,还有洗衣液、沐浴液等瓶装用品。要将其存放在干燥、整洁的存放柜中,避免重压,不能倒置或横放,以免液体外流,造成浪费。

2. 推行环保

所谓环保就是要推行"4R"做法。

(1)Reduce 减少使用:选择双面影印与打印,并采用电子通信方式,从而减少用纸量;选用替换装的产品;改善流程控制,减少废品,采购批发装的产品,减少制造废物;妥善管理存货,尽量减少产生过期货品/消耗品;小心处理及储存物料,减少破损或溢漏情况。

(2)Reuse 再利用:为废弃的包装材料、包装胶带、信封及其他可循环再用的物料分开设置收集箱;选择可循环使用的餐具、杯碟及咖啡滤网(如避免使用纸造滤网);将包装物料(如纸箱、胶袋等)循环再用。要求供应商收回包装材料,反复使用。循环再用设备零件与装置,以及修补家具等,以减少制造废物。

(3)Recycle 循环再造:资源回收再利用(或循环再造)是指收集本来要废弃的材料,分解再制成新产品,或者是收集用过的产品,清洁、处理之后再出售。回收再利用的支持者认为这么做可以减少垃圾的制造以及原料的消耗。一般回收的材料包括玻璃、纸、铝、柏油、钢铁。

(4)Replace 替代:以水溶性油漆代替溶剂油漆,以耐用的用具代替用完即弃的物品(如以有柄大杯/玻璃杯代替纸杯),以干风机或毛巾代替纸巾。

尽量选用环保的代替品,如可天然分解的清洁剂和垃圾袋,并使用毒性较弱的化学物质等。

3. 做好统计,控制流失

客房用品的消耗量应当每天进行汇总,每月统计,分析比较。加强对员工的管理,做好他们的思想工作,控制不必要的资源消耗与流失。

六、客房用品的设计趋势

(一)客房用品的设计原则

1. 方便舒适为第一要点

饭店用品是为客人使用的,设计上要以客人的需求为导向。例如,房间客房的马桶,随着人们对卫生标准以及防疫知识的提高,越来越多的人不敢直接往马桶上去坐,为了避免这样的情况,客房可以在卫生间摆放一次性垫子,消除客人的后顾之忧。

2. 成本、环保

如传统客房所提供的六小件,通常用不到一半就被丢弃,可以采用独立浓缩式技术,让客人直接在淋浴的时候取用,既减少麻烦,同时还可以节约开支。

3. 设计要有新意

客房的设计也要标新立异,吸引客人的眼球。

(二) 客房用品的发展趋势

1. 宣传趋势

客房的用品不仅是提供给客人的日常生活所需,同时还能取到很好的宣传作用。比如在客房提供的用品上设计漂亮的图案,印制饭店的名称、地址以及电话等。优美的产品还可以作为艺术品、纪念品送给客人留念。

2. 安全趋势

客人的安全需求是客房应该提供并保证的。客房用品的设计,除了要以客人的需求和节约成本出发,更要注意如何利于使用,确保安全。

3. 环保趋势

随着社会的进步,环保观念越来越深入人心。饭店业日趋成熟,饭店的盈利已经进入微利阶段。绿色饭店已经为广大客人所接收,饭店注重倡导环保,倡导绿色,也就是降低饭店的成本。

▋▋ 案例分析 ◀

客人被困电梯 23 分钟

晚饭时分,日本客人山本次郎乘车回到下榻的上海某饭店,这是他在上海旅行的最后一天。美丽的上海给他留下了深刻的印象,然而几天的旅行也使感到有几分疲惫。在回饭店的路上,他就想好回房后痛痛快快地洗个澡,再美美地品尝一顿中国佳肴,为他在上海的旅行画上一个圆满的句号。

山本兴冲冲地乘上饭店的 3 号客梯回房。同往常一样,他按了标有 30 层的键,电梯迅速上升。当电梯运行到一半时,意外发生了,电梯停在 15F 处不动了。山本一愣,他再按 30 键,没反应,山本被"关"在电梯里了。无奈,山本只得按警铃求援。1 分钟、2 分钟……10 分钟过去了,电梯仍然一动不动。山本有点不耐烦了,再按警铃,仍然没得到任何回答。无助的山本显得十分紧张,先前的兴致全没了,疲劳感和饥饿感一阵阵袭来,继而又都转化为怒气。大概又过了 10 多分钟,电梯动了一下,门在 15F 打开了,山本走了出来。这时的山本心中十分不满,在被关的 20 多分钟里,他没有得到店方的任何解释和安慰,出了电梯又无人接应,山本此时愤愤然再乘电梯下楼直奔大堂,在大堂副经理处投诉……

其实,当电梯发生故障后,饭店很快就采取了抢修措施,一刻也没有怠慢。电梯值班工小王得知客人被"关"后，放下刚刚端起的饭碗，马上赶到楼顶电梯机房排除故障，但电梯控制闸失灵，无法操作。小王赶紧将电梯控制闸由"自动状态"转换到"手动状态"，自己就赶15F。拉开外门一看，发现电梯却停在15F～16F之间，内门无法打开。为了使客人尽快出来，小王带上工具，爬到电梯轿厢顶上，用手动操作将故障电梯迫降到位，终于将门打开，放出客人。

从发生故障到客人走出电梯共23分钟。23分钟对维修工来说，可能已经是竭尽全力，以最快的速度排队故障所能达到的最短时间，而对客人来说，这23分钟则是难熬而漫长的。

【分析提示】

这起电梯"关人"事件引起客人投诉，问题在饭店内各部门之间的协调和配合不够。主要有以下三点：

（1）缺少与客人的沟通。

沟通是饭店管理最基本的手段，与客人的沟通是尤为重要的一环。倘若在接到电梯故障报警后，饭店能以最快的速度与客人沟通，告诉他："我们已经知道发生故障，现正在排除，请稍候。"这样客人感到他受到了重视，处于被人保护的安全环境之中，也不会因为被"关"住而怒气冲冲了，即使排除故障时间稍长一点也会谅解。

（2）前台后台配合不够默契。

饭店部门之间的相互配合，是使饭店处于良好管理状态的重要保证。前台和后台由于分工不同，工作性质也有差异，如果配合不好，彼此缺乏沟通，各自为政，往往会影响整个饭店大系统的良性循环，造成不良后果。像上面这个实例，如果最先得知电梯发生故障的前台门卫，在通知工程部之后，立即把消息传递给副理或公关部人员，让他们去与客人对话，这样也可以及时解除客人的紧张感和恐惧感。如果后台负责修理电梯的工程部能与前台沟通，相互配合，一面修电梯，一面与客人联系，随时通报修理情况，适当作些安慰，共同处理好这起电梯"关人"事件，那么许多不愉快就不至于发生了。

（3）缺乏对客人的关心。

尽力不尽心，只限于做好分内的事，而恰恰缺少饭店工作最重要的一点：对客人的关心。工程部小王工作态度很积极，饭也顾不上吃，跑上跑下排除故障，其操作程序也符合部门的规定，但他就是没有想到通过机房的对讲机与客人通话或安抚，或通报维修进展；前台也一样，通知工程部维修电梯就完事了，没有想到赶到现场去与客人取得联系。出现这些问题的原因在于是对客人关心不够。

复习与思考

一、多项选择题

1.（   ）属于客房周转性用品。

A. 瓷器　　　B. 玻璃器皿　　　C. 布件　　　D. 宾客租借物品

2. 客房照明设备主要是指客房（   ）。

    A. 道灯　　　　B. 顶灯　　　　C. 落地灯　　　　D. 床头灯

3. 客房用品的设计趋势主要包括(　　)。

    A. 方便舒适　　B. 成本、环保　　C. 设计要有新意　　D. 传统性

4. 木质家具的保养主要包括(　　)。

    A. 防潮　　　　B. 防水　　　　C. 防热　　　　D. 防虫蛀

二、简答题

1. 客房设备的分类有哪些?

2. 客房用品的分类方式有哪些?

3. 客房设备的维护要点有哪些?

4. 简述客房用品的管理与控制。

三、案例分析题

热情反被客人误

    饭店服务员小骆,第一天上班被分配在饭店 A 楼 5 层做值台。由于她刚经过 3 个月的岗前培训,对做好这项工作充满信心,自我感觉良好。一个上午的接待工作的确也颇为顺手。

    午后,电梯门打开,走出两位中国香港客人。小骆立刻迎上前去,微笑着说:"先生,欢迎入住本饭店,请跟我来。"一边领他们走进房间,随手给他们沏了两杯茶放在茶几上,说道:"先生,请用茶。"接着她又一一介绍客房设施、设备:"这是床头控制柜,这是空调开关……"这时,其中一位客人用粤语打断她的话头,说:"知道了。"但小骆仍然继续说:"这是电冰箱,桌上文件夹内有'入住须知'和'电话指南'……"未等她说完,另一位客人便掏出钱包抽出一张面值 10 元的港币不耐烦地递给她。这时,小骆愣住了。一片好意被拒绝甚至误解,使她感到既沮丧又委屈。她涨红着脸对客人说:"对不起,先生,我们不收小费,谢谢您! 如果没有别的事,那我就先告退了。"说完便退出房间,回到服务台。

    此刻,小骆心里乱极了。她实在想不通,自己按服务规范给客人耐心介绍客房设施、设备,为什么会不受客人欢迎? 小骆请教了不少富有经验的老员工。后来才慢慢懂得,在服务过程中要有一个"度",同时还要学会察言观色,不可一味地硬搬规范。果然,时隔不久,小骆便成了一名很出色的服务员。

    根据以上案例,回答以下问题:

    服务员小骆按照客房服务的规范要求,热情地为两位中国香港客人介绍房间设施、设备和服务项目情况,却被客人认为是暗示要小费。为什么会出现这样的问题?

四、实践与训练

1. 实训项目:酒店客房设备管理水平评估。

2. 实训目的:通过实训,了解酒店客房设备设施的使用和保养情况。

3. 实训内容:学生分组参观当地三家四星以上酒店客房,并给每个酒店客房设备管理水平进行打分。

4. 实训准备:联系当地三家四星以上酒店。

5. 实训方法:参观、讲解、示范、操作。

6. 学习评价。

姓名				
考评地点				
考评内容	酒店客房设备管理水平评估			
项目	操作要求	配分	自我评价	实际得分
听课认真程度	认真听讲,做好笔记,跟上上课节奏	15分		
观看视频认真程度	认真观看视频,并积极练习	10分		
模拟练习效果	能根据各模块要求,正确实施对客服务	60分		
参与实训认真程度	能正确了解小组角色,积极参与实训	15分		
总分合计		100分		

模块九　客房安全管理

项目一　客房安全管理的认知与安全设施的配备

学习目标

通过本项目学习,你要……

◆ 了解客房安全的基本概念;
◆ 理解客房安全工作的意义;
◆ 掌握可防安全设施配备的原则和功能。

知识概览

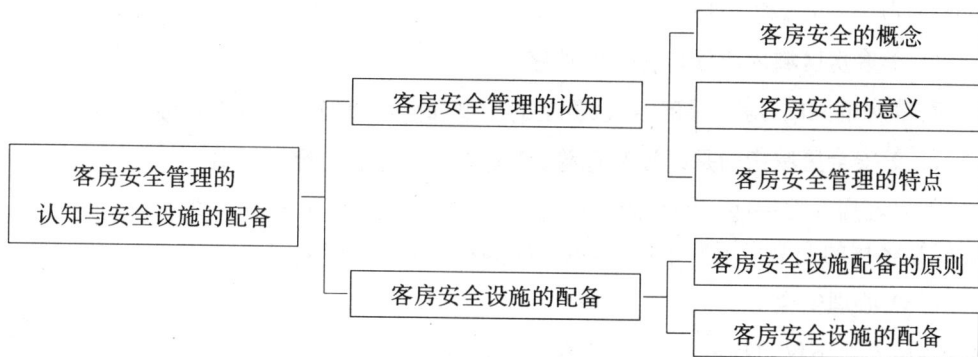

案例导入

一起饭店涉外抢劫杀人案

2008年3月23日晚,在我国南方某市一家饭店的605房间,一名美国人被杀。受害人是美国某公司的著名工程师。案件引起了各方面的高度重视,国内外传媒纷纷予以报道,社会上一时间闹得沸沸扬扬。地方政府为此紧急召开了一次旅馆业治安管理专题会议。该市成立了由市公安局局长坐镇指挥的"3·23"案件侦破组。此案仅用了一周时间就被神速侦破,歹徒也被送上了断头台。

外国客人在饭店内死亡,其后果是非常严重的。该饭店除赔偿客人家属巨额费用外,还被处以罚款和停业整顿;失职的客房管理人员被拘留。饭店形象及经营管理方面的损失极其惨重。

任务驱动

1. 饭店出现命案对饭店会造成哪些影响?
2. 饭店安保人员怎样才能减少类似事件的发生?

任务一　客房安全管理的认知

客房安全是指客人在客房范围内,其人身、财产、正当权益不受侵害,也不存在可能导致侵害其人身、财产及正当权益的因素。

客房一旦出租就是客人的私人场所,怎样做好客房安全管理工作就显得尤为重要了。

一、客房安全的概念

客房安全是一个全方位的概念,不仅包括客人的人身、财产安全,同时还包括了客人的心理以及员工和饭店的安全。客房安全包括以下含义。

(一) 客房区域内应保持良好的秩序

在客房范围内,应当保证客人、员工的人身和财物以及饭店的财产安全。

(二) 安全区域指的是既没有危险,又没有可能发生危险的状态

如果客房存在一些不安全因素或是一些安全隐患,也不是真正意义上的安全。也就是说,客房的安全指不发生危险,以及对潜在危险因素的排除。

(三) 心理安全

客房安全不仅包括事实安全,也包括心理安全。

事实安全是指不发生并且不可能发生危险的安全状态,而心理安全则是客人对饭店安全程度的心理感受。

心理安全是以事实安全为依据:客人对饭店有着心理安全感,是因为饭店长期处于安全状态的结果,而失去安全感却是由于饭店的某些事情而导致的。

事实安全与心理安全是因果关系,但二者并不随时统一:刚发生过不安全事件的饭店往往是最安全的,然而,客人往往心有余悸,不安全的感觉难以消除。因此,不安全事故的发生对饭店带来的恶劣影响才是饭店最大的损失。

二、客房安全的意义

(一) 保障宾客的安全,维护客房的利益

客房作为一种商品,一旦出售给宾客,就应该具备清洁、舒适、美观、安全等特性,缺乏安全的客房是不合格的产品。因此,保障宾客安全是加强客房安全管理的首要任务。

(二) 提高宾客的满意度,提升客房出租率

客房安全可以让宾客在入住饭店过程中无忧无虑,享受饭店的各种服务,这样,宾客对饭店的满意度就会提高,回头率就会提高,就能够提高客房的出租率,提高饭店的经济效益。

(三) 提高饭店形象,为当地经济服务

良好的安全管理,可以让宾客在入住饭店的过程中体会到当地治安情况,从而吸引外地资本投资当地,这不仅提高了饭店的声誉,而且在一定程度上促进了当地经济的发展,而当地经济的发展,又会带动更多的人来旅游、经商,从而为饭店带来更多的客源。

(四) 客房安全与否,直接关系到员工的工作积极性

由于安全不仅是客人的安全,同时还包括了饭店员工的安全,如果饭店客房安全管理混乱,各种防范和保护措施不力,工伤事故不断,员工的生命安全得不到保证,就很难使员工积极有效地投入工作。

(五) 加强客房安全管理是保障客人安全、展示客房管理水平的重要标志

客房部的首要功能是向客人提供高质量的客房商品,清洁、美观、舒适、安全是这一商品的主要特性。如果缺乏安全要素,客房再美观整洁也吸引不到客人前来入住。

三、客房安全管理的特点

客房一旦出租就成为宾客的私人空间,任何人不经过客人允许都不得入内,这就给饭店客房安全管理工作增加了难度。具体来说,在客房管理过程中,具有如下几个特点。

(一) 要求高、难度大

尽管饭店制定了许多安全管理的规章制度,比如访客制度、防火制度等,但是,这些规章制度必须得到宾客的理解和支持才能够有效地实施。如何在工作中既严格执行安全管理的有关制度,充分保障宾客的安全,又不会引起宾客的反感,需要讲究一定的技巧。

(二) 服务性强

客房安全是客房产品的一部分,加强客房安全要体现在日常服务过程中。服务员不能因为安全管理而向宾客下达这样那样的命令,而是要在日常工作中尽量做好安全防护,并恰当地提醒宾客加强安全防范的意识,保持一份服务之心,尽心尽力为宾客服务。

（三）管理范围细致

客房安全涉及宾客的私人空间及客房内的各种设施设备等,任何一个小环节出现问题都会造成安全隐患。因此,在客房安全管理中要求细致入微,不可放过细微的疏忽。比如,设备用品的质量、摆放位置、安全性等都是需要考虑的问题。另外,设备用品破损后能否及时发现并修理、更换,都需要客房部各级人员的细心观察和发现。

（四）要求极高的配合度

客房安全需要饭店各个部门一起努力才能实现,除了客房部外,工程部、安全部、采购部、餐饮部等都对客房安全起了一定的作用。因此,客房部应该加强同这些部门的联系,共同做好客房安全工作。

任务二　客房安全设施的配备

安全设施是指一切能够预防、发现违法犯罪活动、保障安全的技术装备,由一系列机械、仪器、仪表、工具等组合而成。配备安全设施是做好客房安全工作的必要条件。

一、客房安全设施配备的原则

客房是为客人提供住宿和各项服务的地方,人、财、物比较集中。而犯罪分子的犯罪活动正朝着智能化、科技化、集团化的方向发展。配备必要的客房安全设施可以有效地预防、发现、控制和打击违法犯罪活动,预防各种灾害事故的发生。客房安全设施配备要遵循以下原则。

（一）为客人安全服务

客房配备安全设施的主要目的是为了保障客人人身和财物安全。因为客人住店首先关心的是酒店有无现代化报警装置和安全疏散指示标志;其次是客人的行李、贵重物品的保管、寄存设施是否可靠;第三是客人如受侵害,酒店能否及时采取保护措施等。因此,客房配备安全设备,首先要考虑客人的心理需求,尽可能配备足以保障客人人身和财产安全的先进安全装备,如手提电脑是商务客人必备之物,电脑的安全问题随之而来。为满足客人对电脑的安全需求,许多高级酒店客房都配置了可以存放手提电脑的私人保险箱。

（二）与酒店管理体制相适应

由于各家酒店的规模、建筑结构、功能布局、地理环境等诸多因素各有不同,加上管理体制也有很大区别,因此,客房安全设备的配置应与酒店管理体制相适应,与安全设备的功能和安全保卫力量有机结合。一般有三种配置方法:

（1）安全设备功能齐全,组成整体性安全控制网络,如重点部位、关键道口以及安全人员流动巡查的地段等,均配备现代设备,设置控制中心。

（2）安全设备功能齐全,组成两条中心线安全监控网络。一条以消防中心为主线,另一条以电视监控中心为主线。

（3）安全设备功能齐全，有整体性的消防自动报警和灭火装置以及区域性的监控网络。

（三）积极预防、保障安全

积极预防是客房安全管理的基点，它要求酒店在配置安全设备时，必须考虑到可能危害客人安全的各种因素和危险易发部位。客房配备了安全设备，在硬件上有了保障安全的条件，但这些设备归根结底还需要人来控制和操作。只有将员工的责任心和安全设备有机结合起来，才能起到积极的作用，达到保障安全的目的。

二、客房安全设施的配备系统

（一）电视监控系统

电视监控系统是现代管理设施的一个重要组成部分，设置的目的是提高安全效益、优化安全服务、预防安全事故的发生、保障客人的安全。电视监控系统由多台电视屏幕、摄像机、自动或手动图像切换机和录像机组成。安全人员通过屏幕监控酒店各要害部位的情况，如前台收银处、出入口等。电视监控系统主要设置在酒店公共区域、客房走廊和进出口多而又不易控制的地方。

（二）安全报警系统

安全报警系统是酒店防盗、防火安全网络的一个重要环节。防盗重点是对非法进入者进行监督控制，在出现危害客人安全、偷盗财物等情况时，能够及时报警。报警器的种类有微波报警器、被动红外线报警器、主动红外线报警器、开关报警器、超声波报警器和声控报警器。

（三）钥匙系统

周密的钥匙系统是客房最基本的安全设施，电子门锁系统已取代传统的机械门锁，在酒店广泛使用。使用电子门锁的酒店，客人要进入房间不需要一般的钥匙，而是一种内置密码的磁卡，开门时只需将磁卡插入门上的磁卡阅读器，若密码正确就可以打开房门。

电子门锁在酒店客房所显示的优点主要有四个：

（1）便于控制。它可以在酒店需要时令其失效；也可以预设有效使用时间，过时钥匙就无法打开房门。

（2）具有监控功能。客人和有关工作人员虽都有打开房门的磁卡，但号码不同，因此如果某客房发生失窃，管理人员只要检查门锁系统就可以得到一段时间内所有进入该客房的记录。

（3）增设服务功能。如果将装在房门上的门锁微处理器连接到主机上，与酒店其他系统配合，将会给酒店的管理及客人带来更多的方便。例如，与能源管理系统联网，客人在开门的同时，即可开通室内空调、照明等；如果与电视、电话系统连接起来，服务人员就不能在客房随意打电话，也不可以收看客人付费的电视，因为其磁卡上的密码不同;还可将门锁系统与酒店物业管理系统相连,客人手上的门锁磁卡就像一张信用卡,凭卡就可以在酒店消费。

（4）不易仿制。除了已开始采用的电子门锁系统外,现在还有一种更先进的生物门锁系统。这种系统是利用人的生理特征,如指纹、头像、声音等,作为开启门锁的信息。由于这些生理特征比密码更具有独特性,因而给客人和酒店带来更大的方便和安全。

（四）消防控制系统

即在酒店的客房、走廊等要害部位装置烟感器、温感器等报警器材,由消防控制中心管理。这些地方一旦发生火灾苗头,消防控制柜就会显示火警方位,控制中心值班人员即可采取紧急扑救措施。消防控制系统主要有:

（1）烟感报警器。客房内屋顶上一般安装烟感报警器,一旦发生火灾,烟感报警器会自动发出报警信号。

（2）自动灭火器。一旦发生火灾,自动灭火器安全阀门就会自动开启,水从灭火器内自动喷出进行灭火。

（3）走廊上各种灭火器、消防栓等防火设施。

（五）其他安全设施

（1）客房门上装有窥镜,门后装有安全防盗扣(链),张贴安全指示图,标明客人的位置或安全通道方向,安全指示图涂上荧光剂。

（2）安全通道门上安装有昼夜明亮的红色安全指示灯,一旦发生火灾或由于其他原因使通道灯停电,安全指示灯会马上开通。

（3）房内配有防毒面罩、私人保险箱,卫生间内装有紧急呼叫按钮。

案例分析

烟感器发出的报警声

一天晚上,杭州蓝孔雀宾馆保安员小郝正在保安室值班,突然,烟感器发出了尖锐急促的报警声。同时,913房的警示孔上不断地闪现红色信号。小郝飞奔至913房,但房门口却挂着"请勿打扰"的牌子。小郝按门铃没回音,用力敲门,甚至大声喊叫客人开门,但里面仍是死一般的寂静。在这千钧一发之际,小郝当机立断,叫来楼层服务员小范打开了房门。原来是垃圾筒冒着浓烟,蔓延的火星甚至引燃了地毯,而客人却在呼呼大睡。小郝、小范未管客人,当务之急是在卫生间用水杯端水扑灭火源。小郝、小范费尽工夫把客人叫醒后才知道事情缘由。原来客人晚饭喝醉回房后便靠在椅子上抽了支烟,随手把烟头扔进了垃圾筒,然后蒙头大睡,以后的事情便全然不知。客人面对小郝和小范既感激又惭愧,愿对刚才事件的后果及损失负一切责任。

【分析提示】

本案例中保安员小郝在听到烟感器发出的报警声后,迅速赶到现场,与楼层服务员一起采取急救措施,及时扑灭火源,反映了饭店一线员工应有的敏锐判断和果断处理事情的能力。

俗话说"火场如战场",火情的控制在时效上主要求一个"快"字。通过此案例,我们可以更加深刻地认识到安全防范的重要性。此起火灾的引发虽因客人酒后将未灭的烟头扔进垃圾桶引起,但应引起饭店管理人员和全体员工的重视。在培训中,要特别注重培训员工临场解决问题的能力和善于察颜观色、发现客人异常行为的敏感度。要求服务员值台时应密切关注此类客人,一旦出现异常情况要立即采取果断措施,避免造成严重的后果。

复习与思考

一、多项选择题

1. 客房安全的概念主要包括(　　)。
   A. 客人人身安全　　　　　　B. 财产安全
   C. 客人心里安全　　　　　　D. 员工和饭店安全

2. 客房安全管理的特点主要包括(　　)。
   A. 要求高　　　　　　　　　B. 难度大
   C. 服务性强　　　　　　　　D. 要求极高的配合度

3. 电子门锁在酒店客房所显示的优点主要有(　　)。
   A. 便于控制　　　　　　　　B. 具有监控功能
   C. 增设服务功能　　　　　　D. 不易仿制

4. 消防控制系统主要有(　　)。
   A. 烟感报警器　　　　　　　B. 自动灭火器
   C. 走廊上各种灭火器　　　　D. 走廊上各种消防栓

二、简答题

1. 简述客房安全管理的主要意义。
2. 客房安全管理的特点主要是什么?
3. 简述客房安全设施配备的主要组成部分。

三、案例分析题

没有丢失的金项链

一日下午,一位中年男客人形色匆匆地走到××酒店大堂助理面前,还未缓过气便急促地说道:"我中午已经退房,到机场后,发现我脖子上的金项链不见了,而这根项链非常重要,是我们夫妻的结婚纪念物。回想我待在酒店里没去哪里,便推断金项链极有可能在房间里,赶紧赶了回来,但现在距飞机起飞只有1个多小时的时间,希望酒店能尽快协助我寻找。"

得知此情况后,大堂助理经总台查询确认了此客人所说属实。便立即与客房部经理取得联系,让其协助客人寻找。客房部经理打开客人住过的房门,发现客房已被整理。客人仍抱着一线希望寻找了一遍,结果一无所获。面对心急如焚的客人,客房部经理叫来了整理此间客房的员工小李,问其是否见到金项链,小李否认,但称愿意为客人再仔细找找。当小李找到床靠背和床垫的缝隙处时,欣喜地发现了金项链,几乎绝望的客人望着失而复得的金项链万分激动,当即掏出200元人民币感谢小李,小李笑着谢绝了。由于时间紧迫,客人也未勉强小李接受谢意,戴上金项链便匆匆离去。

当客人走后,客房部经理非但没有表扬小李,还将小李开除了。这是为什么呢? 因为客房部经理早就听其他员工反映小李以前常拿客人金项链之类的东西,客人均未发现。但空口无凭,无根无据,可今天客房部经理明白了。原来客人因洗澡或睡觉将金项链放在床头柜或枕头边而第二天未戴时,小李趁清扫房间便将项链轻轻放进床头柜或床垫缝隙里,当客人未看见从而未想起自己项链便离店后,小李仍不会马上取走项链。因为如果客人回来寻找,小李帮其找到,一则会受到表扬,二则会得到奖励;如果客人未回来寻找,小李便放心地将项链变为自己囊中之物。可谓鱼与熊掌皆得。经理的分析正中要害,使小李自惭形秽,无语辩答。

根据以上案例,回答以下问题:

经理的处分是否合理? 酒店的可防安全系统能确保客人财物绝对安全吗?

四、实践与训练

1. 实训项目:参观星级酒店安全设置系统。

2. 实训目的:了解酒店安全系统的构成及功能。

3. 实训内容:全体同学分批到三家以上不同星级和规模的酒店参观学习,由酒店客房部负责人介绍其酒店安全系统设置情况。

4. 实训准备:按规定着装,带好笔、笔记本。

5. 实训方法:视频展示、实地参观。

6. 学习评价。

小组名称				
考评地点				
考评内容	参观星级酒店安全设置系统			
项目	操作要求	配分	自我评价	实际得分
听课认真程度	认真听讲,做好笔记,跟上上课节奏	15分		
观看视频认真程度	认真观看视频,并积极练习	10分		
模拟练习效果	能根据各模块要求,正确实施对客服务	60分		
参与实训认真程度	能正确了解小组角色,积极参与实训	15分		
合　计				

项目二　客房楼层的安全管理

学习目标

通过本项目学习,你要……
◆ 熟悉酒店钥匙的种类及客房钥匙的安全管理;
◆ 了解楼道安全管理环节;
◆ 掌握客房设备的使用环节。

知识概览

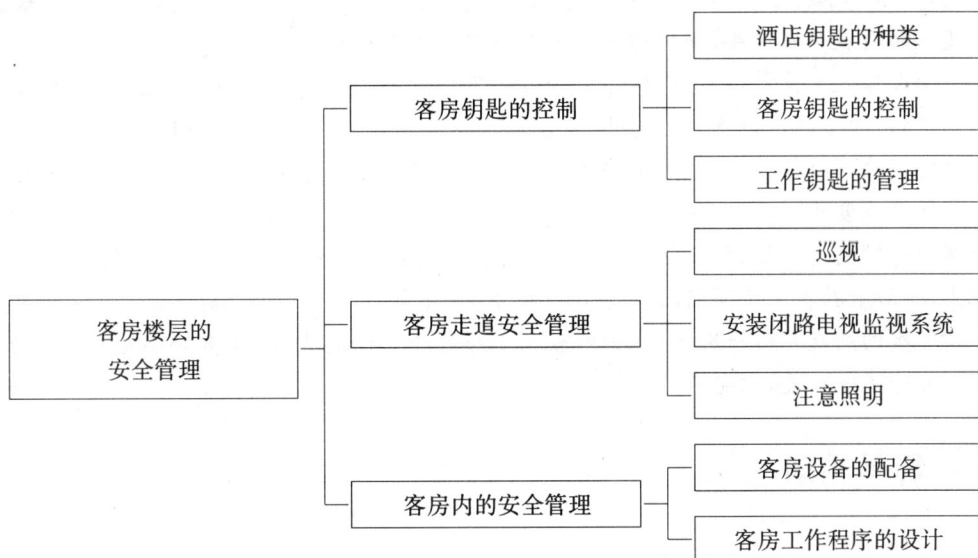

案例导入

细致周到——浴缸里醉酒的客人

晚上9点多,夜班服务员小董如往常一样在通道做公共卫生,经过2415房门口时发现一客人倚着墙壁坐在地上,旁边还有挂包和相机丢在一边。小董走近一些,闻到一股酒气,客人满脸通红,烂醉如泥,小董连叫了几声"先生",一点反应也没有。"这该不会是2415房的客人吧? 如果是就应该是位日本客人。"因为她知道该房住的是日本客人,细心的小董发现地上的挂包边有一张住房卡,上面登记的正是2415房小原佑一先生,日期也对。从挂包未拉合的拉链处望进去,包内的纸张上也是日文。"既然确定了客人身份,得赶快送客人回房间休息。"小董想着,这时地上的人动了一下,还含糊不清地嘟囔了一句什么,小董赶紧上前搀起客人,客人歪歪斜斜地顺势站了起来,随小董进入房间,又躺在床上一动不动了。小董把挂包和相机捡起来放在办公桌上,轻轻带上房门,然后找督导小金汇报了整个过程。

小金听完后立刻放下手头的工作,先是打了个电话到2415房,想试探客人是否已清醒、是否需要帮忙,但电话无人接听。放心不下的小金决定进房间查看一下,以免发生意外,但按门铃、敲门均无人应,于是他开了门轻轻走进去,只见卫生间门开着,里面一片狼藉。地板被客人吐得一塌糊涂,散发着刺鼻的气味,客人的衣服、鞋子东一件西一件扔得到处都是。浴缸已放满了水,水龙头还在哗哗地流,而客人只穿着一双袜子躺在浴缸内,露出个头在水面,双眼紧闭似乎又睡着了。小金很清楚醉酒客人使用浴缸可能出现的严重后果,一连叫了几声"先生",客人都没反应,小金又不敢走得太近怕客人突然醒了被自己吓着。他想,如果把客人扶出浴缸送到床上,他赤身裸体,清醒后会很尴尬;将浴缸水排空,给客人盖一张毛毯,可能会冻坏身子;只能将水龙头关掉,等水温稍变凉时再放热水进去,保持适当的水温一直维持到客人清醒为止。

小金拿定主意后,一边叫服务中心另一男员工小庄上来帮手,一边将此事报告给大堂副理,请大堂副理负责联系与其同来的客人或接待单位。半小时过去了,小金和小庄一边将卫生间收拾整齐,一边不停地开水、关水,生怕客人发生溺水意外。终于,客人的脸色逐渐恢复正常,小金和小庄发现客人先是捧起水洗了洗脸,然后缓慢地开始搓澡,虽然还是紧闭着双眼,但应该已无意外危险。临走之前,他俩又冲了一杯热茶放在床头柜上,将浴衣挂在卫生间门后。走出房间后,小金和小庄并没马上离去,而是让大堂副理请客人的朋友再打一次电话,听到客人在房内接电话的声音,小金和小庄如释重负,放心地呼了一口气,欣慰地笑了。

▌▌ 任务驱动 ◀

通过以上案例,简要说明发现醉酒的客人应如何应对。

任务一　客房钥匙的控制

客房是客人的私密空间,安全是优质客房产品的重要组成部分。但客房也是罪犯选择作案和混迹藏身最多的场所之一,存在很多安全隐患。近年来,随着犯罪方式不断向隐蔽型和高智商型的转变,客房安全问题越来越突出,提高安全意识、加强预防管理、切实落实各项安全制度,是保证客房楼面安全的重要举措。

一、酒店钥匙的种类

(一) 工作钥匙

工作钥匙是客房清扫员用来清扫时的专用钥匙,专开所辖区域内的房间。

(二) 客用钥匙

仅供宾客住店期间使用,只能开启所租房间的门,一般放在前厅。有些酒店设楼层服务台,客用钥匙由服务台管理。也有些酒店为了更好地管理磁卡钥匙,由总台发放,宾客自带。

(三) 楼层总钥匙(也称楼层万能钥匙)

楼层万能钥匙是指能打开一层楼所有房间的钥匙。设有楼层服务台的,由服务台保管该钥匙;没设楼层服务台的,则由楼层领班保管,以便领班检查房间和服务员打扫整理房间,也便于推运行李,或宾客丢失以及忘记携带钥匙时为其开门。

(四) 紧急钥匙

这是一种能打开反锁房间的钥匙。当房间门被反锁时,用万能钥匙是不能打开的,若房间内发生凶杀、火警等异常情况,则可用紧急钥匙开锁进房处理。紧急钥匙一般由保卫部门负责保管。

(五) 酒店万能钥匙

现代化的酒店,客房通常采用统一的门锁系统。所有客房门锁可以用一把特制的万能钥匙开启,这就是酒店的万能钥匙。酒店万能钥匙通常有三把,分别由总经理、值班副总经理和客房部经理保管,以便检查任何房间。

二、客房钥匙的控制

为保证客房安全,严格的钥匙控制措施是必不可少的。客房钥匙丢失、随意发放、私自复制或被偷盗等都会带来各种安全问题。

(一) 客房专用钥匙

只能开启某一个房间,不能互相通用,供客人使用。

(二) 楼层或区域通用钥匙

可以开启某一楼层或某一楼层上的某个区域内的所有客房,供客房部主管、领班及服务员工作之用。

(三) 客房全通用钥匙

可以开启各楼层所有的客房,有的还包括客房部所负责的公共区域内的场所,供客房部正、副经理使用。

三、工作钥匙的管理

制定完善的规章制度是工作钥匙管理的重要措施。

（一）统一管理

在客房部办公室内设置一个钥匙箱,集中存放楼层或区域通用钥匙及楼层储物室钥匙、公共区域的通用钥匙。该箱由客房部办公室人员负责保管。每次交接班都需盘点清楚,如发现有遗失,必须马上向客房部经理报告。

（二）制定钥匙领用制度

每天上班时,根据工作需要,客房主管、领班及服务员来领用客房钥匙时,客房部办公室人员都应记录下钥匙发放及使用的情况,如领用人、发放人、发放及归还时间等,并由领用人签字。还应要求客房服务员在工作记录表上记录下进入与离开每间客房的具体时间。

（三）制定钥匙使用制度

（1）员工领取钥匙时要在钥匙控制表上签名。

（2）清洁整理房间时,工作钥匙必须随身携带,严禁私自解下、乱丢乱放或把工作钥匙放在工作车上。

（3）下班或离开酒店一定要把钥匙交回。

（4）客房服务员在楼面工作时,如遇自称忘记带钥匙的客人要求代为打开房间,应请客人去服务台领取钥匙,绝不能随意为其打开房门。

（5）如果丢失钥匙或门磁卡,必须第一时间报告上级。

█ 案例分析 ◀

还是两把钥匙好

某中外合资企业的张工程师与刘技术员两位男士出差某市,下榻酒店。在总台登记完毕后,接待员给了他们一把钥匙。上楼,打开房门,一定要钥匙插入节能电源插口内,电源才接通。小刘一一开启电灯,室内明亮。这是一间普通的标准住房。过了一会儿,张工程师与小刘两人商量了各自的工作分工。张工程师去电子元件厂晚些回来,而小刘去购买机票则早去早回,钥匙该谁拿,成了问题。由张工程师掌握,小刘早回进不了门;由小刘掌握,张工程师离去房里就没了灯。考虑再三,钥匙由张工程师管。小刘天没黑就先回来了,没有钥匙,拿出住房登记卡,叫楼层服务员开了门。进门后,他自作小聪明,找个硬纸片插入节能孔里,心想同样能接通电源,不行;换其他东西硬塞,也没有用。他去问服务员,服务员告诉他,钥匙柄内安装有磁性片,所以能接通电源,其他东西是不行的。机灵的小刘这下可傻了眼。问服务员,她也没有多余的钥匙牌。小刘就这样黑灯瞎火地躺在床上,焦急地等张工程师回来。

张工程师心里也不踏实,办完事,马上叫出租车回来了。进门插上钥匙,小刘才"重见光明"。张工程师打开文件包一检查,发现电子元件厂给他准备的几份资料忘记拿了,他与小刘打个招呼,赶快下楼,又去电子元件厂。张工程师来去匆匆,打门铃叫小刘开门,小刘此时正在洗澡。听到门铃声也没办法,光着身子泡在浴缸里,咋开门呀!他只能拉开卫生间的门,大声嚷嚷:"张工程师,我在洗澡,请等三分钟!"张工程师总算听见了,他想找楼层服务员开门,却找不到,估计是吃晚饭去了。就这样,张工程师在楼道里来回踱步,直等小刘擦干身子来给他开门。

晚餐后回房,张工程师有点累了,他一会儿翻阅资料,一会儿看看电视。小刘倒是精神焕发,独自逛夜市去了。10点钟,张工程师想睡了,这时,他才发现小刘没拿钥匙,怎么办?人虽累了,却不敢躺下睡,他靠在床沿打盹,等小刘回来。11点半,小刘的门铃声把他惊起,开门后才脱衣睡觉。临睡前,张工程师嘟囔了一句:"两个人只给一把钥匙,可把我折腾苦了。"

【分析提示】

现在大多数饭店,对同住一间标准客房的客人,只发给一把钥匙。从饭店来说,管理上方便了,也减少了钥匙丢失的可能性,但这样做,客人很不方便。两位客人住在一个房间里,并不说明他们的活动也是在一起的。当分头活动时,一把钥匙会给客人带来种种麻烦。以上所展示的只是其中的几种情况而已。

从服务质量考察,饭店首先应满足宾客的需要,而不能图自己的方便。下面,我们提出几种办法,为宾客解除钥匙之忧:

(1)总台应配三套钥匙,两套分别给两位客人,一把总台备用。

(2)总台备有三套钥匙,一般只给客人一个。若两人同住,并提出要两把钥匙时,第二把钥匙可采取付押金的办法,以免客人遗忘带走。

(3)楼层服务员(或总台)可备有钥匙柄,只用于接通电源。在两人共用一把钥匙的情况下,各人可付押金另租一个钥匙柄。房门则可出示房卡由服务员开启。

任务二　客房走道安全管理

大部分酒店都采用了客房中心的服务模式,楼层上的闲杂人员不易控制,所以客房走道安全尤其要引起管理者的重视。

一、巡视

客房部管理人员、服务人员以及安全部人员对客房走道的巡视是保证客房安全的一个有力措施。在巡视中,应注意在走道上徘徊的外来陌生人、可疑的人员及不应该进入客房楼层或客房的酒店员工。注意客房的门是否关上及锁好,如发现某客房的门开着,可敲门询问,如客人在房内,提醒客人注意关好房门;客人不在房内的话,直接进入该客房检查是否有不正常的现象。发现有异常情况及时处理或上报。即使情况正常,纯属客人疏忽,事后也应由保安部发一道通知,提请客人注意离房时锁门。

二、安装闭路电视监视系统

装有闭路电视监视系统的酒店,在每个楼层上都装有摄像头,对客房走道上的人员进行监视,发现疑点,可请客房部人员或保安部人员进一步监视,必要时采取行动制止不良或犯罪行为。

三、注意照明

酒店还应注意客房走道的照明正常及地毯铺设平坦,以保证客人及员工行走的安全。

任务三　客房内的安全管理

住酒店,主要是住客房,客房是客人在酒店逗留时间最长的场所,客房内的安全是至关重要的。客房部应从客房设备的配备及工作程序的设计这两个方面来保证客人在客房内的人身及财产安全。

一、客房设备的配备

(1) 为防止外来的侵扰,客房门上的安全装置是至关重要的,其中包括能双锁的锁装置、安全链及广角的窥视警眼(无遮挡视角不低于 160°)。除正门之外,其他能进入客房的入口处都应能上闩或上锁,这些入口处有阳台门、与邻房相通的门等。

(2) 客房内的各种电气设备都应保证安全。卫生间的地面及浴缸都应有防止客人滑倒的措施,客房内的杯具、冰桶及卫生间内提供的漱口杯等都应及时消毒。卫生间的自来水如未达到直接饮用标准,应在水龙头上标上"非饮用水"的标记。客房服务员平时还应定期检查家具,尤其是床与椅子的牢固程度、电器设备的完好程度。

(3) 客房桌面上还应放置有关安全问题的告示或须知,告诉客人如何安全使用客房内的设备与装置、专门用于安全的装置的作用、出现紧急情况时所用的联络电话号码及应采取的行动。告示或须知还应提醒客人注意不要随意将房号告诉给其他客人和陌生人,注意有不良分子假冒酒店员工进入客房及识别的方法等事项。

二、客房工作程序的设计

客房部的员工应遵循有关的工作程序,协助保证客房的安全。

(1) 客房服务员在清扫客房时,房门必须是开着的(套房除外),工作车挡在门口,若有人进房,须查核其身份。

(2) 工作钥匙必须随身携带,不能将钥匙随意放在别处。

(3) 清洁整理客房时须检查客房里的各种安全装置,如门锁、门链、警眼等,如有损坏,及时报告客房部。

(4) 客房部员工不应将入住的客人情况向外人泄漏。如有不明身份的人来电话询问某个客人的房号时,可请总机将电话接至该客人的房间,而绝不能将房号告诉对方。发现可疑人员及时上报。

案例分析

刘先生终于明白了

服务员小汪在楼层值班时,来了一位访客称是刘先生好朋友,并说刘先生现在在外办事,他与刘先生通过电话,刘先生叫他在房间等其回来,所以烦请服务员小汪开一下房门。

但小汪知道这样做是违反安全规定的,故礼貌谢绝了访客要求,请其在大堂等候。此客人一边责骂小汪不通情理,一边气冲冲地离开了楼层。没多久,刘先生和这位访客上了楼层,没等小汪说话便遭到他们连珠炮似的骂语,而且将此事投诉给了客房部经理。经理先是向客人道歉,安抚住了客人,但随后经理并未批评服务员小汪,只是叫她过会儿给客人写封道歉信。

小汪真情地写道:"尊敬的刘先生:我这样做完全是从您的安全角度考虑,可能在方式、方法上有所欠妥,望您见谅! 真诚地向您道歉!"然后把信从门缝下塞进了刘先生房内。当刘生情绪稳定之后看到这封信时,认为服务员真心为自己考虑,而自己还错怪了她,于是顿感惭愧,主动向小汪道了歉。

【分析提示】

本案例中,服务员小汪根据饭店的规定拒绝为客人的访客开门,在遭到客人误解的同时,为了维护饭店的利益,依然忍气吞声给客人写道歉信,反映了一个优秀服务员良好的涵养和素质。

在饭店对客服务工作中,有时确实会遇到一些客人不懂得尊重别人,使服务员吃一些"冤枉官司"。饭店强调的是"宾客至上",服务员不能与客人平起平坐,更不能与客人争吵。这是服务员在饭店的角色地位决定的,因此,服务员蒙受委屈、代人受过的事情时有发生。饭店在教育培训员工树立服务意识、提高服务质量的同时,还要在精神上和物质上奖励他们,使他们获得心理上的平衡。另外,本案例中服务员发自内心的道歉信既改变了客人的态度,也值得饭店同行学习。

复习与思考

一、多项选择题

1. 酒店钥匙的种类主要有(　　　)。

　　A. 工作钥匙　　　B. 客用钥匙　　　C. 楼层总钥匙　　　D. 紧急钥匙

2. 客房走道安全管理(　　　)。

　　A. 无须巡视　　　　　　　　　　　B. 巡视

　　C. 安装闭路电视监视系统　　　　　D. 注意照明

3. 为防止外来的侵扰,客房门上的安全装置是至关重要的,其中包括(　　　)。

　　A. 能双锁的锁装置

B. 安全链

C. 广角的窥视警眼

D. 能进入客房的入口处都应能上闩或上锁

二、简答题

1. 简述客房钥匙控制的主要环节。

2. 客房走道安全管理主要指哪些方面?

3. 做好哪些环节可以确保客房内的安全?

三、案例分析题

刘先生和夫人在"十一"期间入住了某酒店的 1112 房间,入住的第三天上午购买了些土特产放在了房间,中午就去当地有名的菜馆品尝美食。

当小两口兴匆匆回到酒店,准备收拾行李返家时,却发现房内一片狼籍,有人在他们出去吃饭的时候进入了房间并洗劫了房间内的贵重物品!刘先生意识到了问题的严重性,立即通知了酒店的安全部门,安全部人员赶到了现场,据刘先生核实,丢失白金项链一条、笔记本电脑一台、人民币 3 000 多元,总价值超过了 2 万元。询问刘先生有没有将房卡交给他人,刘先生十分肯定地说就一张房卡,而且一直带在身上,出房间时还将房门带上了。

十一层高的房间,又没有阳台,小偷是从哪里进来的呢? 安全人员一边查监控录像,一边对现场进行了勘查,监控录像上显示两名男子是推门而入的。仔细检查,又发现房门上有口香糖的痕迹,安全人员恍然大悟,推断刘先生买完东西回来时就被小偷跟踪,趁刘先生开门后不注意,在房间门的磁卡锁上粘上了一团口香糖,刘先生放下东西出门吃饭时,认为饭店门上有复位器,就随手带上门,没有核实是否关上就匆匆离开了。进一步查看录像,画面证实了这一推断:从刘先生入住起就有两名男子在楼层闲逛、踩点。刘先生买完东西回来时,尾随其后,趁刘先生不注意时将口香糖粘在磁卡锁上,刘先生走出房门认为房门已经关上后,歹徒入室作案……

根据以上案例,回答以下问题:

为防止以上事件再次出现,酒店应采取怎样的措施?

四、实践与训练

1. 实训项目:饭店客房安全系数评估。

2. 实训目的:了解酒店安全系统的构成及安全高低。

3. 实训内容:全体同学分批到三家以上不同星级和规模的酒店参观学习,由酒店客房部负责人介绍其酒店安全系统设置情况,学生上交实训报告,指出各饭店安全问题。

4. 实训准备:按规定着装,带好笔、笔记本。

5. 实训方法:视频展示、实地参观。

6. 学习评价。

小组名称				
考评地点				
考评内容	饭店客房安全系数评估			
项目	操作要求	配分	自我评价	实际得分
听课认真程度	认真听讲,做好笔记,跟上上课节奏	15分		
观看视频认真程度	认真观看视频,并积极练习	10分		
模拟练习效果	能根据各模块要求,正确实施对客服务	60分		
参与实训认真程度	能正确了解小组角色,积极参与实训	15分		
合　计				

项目三　客房安全事故的预防和处理

学习目标

通过本项目学习,你要……

◆ 了解酒店客房部安全因素;
◆ 掌握火情处理及灭火器材的使用方法;
◆ 掌握突发事件的预防及处理;
◆ 了解宾客被盗的处理。

知识概览

```
                                                      ┌─ 火灾发生的原因
                                      ┌─ 防火工作 ───┼─ 火灾的预防
                                      │               └─ 火灾事故的处理
                                      │
                                      │               ┌─ 客房失窃类型
项目三　客房安全事故 ──────────┼─ 防盗工作 ───┼─ 客房失窃的原因
的预防和处理备                        │               ├─ 盗窃事故的预防
                                      │               └─ 盗窃事故的处理
                                      │
                                      └─ 突发事故、事件的处理 ─┬─ 客房意外事故的处理
                                                                └─ 宾客意外事件的处理
```

案例导入

深夜客人不见了钱包

一天晚上11点40分,某三星级宾馆客房部吴经理接到总机来电,要求马上处理1203房李先生钱包被偷事件。事情经过是这样的:客人李先生于晚上10点打电话到宾馆桑拿中心叫了一位按摩小姐按摩,至11点,有朋友和宾馆中餐部张经理一起来访,

互相交换名片,共交谈5分钟,当时客人的名片就是从钱包掏出,钱包是从挂在衣架上的皮夹克口袋里面掏出来的。朋友走后,客人进洗手间1分多钟后继续按摩,按摩结束后,客人从裤袋取钱付给小姐,小姐于11点35分离开,而后,客人想找钱包看一看张经理的名片,结果钱包不见了。客人一口咬定是按摩小姐所为,要宾馆赔偿。

听完汇报,吴经理马上决定分两路调查事件,一路由保安部找该按摩小姐调查,一路自己亲自带一名保安赶到现场。吴经理认真、仔细地听完客人的诉说后,握着客人的手,用征询的语气说:"我们一起来分析刚才的事件,探寻解决办法好吗?"客人欣然赞同,于是他把早已思考好的四步解决方案说了出来:第一步,先证实客人的钱包在11点5分还在房间皮夹克里;第二步,要搞清楚11点5分至11点40分客人的房间除按摩小姐是否还有外人进入或客人本人是否离开过房间;第三步,看是否能在房间找回钱包;第四步,如上述第一、第二步成立,第三步也找不到,那问题就出在按摩小姐身上。

通过核查,中餐部张经理证实客人钱包在11点时还在客人的皮夹克口袋;宾馆监视系统证明按摩小姐于11点35分离开该房间,再无人出入;此时小心实行第三方案,客人把衣服和裤子的口袋都翻过来,仍不见钱包。吴经理要求亲自检查一下皮夹克,客人说已找过五六遍了,只见吴经理提起皮夹克领子,另一只手从上抓到下,当抓到皮夹克袖口时停顿了一下,只见吴经理舒了一口气。为了不让客人丢面子,他吩咐客房服务员和保安先离开房间,在办公室等他。原来,客人放钱包时,钱包正好夹在袖口处,被吴经理细心地发现了。找到了钱包,客人看看证件和钱物都没有少。过后,客人写了一份感谢信表示他的歉意和感谢之情。

任务驱动

1. 案例中的吴经理是怎样给客人留面子的?
2. 酒店应怎样防止类似事件的发生?

任务一　防火工作

防火与防盗工作是酒店安全工作中最为重要的内容。酒店必须建立一套完整的预防措施和处理程序,防止火灾和盗窃的发生,以避免不必要的损失。

酒店火灾的发生率虽然很低,但是一旦发生后果就会极其严重。它不仅直接威胁酒店内宾客和员工的生命财产和酒店的财产安全,而且会破坏酒店的声誉。因此,酒店必须花大力气认真做好防火工作。

一、火灾发生的原因

火灾往往是由于人们粗心大意、马虎疏忽造成的。了解客房发生火灾的原因,可以防患于未然。客房发生火灾的原因主要包括以下三种。

（一）吸烟不慎引起火灾

吸烟不慎引起火灾在酒店火灾中居首位，起火部位多为客房。

吸烟不慎引起火灾主要有以下几种情况：

（1）乱扔烟头、火柴棍，引起地毯、沙发、衣服、废纸篓、垃圾袋等起火。

（2）宾客将未熄灭的烟头放在沙发扶手上，因事后遗忘或掉落在沙发上引起沙发起火。

（3）宾客睡觉前在床上吸烟，不慎或乱扔未熄灭的烟头和火柴梗，引起客房可燃物和易燃物起火。

（4）在禁止吸烟的地方违章吸烟。在有可燃气体或蒸气的场所，违章点火吸烟，发生爆炸起火。

（二）电、气引起火灾

在酒店火灾中，由电、气引起的火灾仅次于吸烟不慎引起的火灾。电、气引起的火灾主要有两种情况。

（1）电、气线路引起的火灾。电、气线路往往由于超载运行、短路等原因，产生电火花，导致电线和周围可燃物起火。

（2）用电设备引起火灾。电器设备由于质量差、发生故障或宾客使用不当等原因引起火灾。

（三）其他原因

（1）宾客将易燃易爆物品带进客房，引起火灾。

（2）员工不按安全操作规程作业，如客房内明火作业，使用化学涂料、油漆等，未采取防火措施而造成火灾。

（3）防火安全系统不健全、消防设施不完备等。

二、火灾的预防

客房部日常的防火工作很重要，客房部应该结合本部门特点制定出适合本部门的火灾预防措施。

（1）客房内配置完整的防火设施、设备，包括地毯、家具、床罩、墙面、窗帘、房门等，尽可能选择具有阻燃性能的材料制作。

（2）禁止宾客携带易燃、易爆物品进入客房。

（3）及时清理楼道内的垃圾，保证疏散通道的畅通无阻。

（4）熟悉各种消防设备和设施的存放地点。

（5）房内床头柜上摆放"请勿吸烟"的标志，烟灰缸应摆放在梳妆台上。

（6）确保电梯口、过道等公共场所有足够的照明亮度；安全出口 24 小时都有红色照明指示灯；楼道内有安全防火灯及疏散指示标志。

（7）详细制定客房部各岗位服务人员在防火、灭火中的任务和职责。

（8）详细制定火警时的应急疏散计划及程序。

案例分析

处处留心即防火

小王在北京某四星级酒店客房部做服务员。上早班时要用尘布去搞公共区域卫生。这天领来的尘布都很大,为了使用方便她想把尘布剪开,可是当时没有工具,她就想用火柴把尘布烧一个口再撕开。尘布的边烧开后,她随手把火柴梗扔进工作车的垃圾袋中,正在她撕布时,垃圾袋燃烧起来了。恰好工作间内有水管,她快速地把火浇灭了。事后,由于事故性质严重,她受到了酒店的处罚。

【分析提示】

（1）这场火虽然被及时扑灭了,但后果不堪设想。工作间内大多是布件等易燃物品,假如没有水管,那么这根小小的火柴就可能引发一场大火,不仅会烧毁设备与物资,而且会危及客人的安全,那造成的损失将是不可估量的。

（2）岗前培训时大家都受过安全教育。往往干久了,思想就容易麻痹,防火等安全意识也随之淡薄,总觉得不会出事。这种麻痹思想就是最大的事故隐患。这场火完全是服务员缺乏安全意识、疏忽大意引起的。如果当她划火柴时就意识到了着火的隐患,就不会采取这种危险的方法来处理尘布。这是违反安全操作规程的,必须坚决杜绝。

三、火灾事故的处理

客房楼层发生火灾时,客房服务人员应充分表现出良好的专业服务能力和紧急应变能力,沉着冷静地按平时防火训练的规定要求迅速行动,确保宾客的人身财产和酒店财产的安全,努力使损失减少到最小程度。

（一）发现火情时的处理

（1）立即使用最近的报警装置,发出警报。

（2）及时发现火源,用电话通知总机,讲清着火地点和燃烧物质。

（3）使用附近合适的消防器材控制火势,并尽力将其扑灭。

常用轻便灭火器材的用途及使用方法见表9-1。熟悉各种消防设备和设施的存放地点。

表9-1　轻便灭火器材的用途及使用方法

名称	适用对象	使用方法
干粉灭火器	易燃液体、电火、纸类、纺织品等	① 拔出保险销; ② 挤压提把; ③ 将干粉对着火源外部由外向内喷射

（4）关闭所有电器开关。

（5）关闭通风、排风设备。

（6）如果火势已不能控制，则应立即离开火场。离开时应沿路关闭所有门窗。在安全区域内等候消防人员到场，并为他们提供必要的帮助。

（二）听到火警信号时的处理

（1）客房服务人员首先要能辨别火警信号和疏散指令信号。如有的酒店规定一停一响的警铃声为火警信号，持续不断的警铃声为疏散信号。

（2）客房服务员听到火警信号后，应立即查看火警是否发生在本区域。

（3）无特殊任务的客房服务员应照常工作，保持镇静、警觉，随时待命，同时做好宾客的安抚工作。

（4）除指定人员外，任何工作人员在任何情况下都不得与总机房联系，全部电话线必须畅通，仅供发布火警紧急指示用。

（三）听到疏散信号时的处理

疏散信号表明酒店某处已发生火灾，要求宾客和酒店全体员工立即通过紧急出口撤离到指定地点。该信号只能由在火场的消防部门指挥员发出。

（1）迅速打开紧急出口（安全门）、安全梯，有组织、有计划、有步骤地疏散宾客。

（2）组织宾客疏散时，一定不能乘电梯。

（3）帮助老弱病残、行动不便的宾客离房，楼层主管要逐间查房，确认房内无人，并在房门上做好记号。

（4）各楼梯口、路口都要有人把守，以便为宾客引路。

（5）待人员撤离至指定的地点后，客房部员工应与前厅服务人员一起查点宾客。如有下落不明或还未撤离人员，应立即通知消防队员。

任务二 防盗工作

偷盗现象在酒店里时有发生，尤其在管理不善的酒店更是如此。偷盗的发生或多或少会影响宾客在酒店内的正常活动，直接或间接地影响酒店的声誉。客房部应采取有效措施，预防偷盗事件的发生。

一、客房失窃类型

客房失窃可分为酒店财物失窃和宾客财物失窃两种类型。

（一）酒店财物失窃

酒店失窃的物品通常有床单、毛巾、毛毯以及客房用品等。失窃金额虽然比较小，但客房部员工还是要引起重视。

（二）宾客财物失窃

为避免宾客丢失贵重物品，服务员应提醒宾客做好贵重物品的登记工作。

二、客房失窃的原因

客房失窃事件在各个酒店中都时有发生，不仅宾客会受到财物的损失，酒店本身也会受到一定影响。分析客房失窃的原因，通常有以下三种情况。

（一）员工内盗

员工内盗是指酒店内部员工的偷盗行为。心理学研究得出，人有从众行为，容易仿效，当一名员工被发现有偷盗行为，而不及时进行阻止的话，其他员工可能会学样。

（二）宾客盗窃

宾客偷盗是指住店宾客中的不良分子有目的或者是顺手牵羊的偷盗行为。

（三）外来人员盗窃

外来人员盗窃是指社会上一些不法分子进入酒店而引起的偷盗行为。

三、盗窃事故的预防

为有效防止失窃事件的发生，应针对不同的失窃原因采取相应的预防措施。

（一）防止员工偷盗行为

客房部的员工平时接触酒店和宾客的财物，因此，客房部应从实际出发，制定以下有效防范员工偷窃的措施：

（1）聘用员工时，严格进行人事审查。

（2）制定有效的员工识别方法，如通过工作牌制度识别员工。

（3）客房服务员、工程部维修工、餐饮部送餐服务员出入客房时应登记其出入时间、事由、房号及姓名。

（4）制定钥匙使用制度。客房服务员领用工作钥匙时必须登记签名，使用完毕后将其交回办公室。

（5）建立部门资产管理制度，定期进行有形资产清算和员工存物柜检查，并将结果公之于众。

（6）积极开展反偷盗知识培训和对偷盗者的教育培训。

（二）防止宾客偷盗行为

客房部制定科学的、具体的"宾客须知"，明确告诉宾客应尽的义务和注意事项。也可以采取以下措施：

（1）在酒店用品上印上或打上酒店的标志或特殊标志，使宾客打消偷盗的念头。

（2）制作一些有酒店标志的精美纪念品，如手工艺品等，送给宾客留作纪念。

（3）做好日常的检查工作，杜绝不良宾客的企图。

（三）防止外来人的偷盗行为

酒店周围可能会有一些不法分子在盯着宾客伺机而动。因此，为防止这类偷盗事故发生，应做到：

（1）加强楼层进出口控制及其他场所的不定时巡查。

（2）加强安全措施，对于摆放在公共场所的有价值的物品（如景泰蓝花瓶），要注意保护。

（3）注意来往人员携带的物品，对可疑人物尤其要高度重视。

四、盗窃事故的处理

酒店客人的财物被盗以后，客人直接通知公安部门，这叫作"报案"。客人未向公安机关报案，而是向本酒店反映丢失的情况，这属于"报失"。无论是报案还是报失，服务员和管理人员都应采取积极协助的态度，及时向有关部门和上级反映情况，做好客房部范围内的工作。酒店在处理客人报失时应注意以下几点：

（1）接获宾客投诉在房间内有财物损失，应立即通知值班经理、保安科和房务部。

（2）封锁现场，保留各项证物，会同警卫人员、房务部人员立即到宾客房内。

（3）将详细情形记录下来。

（4）向保安部调出监控系统的录像带，以了解出入此客房的人员，便于进一步调查。

（5）过滤失窃前曾逗留或到过失窃现场的人员，假如没有，则请宾客帮忙再找一遍。

（6）千万不能让宾客产生"酒店应负赔偿责任"的心态，应树立宾客将贵重物品置放在保险箱内的正确观念，这才是预防盗窃的首要措施。

（7）遗失物确定无法找到，而宾客坚持报警处理时，立即通知警卫室人员代为报警。

（8）待警方到达现场后，让警卫室人员协助宾客及警方做事件调查。

（9）将事情发生原因、经过、结果记录在值班经理交代本上。

（10）对于酒店里发生的各种盗窃意外，除相关人员外，一律不得公开宣布。

案例分析

2012年8月的一天上午，在北京某四星级酒店的六层客房，实习生服务员正在一间住客房清扫卫生，这时房门开着，只见一位男子径直走进了这个房间。小张一看此人身材魁梧，近1.8米的高个子，衣着考究，穿一身高级服装，五官端正，从容不迫，气度不凡，像是高级客商，又像企业的管理人员。这位男客人一进门就冲小张喊道："怎么搞的，我的房间怎么还没搞好？一会儿我的客人要来，快点搞，快点搞！"

说着，随手打开冰箱，拿出一瓶可口可乐坦然自若地喝了起来。小张看这位客人仪表堂堂，举止自然，一下子被蒙住了。心想，房间的客人回来了，还是位高档客人，客人着急了得赶快搞卫生。想着就加快了工作进度,急急忙忙搞完卫生就离开了房间。

下午,住在这个房间的客人来报案,说在房间丢了 5 000 元人民币和一件高档名牌体恤,而且强烈要求公安机关报案,酒店只得向市公安局报警。很快北京市公安局来人侦察此案,公安人员从酒店内部监控录像里发现,该男子曾三次从酒店大堂穿过,他从客房一层到九层反复窜了好几遍,他在寻找下手的时机,最后在六层找到机会,进了房间。该男子进房间后,以气宇轩昂的外表、镇定自若的神态欺蒙了实习生小张,认定他是本房间住的客人,在他的催促之下连起码的客人进房制度都忘了。该男子进房后,小张没有验卡,让这个盗贼大摇大摆地进了房间,轻而易举地窃得住客的财物,然后从容不迫地离开酒店。

【分析提示】

此案例中发生的盗窃案后果是严重的,首先使客人财产受到严重损失,危及客人的安全;其次是严重破坏了酒店的安全秩序,造成不良影响,极大地损害了酒店声誉,势必影响酒店的经营,降低了客人对酒店的信任,影响到客源,这种损失是不可估量的。

此盗窃案的发生,是由几方面的原因造成的:

一是实习生对不法分子严重缺乏防范意识,丧失警惕,不按规定的程序检查客人的房卡,给不法分子以可乘之机,使其轻轻松松地作了案。案例中,实习生小张要负直接、重要责任。

二是客房部的管理人员,在实生上岗前安全教育不够,未能使实习生树立强烈的安全防范意识,使实习生对不按规定验看房卡的危害毫无认识,而导致实习生疏忽关键的手续制度,酿成大事故。

三是客房管理不严格。一位陌生的客人在客房九个楼层来回窜,竟无一人发现,无人过问,可见员工与管理人员对楼层来往人员的观察注意是十分不经心的,造成不法分子终于找到作案时机,管理人员应负主要责任。

四是保安部也要负重要责任,酒店所设的监控录像形同虚设,当时监控录像清楚地记录下不法分子到处乱窜的可疑景象,却没有保安人员发现并追踪。保安人员没有尽到应尽的职责。

以上几个环节都不把关,难怪盗贼一路畅通,轻松得手。

任务三　突发事故、事件的处理

凡是能导致对宾客造成伤害的任何不安全因素,都在严格防范之列。在酒店管理过程中,防止意外事故的发生是不可忽视的重要内容,客房部对此类情况更要做好妥善处理工作。

一、客房意外事故的处理

（一）遇到自然灾害的处理

自然灾害常常是不可预料或无法抗拒的,包括水灾、地震、飓风、暴风雪等。自然灾害的发生,会引起宾客的恐慌。酒店的服务人员,应以轻松的心情、沉着的态度来稳定宾客的心,同时客房部应做好相关的安全计划。具体的内容包括:

（1）客房部及其各工作岗位在发生自然灾害时的职责与具体任务。

（2）应具备的各种应付自然灾害的设备器材,并定期检查,保证其处于完好的使用状态。

（3）必要时的紧急疏散计划（可以类似火灾的紧急疏散计划）。

（二）突然停电的处理

停电事故可能是外部供电系统引起的,也可能是酒店内部设备发生故障引起的。停电常会造成诸多不便。因此,酒店须有应急措施,如采用自备发电机,保证在停电时能立即自行启动供电。客房部在处理停电事故方面,应该制订周密计划,使员工能从容镇定地应对。具体内容包括:

（1）若预先知道停电消息时,可用书面通知方式告知住店宾客,以便宾客早做准备。

（2）即使停电时间较长,所有员工都要平静地留守在各自的工作岗位上,不得惊慌。

（3）加强客房走廊的巡视,防止有人趁机行窃,并注意安全检查。

（4）防止宾客点燃蜡烛而引起火灾。

（5）供电后检查各电器设备是否正常运行,其他设备有没有被损坏。

（6）向宾客道歉并解释原因。

（三）客房防爆

酒店客房的防爆工作是指为了宾客生命财产安全,对需要保护的人员、特殊财物、特殊区域、秘密文件、保密会议等进行的保卫工作,以及对于企图破坏酒店或宾客安全的不安定分子进行警戒、防备、探查、制裁等积极的防范工作。酒店做好客房防爆管理工作应包括以下几点:

（1）要让酒店的所有管理人员和员工,尤其是客房部员工明白防爆的重要性,并懂得防爆的相关知识。酒店内不得存放任何危险品。

（2）服务员平时整理客房时要注意观察异常物品,在服务过程中要注意任何可疑的人。

（3）酒店要制订防爆方案,进行防爆演习,可以同防火工作联系在一起。

（4）对于发生爆炸以后的现场,立即组织人员警戒,除医务人员、消防人员和公安人员外,其他人员一律不得进入现场。已死亡者,应等待法医鉴定处理。应问清现场目击者情况,并详细记下姓名、住址、单位等,以便事后询问。

（5）事故处理完后,写详细报告并存档。

（四）预防外来侵入和骚扰事件

客房部安全管理工作还要预防外来侵入和骚扰事件，此类事件影响了酒店的正常营业，也干扰、妨碍宾客在酒店中的正常活动与休息。因此，做好预防工作，防患于未然。

1. 预防外来侵入

为防止住客在客房内遭受外来的侵扰，客房门上的安全装置是十分重要的，包括能双锁的门锁、安全链、无遮挡视角一般不低于 160°的门镜、其他能进入客房入口处的门（阳台门、连通门等）都应能上闩或上锁。

2. 预防骚扰

预防外来者对住客的骚扰，是客房安全管理中很棘手的一个问题。不但影响酒店的声誉和正常营业，也干扰了宾客在酒店中的正常活动和休息。根据国内外一些酒店的经验，可以采取较为灵活的方法加以控制：

（1）保安人员和服务人员不动声色地进行监视，一旦有可疑人员准备乘电梯上楼时，保安人员立即用对讲机或电话通知楼层服务员，告知其特征，注意对其的"接待"。

（2）当"宾客"走出电梯时，客房服务员可让其办理访客登记手续，并以巧妙方式提问试探。

（3）客房服务员应尽量记住住客和访客，特别是一些可疑者的特征，如发现异常情况及时向管理人员或保安部门报告。

（4）可在酒店总机房安装电话来电显示器，如发现有相同号码的电话经常打往酒店不同客房时，可采取预防措施。

（5）当客房部员工发现有住客带不明人物进房时，应报告酒店保安部。

二、宾客意外事件的处理

（一）宾客遗留物品的处理

酒店管理宾客遗留物品的归口部门是客房部，由客房服务中心或办公室负责处理。要设立物品登记保管制度，详细记录失物或宾客遗留物品情况，包括物品的名称、遗留地点及时间、拾获人等。对遗留物品要注明房号、宾客姓名、离店时间等。

（1）当宾客结账离店时，客房服务员应迅速查房，如发现遗留物品，应立即通知客房中心或直接与前厅部联络，若找不到失主，服务员应立即将物品送至客房中心或指定地点。

（2）房内遗留的一般物品，由服务员在"服务员工作日报表"（见表 9-2）上"遗留物品"一栏内填写清楚。下班前，在"遗留物品控制单"（见表 9-3）上填写好此物品的相关内容。

表9-2　服务员工作日报表

年　　月　　日

房号	人数	VIP房	请勿打扰		客房整理时间		洗衣数	饮料	做夜床时间		维修项目	维修时间	维修效果	查房人	遗留物品	备注
			挂牌时间	摘牌时间	进	出			进	出						

表9-3　遗留物品控制单

年　　月　　日

房号	名称	数量	质地	颜色	形状	成色	拾获日期	服务员签名

　　（3）早、晚班服务员收集的遗留物品交到客房中心或指定地点后，由当班的中心联络员或专人负责登记在"遗留物品登记本"上。

　　（4）钱币及贵重物品经登记后，交主管进行再登记，然后交秘书保管。

　　（5）一般物品经整理后应与"遗留物品控制单"一道装入遗留物品袋，并将袋口封好，在袋的正反两面写上当日日期，存入遗留物品贮存室。

　　（6）若有已离店的宾客来函报失及询问，客房管理人员在查明情况后，亲自给宾客以书面答复。所有报失及调查回复资料应记录在"宾客投诉登记簿"上备查。

（二）宾客意外受伤的处理

　　宾客在客房内遭受的伤害大多数与客房内的设备用品有关，一是设备用品本身有故障,二是宾客使用不当。一旦宾客发生负伤、生病等紧急情况时,必须向管理人员报告,同时应立即采取救护行动。

(1) 开房门发现宾客倒在地上时,应注意宾客是否在浴室倒下;是否因病(贫血或其他疾病)倒地;是否在室内倒地时碰到家具;身上是否附着异常东西(绳索、药瓶等);倒地附近是否有大量的血迹;应判明是否因病不能动弹;是否已死亡等。

(2) 在发生事故后,应立即安慰宾客,稳定伤(患)者的情绪,注意观察病情变化,在医生来到之后告知病情。

(3) 服务人员在医护人员来到之前,也可以进行临时性应急处置。如果伤处出血时,应用止血带进行止血,如果不能缠绕止血带时,用手按住出血口,待医生到达后即遵医嘱。

(4) 如果是轻度烫伤,先用大量干净水进行冲洗;对于重度烫伤,不得用手触摸伤处或弄破水泡,应听从医生的处理。

(5) 如果四肢骨折时,先止血后用夹板托住;如果是肋骨骨折,应在原地放置不动,立即请医生处置。

(6) 如果头部受了伤,在可能的情况下要小心进行止血,并立即请医生或送往医院。

(7) 如果后背受了伤,尽量不要翻身体,应立即请医生或送往医院。

(8) 如果杂物飞进眼睛,应立即上眼药或用洁净的水冲洗眼睛。除此之外,为尽量减少发生客房内的意外事故,在平时的工作中,服务员要增强责任心,细心观察,严格按照岗位职责和操作规程办,管理人员查房时也要认真仔细,不走过场,许多不安全因素就会被消灭在萌芽状态。

(三) 宾客食物中毒的处理

食物中毒多是因为食品、饮料保洁不当所致,其中毒症状多见于急性肠胃炎,如恶心、呕吐腹痛、腹泻等。为了保障所有来店宾客的人身安全,必须采取以下措施:

(1) 采购人员把好采购关,收货人员把好验货关,仓库人员把好仓库关,厨师把好制作关。

(2) 客房服务人员发现宾客食物中毒时,应马上报告总机讲明自己的身份、所在地点、食物中毒、人员国籍、人数、中毒程度、症状等。

(3) 做好记录,并通知医务室和食品检验室、总经理、副总经理、保安部、餐饮部、公关部、行李房、车队到达食物中毒现场。

(四) 客人生病的处理

个别客人因旅途劳累或水土不服,可能会突然得疾病。遇到这种情况的处理如下:

(1) 发现伤病客人及时上报,主管策略地询问客人是否着凉,感觉如何,询问客人或同伴是否需要去看医生,以示关心,不可询问过细。

(2) 严重病人不可随便擅自挪动,应立即通知大堂副理,做好交班。同时打电话同附近医院联系,由酒店医务人员护送病人到医院。

(3) 伤病客人在入住期间要细心照料,将纸巾、热水壶、垃圾桶等放于床前。

(4) 询问客人特殊要求,提供特殊服务,借服务之机增加进房次数,留意客人动态。

（5）客房部经理亲自慰问病客,送鲜花、水果等。

（6）传染病人离店后,马上报医务室要求单独严格消毒病客用过的物品和卫生间布草等,并对房间进行消毒。

（五）醉酒客人的处理

不少客人因商务应酬、朋友聚会等多种因素,可能会喝醉酒回酒店,遇到这种情况处理如下:

（1）服务过程中,如发现客人在房间喝醉酒或在外面喝醉酒回来时,上前询问客人入住的房号,有无同伴,掌握客人醉酒的程度。通过客人的房卡,以及有效证件,与电脑资料核对、确认房号。

（2）把确认后的客人送入房间,调节空调温度,设法使客人保持安静。

（3）为客人倒上一杯茶水,准备一块湿润毛巾放在控制柜上,在客人躺的床头旁放好垃圾筒,铺好报损的地巾,对随地呕吐的,引导其到卫生间并及时清理呕吐物,对醉酒客人专人负责,耐心照顾,防止发生不良后果。

（4）将床头、台灯、过道灯及卫生间灯打开、方便客人辨别方位。

（5）对醉酒严重的要立即报告保安部和领班,并协助保安人员将其制服,以免扰乱其他住客或伤害自己。

（6）离开客房后应留心其房内动静,以免房间设备受到损坏或因吸烟而发生火灾,将醉酒客人的房号及处理过程记在交接本上,报告监控室,做好交接。

对醉酒客人切忌说刺激性话语,如"您喝多了"等,而要说:"您是否要一杯茶""请早些休息吧"等。也不要单独搀扶客人进房间和帮助客人解衣就寝。

（六）宾客死亡的处理

宾客死亡是指宾客在酒店内因病死亡或自杀、他杀或原因不明的死亡。发现死亡宾客的处理程序如下:

（1）发现住客死亡之后,应立即与医生、保安主任和房务主管一起进房。

（2）迅速通知死者的家属、工作单位、接待单位、同行人员。

（3）通知酒店总经理及有关部门的经理,通知总台接待部封锁该房,注意房号保密。死者运出之前该层一般不安排宾客入住。

（4）征得死者家属或单位同意后,报公安机关,并接受法医验尸。

（5）尽快将死者转移出酒店,转移时注意避开住客,可选择夜深人静之时从员工梯降到后区出店。

（6）死者的遗留物品应及时整理、清点和记录,作为遗留物品妥善保存,待死者有继承权的亲属或委托人认领并做好领取的签收手续。

（7）前厅部经理应根据调查的结果写出宾客在店期间死亡及处理经过的报告,经总经理审阅通过,一份留酒店备案,其余的交给死者亲属及有关单位和人员。

（8）请卫生防疫部门严格消毒客房,宾客用过的物品和卧具焚毁处理。

案例分析

"请勿打扰(DND)"房内的异常

北京某家五星级酒店接待了一位客人,此人只住一晚,到第二天清扫房间时,楼层清扫员几次查看房间,都显示"请勿打扰(DND)"标志。该酒店规定,中午12点(结账时间)后客房服务员可打电话与宾客联系。

因此,客房服务员给房间打电话,却没有人接。客房服务员再次来到该房间门口,看到仍显示"DND"标志。敲门后,里面没有应答,却隐约听到里面有动静。再次敲门后,听到了里面有呻吟声。这时客房服务员问:"我是客房服务员,需要帮助吗?"房间里面开始有了杂乱的声响,可无论客房服务员再怎样敲门,宾客都不来开门。确认了客人还在房间后,客房服务员又继续打电话,可是结果和第一次一样。无奈,服务员只好与客房部联系,简单汇报一下该房间宾客的情况。客房部决定先打开房门,当即主管来到该房间门口,又轻轻敲门听了一会儿,认定客房服务汇报情况属实,决定用万能钥匙打开房间。当房间的房门被打开后,现场的状况让主管和客房服务员大吃一惊。房间里杂乱无章,墙上、床上、地毯上都是血迹。客人在地上躺着,一只手握着另外一只手的手腕,再看客人的脸上、身上也都是血迹,脸色苍白,看得出他已流血过多,没有什么力气了。卫生间里有砸坏了的玻璃杯,墙上、镜子上、地上、毛巾上到处都是血迹。主管立即联系医生过来做应急处理。初步诊断,可能客人是割脉自杀。

急救车很快来了,这位客人被送往医院抢救,客人得救后,酒店人员陪同该客人又回到酒店,并换了一个房间,由客房部人员陪同他暂时住下。经历了这样一个不寻常的事情后,客人对酒店讲述了他的情况。此人是某名牌大学的高材生,毕业后一直没有发展。有一天,在北京同学的鼓动下,他做通了父母的工作,辞掉当地的工作,带上父母为他筹集的一部分钱,来到了北京。但是几个月过去了,钱快花完了,仍没有找到一份工作。这一天他静下来好好地想了想,觉得再不能这样下去,也不能这样回家,想来想去,来到酒店办理了入住手续,决定一死了之。酒店了解到这种情况后,一方面做他的工作,一方面与他的家人取得联系。后来,此人的父母很快接走了他,当然,不免要对酒店做一番感谢。

【分析提示】

从此案例中,我们清楚地看到,客房服务员从一开始就按酒店的规定,不折不扣地执行了关于"DND"的服务规定。当发现客人在客房有异常情况时,能及时向客房部及上级汇报,酒店管理人员在确定客人有意外时,也能迅速做出正确的施救措施,按照客人意外受伤的处理程序进行处理,及时地救助了客人。这是这家酒店客房部一直坚持对员工进行培训、教育、管理的结果,也是酒店严格管理及管理制度完善的结果。

复习与思考

一、多项选择题

1. 饭店火灾发生的原因主要由于(　　)。
   A. 吸烟不慎引起火灾
   B. 电、气引起火灾
   C. 宾客将易燃易爆物品带进客房
   D. 防火安全系统不健全、消防设施不完备

2. 发现火情时,应采取(　　)措施。
   A. 立即使用最近的报警装置,发出警报
   B. 使用附近合适的消防器材控制火势
   C. 关闭所有电器开关
   D. 关闭通风、排风设备

3. 客人食物中毒一般会出现(　　)症状。
   A. 恶心　　　　B. 呕吐　　　　C. 腹痛　　　　D. 腹泻

二、简答题

1. 如何处理客房火灾?
2. 如何预防被盗事故?
3. 如何处理被盗事故?
4. 客人醉酒应如何处理?
5. 客人死亡应如何处理?

三、案例分析题

客房被窃

事情发生在某个星级酒店,一天上午9:00左右,客房部服务员在楼层上碰到一名走向电梯的客人。该客人很匆忙地对服务员讲,马上送两袋茶叶到1616房间去。服务员答应后,马上回工作间领取茶叶,接着按照进房程序,进入了1616房间,房内没有客人。服务员刚刚进入房间几秒钟后,在楼层上碰到的那位先生匆忙返回,声称有东西忘记了,并在房间内找了找,随后同服务员一同离开了房间。看起来这仅仅是一次平常的补充消耗品的服务行为。

仅仅过了约半个小时,1616房又有两位客人回来。此时,服务员已经意识到这两位客人并不是刚刚进入房间的那个客人。紧接着这两位客人就发现房间的笔记本电脑和现金不见了。这是怎么回事? 问题究竟出在什么地方呢?

原来,在服务员送茶叶进房间的瞬间,进入客房的是两个人,而服务员注意了在楼层上碰到的那个人,另一个人则趁服务员不备,躲进了卫生间。服务员与"客人"一起出来时,却把另外一个人留在了房间内。事后从监控录像中确认:留在卫生间的人在房间作案得逞后大摇大摆地离开了房间。

根据以上案例,回答以下问题:

为防止以上事件再次出现,服务员对于进入客房的客人要采取哪些措施?

四、实践与训练

1. 实训项目:消防器材使用实训。

2. 实训目的:通过实训,基本掌握酒店客房消费器材的使用标准和方法。

3. 实训方法:视频展示、示范教学、情境模拟、全真实训。

4. 所需实训设施的准备:布置场景、准备案例、泡沫灭火器和干粉灭火器各5个。

5. 实训要求:熟练掌握处理程序、熟练处理类似事件。

6. 实训要点提示:注意掌握灭火器的使用方法,实训时注意安全防护保护。

7. 学习评价。

被考评小组				
考评地点				
考评内容	消防器材使用实训			
项目	操作要求	配分	自我评价	实际得分
听课认真程度	认真听讲,做好笔记,跟上上课节奏	15分		
观看视频认真程度	认真观看视频,并积极练习	10分		
模拟练习效果	能根据各模块要求,正确实施对客服务	60分		
参与实训认真程度	能正确了解小组角色,积极参与实训	15分		
合　计		100分		

参考文献

[1] 毛江海. 前厅前厅服务与管理[M]. 南京：东南大学出版社，2016.

[2] 孙茜. 酒店前厅客房服务与管理[M]. 北京：旅游教育出版社，2017.

[3] 孟庆杰. 前厅与客房管理[M]. 北京：旅游教育出版社，2016.

[4] 何丽芳. 酒店服务与管理案例分析[M]. 广州：广东经济出版社，2015.

[5] 孟庆杰，唐飞. 前厅客房服务与管理[M]. 大连：东北财经大学出版社，2017.

[6] 高巍. 酒店前厅客房服务与管理[M]. 重庆：西南师范大学出版社，2014.

[7] 陈乃法，吴梅. 酒店前厅客房服务与管理[M]. 北京：高等教育出版社，2013.

[8] 刘伟. 前台与客房管理[M]. 北京：高等教育出版社，2012.

[9] 范运铭. 旅游服务质量标准[M]. 成都：四川人民出版社，2016.

[10] 徐文苑，贺湘辉. 酒店前厅管理实务[M]. 广州：广东经济出版社，2018.

[11] 邹益民，周亚庆. 酒店管理——理论、方法与案例[M]. 北京：高等教育出版社，2014.

[12] 吴惠，黄勋敬. 现代酒店人力资源管理与开发[M]. 广州：广东旅游出版社，2015.

[13] 朱承强. 现代酒店管理[M]. 北京：高等教育出版社，2015.

[14] 张波. 酒店人力资源管理[M]. 大连：大连理工大学出版社，2016.

[15] 李雯. 酒店前厅与客房业务管理[M]. 大连：大连理工大学出版社，2015.

[16] 宋雷. 前厅运行与管理[M]. 北京：中国商业出版社，2015.

[17] 李晓东. 旅游酒店前厅客房服务与管理[M]. 郑州：郑州大学出版社，2016.

[18] 郑宏博，付启敏. 前厅服务与管理[M]. 北京：中国金融出版社，2016.

[19] 王赫男. 酒店前厅部经营与管理[M]. 青岛：青岛出版社，2017.

[20] 吴军卫，张建业. 酒店前厅管理[M]. 北京：旅游教育出版社，2016.

[21] 周雪，马柯. 酒店前厅客房服务与管理[M]. 大连：大连理工大学出版社，2015.

[22] 陈乃法，吴梅. 酒店前厅客房服务与管理[M]. 北京：高等教育出版社，2012.

[23] 姜文宏，刘颖. 前厅客房服务技能综合实训[M]. 北京：高等教育出版社，2014.

[24] 余炳炎，朱承强. 酒店前厅与客房管理[M]. 天津：南开大学出版社，2012.